KB025727

꽃심을
지닌 땅
전주

Ⅰ 역사문화 편

전주학총서 31

꽃심을 지닌 땅, 전주

I. 역사문화 편

2015년 10월 10일 초판 인쇄
2015년 10월 15일 초판 발행

엮은이 | 전주역사박물관
교정교열 | 정난진
펴낸이 | 이찬규
펴낸곳 | 북코리아
등록번호 | 제03-01240호
주소 | 13209 경기도 성남시 중원구 사기막골로 45번길 14
       우림2차 A동 1007호
전화 | 02-704-7840
팩스 | 02-704-7848
이메일 | sunhaksa@korea.com
홈페이지 | www.북코리아.kr
ISBN | 978-89-6324-451-8 (93900)

값 20,000원

* 본서의 무단복제를 금하며, 잘못된 책은 바꾸어 드립니다.
* 이 도서의 국립중앙도서관 출판예정도서목록(CIP)은 서지정보유통지원시스템 홈페이지(http://seoji.nl.go.kr)와
  국가자료공동목록시스템(http://www.nl.go.kr/kolisnet)에서 이용하실 수 있습니다.
  (CIP제어번호 : CIP2015034094)

꽃심을 지닌 땅 전주 I 역사문화 편

전주역사박물관 엮음

북코리아

조선 말 전주부성 1899년경 | 『전주시사』(1986)
흰 선으로 보이는 것이 전주성이다. 가운데 풍남문이 있고 좌우에 서문루와 동문루가 보인다.

일제강점기 전주 전경 1936년경 | 『옛 사진 속의 전주, 전주사람들』(전주역사박물관, 2007)
전주천호안공사가 완료되어가던 시점에 촬영한 것으로, 선교사가 소장했던 것으로 보인다.

州　全

Korean Church · Korean Church · Girls school · Korean Church · Missel school · AGRICULTURAL School · normal school · Girls school · Mission school · Cigaret company · Police station · News Kapper company · Post office

Doctor shop · Korean cake-shop · hospital · Restraugt (Yoshinoya) · Korean moving picture · Nisson papers company

전주 한옥마을 1960년대 | 『옛 사진 속 문화풍경, 전북』(전북대학교박물관, 2006) 1960년대 교동 한옥마을 모습이다.

전주에 사람이 살기 시작한 것은 구석기시대부터로 보입니다. 송천동, 효자동 등의 구석기유적이 이를 말해줍니다. 마한·백제시대를 거쳐 전주가 전북권의 중심지로 자리한 것은 통일신라 때로, 신라가 통일 후 지방을 9주 5소경으로 편제할 때 전주에 주가 설치되었습니다.

후삼국시대 전주는 후백제 견훤의 왕도(王都)로 자리하였습니다. 36년이라는 길지 않은 기간이었지만, 전주는 왕도로서 경험을 축적한 몇 안 되는 도시 중의 하나입니다. 고려시대에는 전주목으로서 전북권의 거점도시였으며, 전주목권역과 나주목권역이 합쳐져 전라도가 되었습니다.

조선 건국 후 전주는 조선왕조의 발상지로서 위상이 격상되었습니다. 전주는 태조 이성계의 본향으로 목조 이안사가 동북면으로 이주해 갈 때까지 그 선조들이 대대로 살았던 곳입니다. 전주 한옥마을의 경기전은 이런 연유로 태조 이성계의 어진을 봉안한 태조진전입니다.

또한 조선시대 전주는 전라감영이 설치되어 전라도 일도를 통괄했던 호남의 수부였습니다. 지금의 전라북도와 전라남도, 제주도까지 전주에서 통괄하였습니다. 전주는 통일신라 이후 중심도시로서 위상을 이어오고 있는 천 년 도시입니다.

전라도는 조선 제일의 곡창지대입니다. 이런 전라도의 으뜸도시가 전주였습니다. 전주는 정치, 경제, 문화의 중심지로서 풍부한 경제력을 토대로 음식, 소리, 한지, 서화, 출판 등 뛰어난 문화예술을 꽃피웠습니다.

전주는 넉넉함과 포용력으로 새로운 세상에 대한 열정이 강했던 곳입니다. 전주는 동학농민혁명 때 대도소가 설치되어 관민협치의 새로운 장을 열었습니다. 전주는 천주교의 성지였으며, 기독교 또한 전주에서 만개했습니다.

이 책은 전주 역사문화 개론서라고 할 수 있습니다. 다만 근대 쪽이 미흡하고, 현대 쪽이 빠져 있어 아쉽습니다. 근대 이후의 전주에 대한 연구가 활발하지 못해 그러합니다. 향후 연구를 통해 이를 보완해가고자 합니다.

이 책이 나올 있도록 지원해주신 김승수 전주시장님과 박현규 전주시의회의장님, 좋은 책이 되도록 애써준 집필자 여러분께 감사합니다. 소순열 위원장님을 비롯한 전주학연구위원님들께도 감사드리고, 이지은 학예연구사와 김소희 학예연구원에게도 고마운 마음입니다.

2015년 10월
전주역사박물관장 이동희

『꽃심을 지닌 땅, 전주 – 역사문화 편』 발간을 축하드립니다.

전주는 한국을 대표하는 전통문화의 도시입니다. 특히 전주 한옥마을은 한 해 600만여 명의 관광객이 찾으며 전주의 맛과 멋을 즐기는 대표적인 곳입니다.

구석기 이래로 사람이 살기 시작한 전주는 통일신라 이후 전라북도의 중심축으로 성장하였습니다. 특히 서기 900년, 후백제 왕 견훤은 이곳 전주를 도읍 삼아 36년간 삼국통일의 꿈을 펼치기도 하였습니다. 전주가 한 국가의 왕도였다는 것은 지역민의 자긍심을 고취시키기에 충분합니다.

조선시대 전주는 조선왕조의 발상지로 풍패지향(豊沛之鄕)이 되어 위상이 격상되었고, 전주에 태조어진을 봉안하고 경기전이라고 이름하여 전주가 왕실의 뿌리임을 분명히 하였습니다. 또한 전주는 전라도를 총괄하는 전라감영이 있던 호남의 수부였으며, 임진왜란 당시에는 세계기록문화유산인 『조선왕조실록』을 지켜냈고, 전주성을 수호하여 조선 제일의 곡창지대 전라도를 보존하였습니다.

또한 전주는 조선의 문화예술을 선도한 '예향'의 도시입니다. 조선 후기 대사습놀이가 열렸던 소리의 고장이며, 예부터 음식문화가 발전한 맛의 고장입니다. 가장 질 좋은 종이를 만들었던 한지의 본가(本家)이며, 완판본이라는 이름으로 한양과 함께 출판문화를 주도했던 기록문화의 도시입니다.

1894년에는 누구나 평등하게 살고, 외세에 맞서 민족 주권을 지키려 하였던 동학농민혁명의 중심적 위치에 자리하고 있었습니다.

총서에서는 선사시대부터 근대까지 전주의 역사 · 문화 · 지리 · 예술 · 종교 등 총체적 접근을 통해 전주가 어떤 곳이었으며, 어떠한 위상을 가지고 있는지 상세히 보여주고 있습니다. 이번 총서 발간을 통해 시민들이 전주에 대한 이해의 폭을 넓히고 전주정신 및 전주의 정체성을 정립하는 데 기여할 것으로 기대됩니다. 뿐만 아니라 전주를 찾는 관광객들에게도 품격의 도시 전주를 널리 알리는 데 좋은 안내자가 되리라 생각합니다.

마지막으로 이 책이 나올 수 있도록 원고를 써주신 여러 집필자분들께 진심으로 감사드립니다. 전주학 발전을 위해 애써주시는 이동희 관장님과 전주학연구위원회 위원님들을 비롯한 모든 분들께 고마움을 표합니다.

2015년 10월
전주시장 김 승 수

『꽃심을 지닌 땅, 전주 - 역사문화 편』 발간을 축하드립니다.

전주는 무구한 역사 속 일도의 중심지로서 지금까지도 그 역사를 이어오고 있습니다. 통일신라 때 주가 설치되어 전북권의 중심지가 되었고, 후백제 때는 일국의 왕도가 되었습니다. 이후 고려시대에 들어와서도 당시 처음으로 사용된 '전라도'라는 용어가 상징하는 바와 같이 전라도의 중심도시로 기능하였습니다.

조선시대에는 왕조의 발상지, 즉 풍패지향(豊沛之鄕)으로 예우되었으며, 전라감영이 설치되어 호남 제일성으로서의 역할을 수행하였습니다. 또한 임진왜란 등 수많은 국가의 변고 속에서도 나라를 지키기 위해 목숨 바친 사람들이 있는 땅이었으며, 임진왜란 중 유일하게 『조선왕조실록』을 지켜낸 땅이기도 하였습니다. 근대에 이르러서도 전주는 일도의 중심지로서 기능하였고, 동학농민혁명의 중심지이자 천주교와 성지였으며, 간재 전우 등 높은 학식의 선비를 배출한 땅이었습니다.

또한 전주는 곡창지대 전라도의 수부로서 풍부한 경제력을 바탕으로 문화예술을 크게 꽃피웠습니다. 맛깔스러운 음식, 세계무형유산 중 하나인 판소리, 우리 종이 한지, 전주에서 출판한 책인 완판본, 선비정신을 담은 서화 등 전주는 문화예술의 땅이기도 하였습니다.

현재에 이르러서도 전주는 전라북도의 도청소재지이자 중심지로, 이러한 역사를 바탕으로 현재 가장 한국적인 도시로 대표적인 관광지가 되어 많은 사람들이 방문하는 곳이 되었습니다. 이번에 전주역사박물관에서 발간한 『꽃심을 지닌 땅, 전주- 역사문화 편』은 전주가 어떤 역사를 품고 있는 땅이었으며, 각 시대 전주가 어떤 위상에 있었는지, 그리고 그 속에서 어떠한 사람들이 어떻게 살고 있었는지 잘 보여주고 있습니다. 그런 의미에서 이 책은 전주의 선사시대부터 근대까지의 역사와 문화가 고스란히 담겨 전주 정신으로 이어지는 흐름을 읽을 수 있는 귀중한 자료가 될 것입니다.

끝으로 이 책을 만들기 위해 귀한 원고를 실어주신 여러 연구자분들께 감사드립니다. 또한 이 일을 주관한 이동희 전주역사박물관장님과 관계자 여러분의 노고에도 고마움을 전합니다.

2015년 10월

전주시의회장 박 현 규

차례

제6편 문화예술

꽃 심 을 지 닌 땅 , 전 주

제 **1** 편

총론

1장

전주지역의 역사문화적 특질

윤덕향(호남문화재연구원 원장)

전주의 문화와 역사가 가진 특성이 무엇인가를 논의하기에 앞서 1차적으로 공간적 범위, 즉 전주의 지리적 공간을 어떻게 설정할 것인가가 논의되어야 한다. 즉 문화가 특정 공동체를 중심으로 형성되며 공동체의 공간적 범위는 시간의 흐름과 논의의 대상에 따라 일정하지 않을 수 있다는 점에서 전주로 칭하는 지역을 어떻게 설정할 것인가에 대한 논의가 전제되어야 하지만, 이 글의 주제를 넘는 것이고 현재로서는 명확한 공간적 범위를 설정할 수 있는 것도 아니다. 따라서 여기에서는 막연하지만 대체로 조선시대 전라감영이 있던 전주부와 전주로 인식되는 주변 지역을 포괄하여 역사와 문화적 특성에 접근하고자 한다.

공간적 범위에서 차이가 있을 수 있으나 일반적으로 전주 문화 또는 역사의 특성을 멋과 맛의 고장, 풍류와 멋의 고장 등으로 파악하고 있으며 이런 인식들은 전주의 문화와 역사에서 파악될 수 있는 속성들이라고 할 수 있다. 그런 한편으로 이런 인식들은 특정 시점이나 특정 계층·집단 또는 사건을 중심으로 파악되는 속성들로서 전주 문화나 역사의 보편적 특성이라고 할 수 있는가에 대해서도 논쟁의 여지가 있다. 전주지역의 문화나 역사의 특성은 그 자체로서 파악할 수 있는 것도 있지만, 이와 달리 다른 지역과의 비교 검토를 통하여 전주지역의 특성을 두드러지게 파악할 수도 있을 것이다. 따라서 전주지역의 특성을 파악하기 위해서는 전주지역만이 아니라 보다 폭넓고 다양한 연구가 필요하다는 점을 전제하고 전주의 문화와 역사의 특성을 살펴보도록 하겠다.

1. 조선 이전의 전주

1) 마한의 선사문화

현재까지의 고고학적 조사에 따르면 전주지역에 사람이 살기 시작한 것은 3만 년을 전후한 후기 구석기시대부터이다. 이 시기의 유적은 송천동과 효자동 일대에서 조사되었는데, 유물을 통하여 후기 구석기시대로 편년할 수 있으나 문화상을 파악하기에는 미흡하고, 신석기시대의 유적도 구석기시대와 마찬가지로 그 문화상을 파악하기에는 부족하다.

전주지역에 본격적으로 사람들이 거주하고 일정한 집단을 형성한 것은 청동기시대로, 이전 시기와는 비교가 되지 않게 넓은 지역에 걸쳐 많은 유적이 분포하고 있다. 효자동, 송천동을 비롯하여 인근 완주 갈동, 상운리 등지에서는 집자리와 무덤들이 집중적으로 조사되었고 많은 유물들이 출토되었다. 완주 갈동 유적과 그 주변 지역에서는 청동검, 거울을 비롯한 청동유물이 철기와 공반되어 출토되

몸돌 구석기 | 전주시 송천동 | 전주역사박물관 소장
몸돌은 석기를 만들 때 돌을 떼어내고 남은 몸체 돌이다.

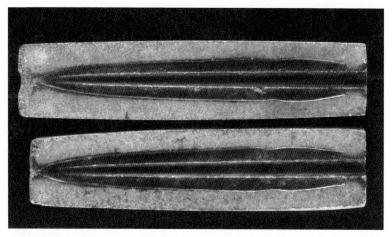

동검 거푸집 청동기 | 완주군 갈동 | 국립전주박물관 소장
돌로 만든 세형동검 거푸집 한 쌍으로, 한 점의 뒷면에는 동과(銅戈: 창) 틀이 새겨져 있다.

었고, 특히 갈동 유적에서는 청동검과 청동 꺾창의 거푸집이 출토되
어 청동기를 제작한 장인이 존재하고 있었음을 알 수 있다. 또 출토
된 유물과 유적은 인근 익산지역과 함께 고조선의 마지막 왕인 준왕
이 바다 건너 남쪽으로 내려온 것과 관련이 있는 것으로 보이며, 준
왕의 남천을 전후하여 남부지방에 마한 집단이 형성되었으며 유적

들을 통하여 전주지역에도 마한 집단이 자리하고 있었음을 추정할
수 있다. 즉 청동기를 제작한 장인이 존재하였고 청동유물이 집중적
으로 출토된 완주 갈동과 그 주변 지역, 분구묘가 집중적으로 조사
된 완주 상운리 유적, 대규모 집자리가 조사된 송천동 유적 등을 중
심으로 마한 소국의 존재를 추론할 수 있다.

2) 보덕화상과 경복사

『삼국유사』에 의하면 고구려의 승려인 보덕화상은 왕실이 도교를
우대하고 불교를 탄압하자 신력으로 방장을 날려 완산주 고대산으로
옮겨 '경복사'라 하였다. 그 시기는 영휘 원년(650), 건봉 2년(667)이라고
하며 무상(無上) · 적멸(寂滅) · 의융(義融) 등 11명의 제자가 각지에 절
을 창건하였다고 한다. 방장을 날렸다는 것을 그대로 믿을 수는 없
지만, 전북대학교 박물관 조사에서는 완주 구이면 고덕산에 있는 절
터에서 '高德山 景福寺' 명문 기와 조각을 수습하였으며 임실 신평
면에서는 보덕의 제자인 적멸 · 의융이 창건한 것으로 기록된 진구
사(珍丘寺) 명문 기와가 수습되었다. 백제 말기를 전후하여 보덕화상
이 전주지역으로 옮겨온 것은 전주지역에 이미 고구려에까지 이름
이 알려질 만큼의 집단이 형성돼 있었음을 의미한다. 전주가 준왕
집단의 남천과 일정 부분 관련이 있고, 백제 말 고구려 승려인 보덕
화상이 전주로 이거한 것은 전주지역이 외래문화나 집단에 개방적
이었음을 말해주는 것이다.

3) 견훤의 후백제

신라가 삼국을 통일한 이후 전주에는 완산주가 설치되어 익산을 대신하여 전북지방 행정의 중심이 되었다. 그러나 완산주의 치소를 비롯하여 당시 문화에 대해서는 거의 알려진 바가 없으며, 조선시대 전라감영이 있던 지역(옛 전북도청이 있었던 곳)에 대한 조사에서 통일신라시대의 유물이 출토되어 치소와 관련이 있을 것으로 추정되기도 한다. 또 동고산성 조사에서는 '전주성(全州城)' 명문이 있는 통일신라시대의 막새기와가 출토되었고, 대규모 건물지가 확인되어 견훤의 후백제 궁성 또는 왕성이라는 주장이 제기되었다. 동고산성은 통일신라시대 완산주의 설치와 관련이 있고, 견훤이 전주에 도읍을 정한 뒤 이를 활용하였을 것으로 볼 수도 있다. 아무튼 완산주의 치소

풍남문 1767년(영조 43) | 보물 308호 | 전주시 전동
전주부성의 남문이다. 1767년에 축조한 것으로, 정면에 '풍남문' 편액, 후면에 '호남제일성' 편액이 걸려 있다.
풍남문의 '풍'은 조선왕조의 발상지라는 뜻이고, 호남제일성은 전라감영이 설치된 호남의 으뜸도시라는 뜻이다.

와 관련된 유적, 후백제의 도성과 궁성 또는 왕성 등은 밝혀야 할 과제이다.

　삼국을 통일한 후 신라는 왕위계승전쟁과 귀족들의 사치와 부패 등으로 사회 기반이 흔들렸으며, 진성여왕의 실정을 계기로 각지에서 민란이 일어났다. 민란의 직접적 원인은 조세 징수에 대한 반발이었으나, 그 바탕에는 고구려와 백제 유민에 대한 차별적 대우가 자리하였다. 견훤은 마한과 백제의 뒤를 잇겠다는 것을 표방하며 892년 후백제를 건국하고 전주에 도읍을 정하였다. 전주를 도읍으로 정한 것은 전주가 지정학적으로 중요한 지역으로 성장하였음을 보여주는 것이며, 백제 유민들의 결집된 저항의식의 중심에 있었음을 보여주는 것이다. 백제 유민들의 지지를 등에 업고 성립된 후백제는 고구려 유민들을 바탕으로 건국한 고려에 의하여 통합되었으나, 전주는 여전히 지방행정의 중심으로 기능하였다.

2. 호남의 수부(首府), 전주

1) 조선왕조의 본향

　전주가 조선왕조의 발상지라는 것은 두말할 나위도 없는 것이고, 왕조의 발상지라는 자부심은 지금까지도 전주의 이미지를 규정하는 근간의 하나이다. 그러나 따지고 보면 전주는 목조 이안사가 삼척현으로 이거하기 전까지의 세거지였고, 태조 이성계를 비롯한 그 일족이 생장한 중심지는 전주가 아닌 함흥을 중심으로 하는 지역이었다.

그럼에도 전주가 조선왕조의 발상지라는 인식은 전주지역에서만이 아니라 조선왕조를 통하여 일반화된 인식이었으며 이론(異論)의 여지가 없는 것으로 보인다.

조선왕조의 본향으로서 전주에는 이안사의 세거지로 전하는 이목대, 건국하기 전 이성계와 관련이 있는 오목대, 태종 10년(1410)에 어용전으로 건립되었던 경기전이 있다. 또 영조 연간 전주 이씨의 시조인 이한과 부인의 위패를 모시기 위하여 조성한 조경묘, 1899년(광무 3) 이한의 묘소로 전해지는 지역에 설정한 묘역에 단을 쌓고 조성한 조경단 등이 있다. 조선 후기 영조 때 경기전에 조경묘를 조성하고 건지산 일대에 이한의 묘역을 설정한 것이나 고종 연간에 관련 유적들에 비석을 세우고 성역화를 진행한 것은 조선왕실과 왕조의 정통성을 바로세우기 위한 조치라고 할 수 있다.

2) 지방행정의 중심

전주는 조선왕조의 본향일 뿐만 아니라 제주도를 포함하여 호남지방의 행정 중심으로 전라감영이 있던 곳이고, 단순히 지방행정의 중심만이 아니라 호남지역의 경제·사회·문화의 중심이었음을 의미한다. 산업화 이전 농업을 기반으로 하는 조선왕조에서 농경의 중심지로서 호남지방이 국가 경제에서 차지하는 비중은 지대한 것이었고 그 중심에 전주가 자리하고 있었다. 전주는 지리적으로 호남평야로 대표되는 드넓은 서부 평야지대와 지리산을 으뜸으로 호남정맥이 있는 동부 산간지방의 중간지역으로, 평야지대와 산간지방의 물산이 집중되는 곳이었다. 농업만이 아니라 각종 물산이 전주에 집

합죽선 故 이기동 作 | 전주역사박물관 소장
전라북도 무형문화재 고(故) 이기동 선자장이 제작하여 전주시에 기증한 부채이다.

중된 것은 동부 산간지방에서 산출되는 약재를 중심으로 형성된 약
령시에서 그 예를 찾을 수 있으며, 또 전주는 물산을 중심으로 문화
와 예술이 집중되는 곳으로서 좌도 농악과 우도 농악이 어우러지는
접점이었고 판소리, 정악, 한지, 합죽선, 인쇄 등 각종 예술과 상업,
공업의 중심이었다.

3) 조선시대 전주 문화의 공간적 특성

전주는 조선시대 왕조의 본향임과 동시에 지방행정의 중심이었
으나 다른 한편으로 중앙정치에서는 차별적 대우를 받았으며, 이는
고려에서부터 이어져온 지역 차별과 맥을 같이하는 것이었다. 특히
'정여립의 난'으로 칭해지는 사건을 빌미로 전주지역은 중앙정치에

서 소외되었으며, 전주에는 중앙에서 파견된 관리와 그를 보좌하는 향리가 나름의 정치적·문화적 영역을 형성하였다. 대다수 민중은 그들 나름의 문화를 구성하였고, 중앙에 진출하지 못하거나 중앙정치에서 낙향한 양반들도 그들만의 문화를 형성하였다. 따라서 조선시대 전라감영을 중심으로 형성된 전주의 문화에는 양반과 향리, 민중의 문화가 혼재하였으며 물산과 더불어 전주 주변 지역의 문화와 예술들이 모여들었다. 이 때문에 일견 전주의 문화는 다종다양하여 공통적 특성을 파악하기가 쉽지 않은 것처럼 보이지만, 다양한 문화가 나름의 영역에서 혼재하고 있으며 신분의 차이를 떠나 영역을 공유하는 것을 전주의 문화적 특성으로 파악할 수 있다.

전주를 대표하는 음식의 하나인 비빔밥이 서로 다른 재료들이 뒤섞여 만들어지지만 각각의 재료가 가진 맛이 조화를 이루고 있는 것처럼 각각의 영역에서 형성된 작은 단위의 문화들이 전주 전체의 문화를 구성하며, 신분에 따라 정도의 차이가 있지만 서로의 문화를 일정 부분 공유하는 것을 전주 문화의 특성으로 파악할 수 있다. 이는 향리계층에서 형성된 것으로 보이는 판소리가 신분과 계층을 떠나 전주지역에서 공유되는 예술이었다는 점에서 이해될 수 있다. 또 중앙정치에 진출하지 못한 양반계층은 신분에서는 우위에 있었지만 경제에서는 향리계층이나 농상공업의 주체였던 민중과 큰 차이가 없었으며, 신분 차이는 조선 후기로 갈수록 간극이 좁아졌고 이는 문화나 사회에서의 보편성으로 이어졌다.

3. 전주 문화와 역사의 특성

　지금까지 살펴본 바와 같이 전주는 통일신라시대 이후 호남 또는 전북 지방행정의 중심이었음에도 정치적으로는 차별대우를 받았으며, 조선시대에는 전주가 왕조의 본향이라는 점을 강조하면서도 정치적 차별은 여전하였다. 또 농업을 기반으로 하는 왕조에서 전주를 중심으로 호남지방이 국가경제에서 차지하는 비중은 매우 높았으며, 이는 정치적 차별대우와 어우러져 민중에 대한 수탈로 이어지기 십상이었다. 그럼에도 조선시대에는 임진왜란이나 구한말처럼 왕조가 위험에 처하거나 왕실의 정통성이 흔들릴 때마다 전주는 국가를 지탱하는 중요한 역할을 수행하였다. 전주지역의 이 같은 역할은 농업을 기반으로 하는 사회의 일반적 특성으로 꼽히는 보수성과 관련되는 것처럼 보이지만, 시기를 거슬러 올라가 보면 후삼국시대에는 마한과 백제의 부흥을 표방하였고 견훤이 건국한 후백제의 도읍이었다.

　알려진 바와 같이 견훤은 지역적 기반이 호남이 아니었음에도 전주를 중심으로 한 호남지역이 후백제의 주된 세력이었음은 외래 집단이나 문화에 대한 개방적 수용으로 이해할 수 있다. 이 점은 통일 이전 시기 마한의 형성을 전후하여 준왕으로 대표되는 대동강 유역의 집단이 전주를 중심으로 유입된 것이나 고구려 승려인 보덕이 완주 고덕산으로 비래방장하였다는 것과 더불어 전주지역 역사와 문화의 특성이라고 생각된다. 외래문화나 집단에 대한 적극적 수용은 토착 집단의 구성원들이 자신들의 문화와 사회에 대한 자신감에 바탕을 두는 것이며, 이는 조선 후기 천주교나 동학 등의 주된 활동 근거 지역이 전주를 중심으로 하는 지역이었음과도 같은 맥락이라고 할 수 있다. 토착문화나 사회에 대한 자신감은 집단 성원들의 삶에서의 여유, 즉 높은 농업생산력뿐만 아니라 상업과 수공업이 비교적 활발하였던 전주의 지역적 특성에서 비롯되는 것이다.

전주의 문화와 역사에서의 특성은 관점에 따라 긍정적 또는 부정적 속성이 지적될 수 있을 것이나 오랜 기간 지속되어온 정치적 차별을 좁게는 풍류, 넓게는 예술과 발전시킬 수 있었던 삶에서의 여유를 전주 문화의 지역적 특성으로 꼽을 수 있을 것이다.

전주 풍류문화와 전주 정신

이동희(전주역사박물관 관장)

1. '전주 사불여'와 풍류문화

한자어 속담사전에 '전주 사불여(全州四不如)'라는 말이 있다. 전주의 특질을 논한 것으로 "벼슬아치가 아전만 못하고, 아전이 기생만 못하고, 기생이 소리만 못하고, 소리가 음식만 못하다."는 뜻이다(官不如吏, 吏不如妓, 妓不如聲, 聲不如食)[임종욱, 『한국한자어속담사전』, 2001].

'관불여리(官不如吏)', 즉 벼슬아치가 아전만 못하다는 것은 전주 토착세력인 아전들의 세력이 중앙에서 부임해온 전라감사 일행보다 세다는 것이다. 전주는 전라도 일대를 통괄하는 전라감영이 설치된 곳으로, 전주 사불여에서 벼슬아치는 중앙에서 파견된 전라감사 일행을 뜻하며, 아전은 전라감영의 아전들이라고 할 수 있다.

전주 아전들이 득세했음은 조선 말 대원군이 지적한 조선사회의 3대 병폐에도 나타나 있다. 대원군은 충청도 양반, 평안도 기생, 전주 아전을 조선사회의 세 가지 큰 폐단으로 꼽았다(황현, 『오하기문』). 이렇게 전주 아전들의 세력이 컸던 것은 중앙 권력층과의 연계도 작용하였겠지만, 전주 토착세력들의 경제력이 크게 작용했을 것이다.

'이불여기(吏不如妓)', 즉 그렇게 대단한 아전이 기생보다 못하다는 것이다. 전주 기생들이 얼마나 빼어났는지를 잘 말해주는 것으로, 전주 기생들의 기예와 차림새를 높이 평가한 것으로 생각된다. 기생 하면 평양 기생을 떠올리지만 전주 기생 또한 출중했다. 전통의 시대에 기생의 기예는 풍류의 성격을 지니고 있다.

'기불여성(妓不如聲)', 즉 그런 기생보다 소리가 더 대단하다는 것이다. 전주가 소리의 고장임은 전주대사습놀이가 잘 대변해준다. 조선 후기에 시작된 전주대사습놀이는 전라감영과 전주부영의 통인들이 소리꾼들을 불러 모아 경연대회를 펼친 소리의 대향연이었다. 통인은 전라감사와 전주부윤의 심부름꾼을 말한다. 전주대사습에서 인정받으면 조선 최고의 명창으로 예우되었다. 전주는 '귀명창의 동네'라고 불릴 만큼 소리를 듣는 청중의 수준이 높았다.

'성불여식(聲不如食)', 즉 소리보다 더 뛰어난 것이 음식이라는 말이다. 전주의 특질이 아전, 기생, 소리, 음식인데, 그중에서도 음식이 제일이라는 말이다. 전주 음식이 빼어나다는 것은 잘 알려진 사실이지만, 이처럼 잘 표현한 말도 드물 것이다. 비빔밥, 콩나물국밥, 한정식 등은 전주를 대표하는 음식들이다. 경제적으로 여유가 있고, 먹을거리가 풍부했던 것이 전주를 최고의 음식도시로 만들었다고 생각된다.

전주에는 한자속담사전에 실린 사불여와 다른 '사불여'도 전해오고 있다. 이철수 씨가 지역에 전해오는 설화라고 하여 『전주야사』에 수록해놓은 '전주 사불여'로, "벼슬아치가 아전만 못하고[반불여리(班不如吏)], 기생이 통인만 못하고[기불여통(妓不如通)], 술이 안주만 못하고[주불여효(酒不如肴)], 배가 무만 못하다[이불여청(梨不如菁)]."는 것이다(이철수,

『전주야사』, 1967).

'관불여리'는 앞에서 소개한 한자속담사전의 '반불여리'와 같은 말이다. '주불여효(酒不如肴)'도 전주 음식을 예찬한 말이라는 점에서 앞서 소개한 '성불여식'과 의미를 같이한다. 술이 안주만 못하다는 '주불여효'는 천하명주도 전주 여인들의 안주가 있어야 제맛이 난다는 것으로, 전주지역 안주상에 차려놓은 음식의 맛깔스러움을 말해준다. 전주 음식의 빼어남을 은유적으로 표현한 것이라고 할 수 있다.

누가 이런 '전주 사불여'를 만들었는지 알 수 없다. 전주지역에 전해지거나 한자어로 전해지는 것을 수록한 것으로, 그 명확한 출처는 알려져 있지 않다. 하지만 '전주 사불여'를 통해 전주는 토착세력이 강하고, 풍류문화가 매우 뛰어난 곳임을 파악하는 데는 무리가 없다. 전주는 문화예술이 발전한 풍류의 도시이다.

전주는 전통적으로 문화예술이 발전하여 일찍부터 '예향'이라고 칭해졌다. '전주 사불여'에 나오는 소리와 음식 외에도 서화(書畵), 출판문화, 한지 등이 매우 빼어난 곳이 전주이다. 창암 이삼만으로 대표되는 전주지역의 서화는 선비정신을 담은 서예와 문인화로 그 이름이 높다. 창암 이삼만은 조선 후기 3대 명필의 하나로, 그의 글씨체는 물이 흐르는 듯하다고 하여 '유수체'라고 한다.

전주는 또한 출판문화가 발달했던 곳으로, '완판본'이라는 이름으로 고소설을 비롯해 사서삼경 등 많은 책들이 출간되었다. 완판본이란 한양 경판본에 대비해 완산에서 출간한 책이라는 의미이다. 완산은 전주의 옛 지명이다. 전주에는 현재도 전라감영 책판이 5천여 장 남아 있어 출판도시 전주의 역사를 전해주고 있다.

전주는 이런 서화와 출판의 기반이 되는 우리 종이 한지 생산을 대표하는 곳이다. 전주는 한지의 본가로 불리기도 한다. 전주한지는 곧 전주 출판문화와 서화 발전의 밑거름이 되었으며, 전주부채 또한 질 좋은 전주한지가 기반이 되었다. 전주부채는 임금에게 올리는 진상품으로, 전라감영에 선자청을 두고 제작하였다. 후백제 견훤이 고려 왕건에게 선사하였던 것도 부채이다. 전주한지와 전주부채는 일찍부터 전주의 특산품이었던 것으로 추정된다.

2. 풍류문화에 깃든 전주 정신

최명희는 『혼불』에서 전주를 꽃심을 지닌 '저항과 풍류'의 도시라고 하였다. 꽃심은 싹을 틔워내는 힘, 새로운 사회에 대한 열정을 의미한다. 『혼불』에서 관련 대목을 옮겨보면 다음과 같다.

> 풍광도 수려하고, 물산도 풍부하며, 교통의 요지로서 사람과 물물의 왕래가 빈번하고, 군사적으로도 요충이 되는 전주 완산이 하등의 이유가 없는데, 그런 끔찍한 백안(白眼) 외면을 당했던 것이다. 그것은 꽃심을 가진 죄였는지도 모른다. 세월이 가도 결코 버릴 수 없는 꿈의 꽃심을 지닌 땅. 그 꿈은 지배자에게 근(根)이 깊은 목의 가시와도 같아서 기어이 뽑아내버리고자 박해, 냉대, 소외의 갖은 방법을 다하게 했다(최명희, 『혼불』 8권).

어쩌면 '저항과 풍류' 이 두 가지는 아주 상반되어 보인다. 그러나 이미 이루어 가진 자는 저항하지 않으며, 억울할 일이 없는 자, 혹은 세상을 거머쥐려는 욕망으로 들끓는 사람의 검붉고 길쭉한 혈관에는 풍류가 깃들지 못한다. 풍류는 빈자리에 고이고, 빈자리에서 우러나며, 비켜 선 언덕의 서늘한 바람닫이 이만큼에서 멀리 앉은 세상을 바라보는 마음이 아니면 울리지 않는 것이기 때문이다. 그래서 이 둘은 한 바탕 한 뿌리에서 뻗은 두 가쟁이다(최명희, 『혼불』 4권).

최명희는 전주를 저항과 풍류의 도시로 보고, 이 둘은 연관되어 있다고 하였다. 전주는 풍류문화가 발전했고, 여기에는 저항정신이 작용했다는 것이다. 저항과 풍류는 전주의 역사문화적 특질을 잘 간파하고 어울리지 않을 것 같은 두 개의 코드를 잘 연결시킨 탁견이다. 그 기반으로 꽃심을 들고 나온 것 또한 전주 역사문화의 정곡을 찌른 것이라고 본다.

다만 저항보다는 새로운 세상에 대한 열정을 담은 '변혁'이 더 적절한 것이 아닌가 한다. 저항과 변혁은 불가분의 관계에 있고 그 힘이 꽃심에서 나온 것이지만, 전주의 역사를 놓고 볼 때, 중앙정부의 끊임없는 견제에 대한 저항보다는 새 세상에 대한 의지가 더 강하였다고 생각되기 때문이다.

그러면 전주에 저항 또는 변혁, 풍류문화를 꽃피운 꽃심의 힘은 어디에서 나왔을까? 그 근원적인 요인과 정신은 무엇일까? 전주와 전라도에 대한 중앙정부의 차대와 이로 인해 중앙 진출이 제대로 되지 못한 것이 풍류문화 발전에 작용한 점은 있겠지만 본질은 아니라고 생각한다. 이를 해명하기 위해서는 전주 역사문화의 기반에 주목해볼 필요가 있다.

전주는 통일신라시대 때인 685년(신문왕 5) 9주 5소경으로 지방체제가 개편되면서 주(州)가 설치되어 전북권의 중심지로 자리하기 시작했다. 후삼국시대의 전주는 후백제의 왕도로 자리하였고, 고려시대에는 전주목으로 나주목과 함께 전라도의 중심지가 되었다. 전라도라는 지명은 고려시대 전주목의 '전' 자와 나주목의 '나' 자를 따서 붙인 것이다.

전주는 고려 말 관찰사제가 시행되면서 조선왕조 500여 년간 전라감영이 설치되어 전라도의 수부(首府), 즉 으뜸도시로 자리하였다. 전주부성의 정문 풍남문에 '호남제일성' 편액이 걸린 것은 이런 연유이다. 즉 전주는 통일신라시대 이래 왕도로서, 전라도와 전북의 중심도시로서의 정치적 위상을 천 년 넘게 이어오고 있다. 전주처럼 천년이 넘게 중심도시로서의 역사를 지금껏 지속하고 있는 곳은 드물 것이다.

한편 전라도는 조선 국가재정의 1/3을 담당한 조선 제일의 곡창지대였다. 동학 때는 국가재정의 반절이 전라도에서 나왔다고 한다. 매천 황현은 『오하기문』에서 "전라도는 재물이 풍부하여 서울사람들이 아들을 낳으면 호남에서 벼슬시키는 것이 소원이었다."고 하였다. 이처럼 전주는 호남의 수부였다.

전주는 또 교통의 요지로 물산이 집결되는 곳이었다. 전주는 전라도의 경제와 유통의 중심지였다. 남문밖장은 전라도 최고의 장으로 전국에서도 손꼽히는 큰 장이었다. 조선시대에는 전주성 사문 밖에 장이 섰을 뿐 아니라 인근에도 장이 서서 전주지역은 하루걸러 장이 서다시피 하였다. 전주는 평양, 대구와 함께 조선의 3대 시장이었다.

더불어 전주사람들의 개방성과 포용력이 주목된다. 전주사람들의 이런 특질은 조선 말 천주교와 동학농민혁명에서 찾을 수 있다. 전

천양정의 사원(射員)들 1930년 Ⅰ 『옛 사진 속의 전주, 전주사람들』(전주역사박물관, 2007)
천양정은 다가산 자락의 활터이다.

한벽당 전라북도 유형문화재 15호 Ⅰ 전주시 교동 Ⅰ 전주역사박물관 소장 사진엽서
전주 8경의 하나로, 승암산 자락에 위치하고 있다. 전주천 물이 누각 아래 바위에 부딪혀 장관을 이룬다. 호남의
시인 묵객들이 쉴 새 없이 찾아와 시를 읊고 풍류를 즐겼던 곳이다.

주는 조선 말 천주교가 들어와 만개하고 개신교가 크게 발전한 곳이다. 또한 반상의 차별이 있는 전근대적인 봉건제를 마감하고 법 앞에 만인이 평등한 근대사회를 지향하는 동학농민혁명의 발원지요 중심지이다. 이런 전주의 타 문화에 대한 개방성과 포용력은 조선 제일의 곡창지대 호남의 중심도시로서 넉넉함과 자신감, 바다로 열려 있는 지리적 특성이 전주사람들의 심성에 작용한 것이라고 본다.

전주의 정치적 · 경제적 · 지리적 특질이 길러낸 전주사람들의 넉넉함과 포용력 그리고 자긍심이 전주 역사문화의 특질인 풍류문화를 발전시킨 본질이고 정신이라고 생각한다. 지금의 도시 규모로는 전주의 넉넉함이 이해되지 않는 점이 있겠지만, 조선시대 전주가 3대도시로 칭해질 정도로 큰 도시였음을 염두에 둘 필요가 있다. 『호구총수』에 등재된 1789년(정조 13) 전국 호구수를 보면, 호수는 전주가 한양과 평양에 이어 세 번째이고, 인구수는 한양, 평양, 의주, 충주에 이어 다섯 번째이다. 이런 도시 규모를 토대로 한 전주의 넉넉함과 포용력, 자존감이 전주의 특질인 풍류문화에 깃든 전주 정신이라고 본다.

[참고문헌]

동학농민기념사업회, 『전북의 역사와 문화』, 서경문화사, 1999.

———, 『전북의 예술사』, 서경문화사, 2000.

———, 『전주정신과 동학농민혁명』(동학농민혁명 120주년기념학술대회), 홍디자인, 2014.

원도연, 「도시의 이미지와 지역정체성 – 전주 · 과거에서 미래로」, 『전주의 문화정체성』, 신아, 2004.

이동희, 「전주의 역사문화적 특질과 과제」, 『동학농민혁명과 전주』(전주역사박물관 개관기념학술대회), 2002.

이철수,『전주야사』, 전주출판사, 1967.

임종욱,『한국한자어속담사전』, 이회, 2001.

전북대 전라문화연구소,『전주의 문화 정체성』, 신아, 2004.

전북전통문화연구소,『전주의 역사와 문화』, 신아출판사, 2000.

전주문화사랑회,『아하! 그렇군요』, 전주시, 2004.

전주역사박물관,『전주학 서설』, 신아출판사, 2006.

_____,『전주정신 대토론회』(제10회 전주학학술대회), 2009;『전주학연구』3, 전주역사박물관, 2009.

_____,『지도로 찾아가는 도시의 역사 – 전주의 도시형성과 공간구조의 변화』, 2004.

최명희,『혼불』, 한길사, 1996.

3장

전주의 풍수지리와 비보풍수

송화섭(전주대학교 교수)

1. 전주에서 풍수지리의 정수를 보다

『금낭경』에서는 풍수를 "기를 흩어지지 않게 모으고 머물게 하는
것"이라고 정의하고 있다. 풍수는 '풍(風)'과 '수(水)'의 합성어로 장풍
득수(藏風得水)에서 따온 말이다. 장풍은 산세가 바람을 잘 갈무리하
고, 득수는 산맥이 말단부에서 물을 만나는 것을 말한다. 장풍이란
산기슭, 낮은 언덕, 나무숲 등이 바람의 흐름을 리듬 있게 만들고
생기에 좋을 만큼 흐르게 한다. 바람의 기운이 삶터를 순환하면서
사람을 생기 있게 만들고 식물과 동물의 생육에 좋은 영향을 미친
다. 또한 음식의 숙성도 풍수와 관련이 있다. 풍수는 고추장, 된장,
간장 등 장맛을 좌우한다. 장은 옹기에서 숙성시켜야 제맛이 난다.
장맛은 지형과 수질, 온도와 습도의 절묘한 조화에서 숙성되어야 제
맛이 난다. 전주 음식의 명성은 풍수지리의 작용일 수 있다. 임실의
슬치고개에서 발원한 깨끗한 물이 전주에 스며들고, 완산주가 말해
주듯이 산세가 사방으로 아늑하게 전주부성을 둘러싸고 있기에 사
람 살기에 좋은 기운이 감돌고, 기운의 조화가 음식을 가장 맛깔스

전주부 고지도 1872년(고종 9) | 서울대학교 규장각 소장

럽게 숙성시킨다고 보아야 한다.

전주의 풍수지리는 산세와 물길이 결정짓는다. 전주의 산세는 남동쪽에 승암산, 남쪽에 완산과 곤지산, 서쪽에 다가산과 화산, 동쪽에 기린봉과 도솔봉이, 북쪽에 건지산과 가련산이 위치하고 있다. 언뜻 보기에 전주는 사방으로 산세가 두루 감싸고 있는 듯하나, 배역의 지세여서 건방(乾方)이 공결하여 생기가 흘러빠지는 부족함을 안고 있다. 가련산 우측으로 전주천이 흐르고, 좌측으로 지세가 낮고 공허하여 지기가 분산되는 형세를 보여준다. 전주천은 임실 슬치 고개에서 발원하여 승암산과 억경대 사이의 골짜기를 통하여 전주로 흘러내려 온다.

전주의 주산인 승암산에서 바라보면, 전주의 지세는 마치 그릇 같은 지형이다. 그릇 지형은 낮은 산세가 분지를 에워싸고 있는 형국이기도 하고, 어머니의 자궁 지형 같기도 하다. 이 세상에서 자궁같이 편안하고 이상적인 공간은 없다. 자궁은 태아가 10개월 동안 생활하는 데 최적의 요건을 갖춘 공간이다. 자궁도는 풍수도와 기본적으로 닮은 구도를 보여준다. 그릇 지형이 장맛을 숙성시켜 음식의 깊은 맛을 내게 하는 요인이라면, 자궁 지형은 사람이 편안한 삶을 즐기고 온화한 품성을 갖게 만드는 요인으로 작용한다. 한마디로 전주는 자궁 속에 들어앉은 지역이다. 전주는 사람이 살기에 좋은 가장 이상적인 지형[福厚之地]을 갖추고 있다.

그러나 전주는 자연지리적으로 배역지지(背逆之地)이다. 배역지지는 산수가 뒤바뀐 지형을 말한다. 풍수지리의 기본은 배산임수(背山臨水)이다. 배산의 좌향은 북향이고, 임수의 좌향은 남향이다. 그런데 전주의 주산인 승암산은 남동쪽에 위치하고, 전주천은 남동출북서류한다. 전주의 지세는 남쪽에 승암산, 남고산성, 완산으로 둘렸고, 북쪽은 전주천이 흐르고, 넓은 평야가 펼쳐질 정도로 툭 트여 있는 공허한 지세다. 전주는 남고북저의 전형을 보여주는 곳이다. 이와 같은 배역의 지세에 전주부성은 남향으로 들어서서 양택풍수의 기본에 충실하고 있다. 전주부성에는 객관과 전라감영, 전주부영 등 관아 건물이 들어섰는데 모두 남향이다. 고지도에서 전주에 들어오는 대로(大路)는 북쪽에서 전주부성까지 연결되어 있다. 전주대로는 오늘날 '기린대로'로 불리고 있다. 기린대로보다는 전주대로(全州大路)가 훨씬 더 부르기에 좋고 정통성을 갖고 있다.

전주는 지리적인 여건상 남동출북서류하는 전주천에 따라 배역의 지세이지만, 남향의 전주부성은 매우 절묘한 양택의 기운을 살려내는 역할을 하고 있다. 그래서 전주가 더 살기 좋은 곳인지도 모를 일이다. 그런데 전주는 건방으로 풍수지리적인 결함을 갖고 있기에 지기가 새는 곳은 숲으로 막고, 지세가 공결한 곳은 흙을 쌓아서 비보장치를 하였다. 전주고을 사람들이 전주의 지기를 보전하고자 다양한 비보풍수를 차용한 것이 매우 흥미롭다.

1) 사신과 사령이 호위하는 전주

사신사(四神砂)는 혈의 주위를 동서남북으로 둘러싸고 있는 산세를 지칭하는 풍수용어다. 혈(穴)은 '혈장'이라고 하는데, 마을이나 무덤이 위치하는 명당을 말한다. 사신(四神)은 사방에 백호[東], 청룡[西], 주작[南], 현무[北]가 배치되는 것을 말하는데, 전주에는 사령이 중첩되어 나타난다. 사령(四靈)은 거북[龜], 용(龍), 기린(麒麟), 봉황(鳳凰)의

네 가지 영물을 말한다. 전주의 사신과 사령은 풍수지리적으로 복잡한 구도를 만들어냈을 뿐만 아니라 주산의 논쟁을 불러일으켰다.

전주의 주산론은 건지산론, 기린봉론, 승암산론이 있다. 『조선왕조실록』에는 전주의 진산을 건지산으로 기록하였다. 건지산론은 전주 이씨의 시조인 이한(李瀚)의 묘가 건지산에 있다는 게 핵심이다. 그러나 전주의 지세를 살펴보면 건지산은 전주의 진산으로 적절하지 못하다. 기린봉론은 산의 형상과 좌향이 주산에 부합한다는 논리이지만, 백호에 기린을 앉힌 목적 그 이상의 의미는 없다. 승암산론은 고지도의 옛 지명이 '성황봉(城隍峰)'으로 표시되어 있다. 승암산은 산의 형상이 노승예불형(老僧禮佛形)이어서 붙여진 것이나, 성황봉은 고을 수호신인 성황신을 모시는 신산(神山)이란 점과 신산은 우주산(cosmic mountain)의 성격을 갖고 있다. 그런 점에서 본다면, 전주의 주산은 성황봉이라고 부르는 게 맞다. 1872년 고지도에는 '승암산(僧岩山)'으로 표기되었지만, 1750년대에 제작된 「해동지도」에는 '성황봉'으로 표기되어 있다. 또한 성황봉은 고려시대 전주 이씨의 생거지였던 자만동의 주산인 발봉(鉢峰 또는 發李山)의 조산이 된다. 성황봉의 명칭은 주산 논쟁을 일단락짓는 데 효과적이다.

전주의 사신사는 이중구도를 보여준다. 전주를 둘러싼 산세와 전주부성의 안팎 구도에서 사신과 사령이 등장한다. 사신은 성황봉을 중심으로 좌청룡과 우백호다. 좌청룡은 완산칠봉과 다가산을 경유하여 화산에 이르는 산세를 갖추었다. 좌청룡은 완산칠봉의 일곱 봉우리가 마치 서쪽으로 내달리는 용의 위용을 보여주는 듯하며, 완산에서 다가산으로 내룡하는 산세는 용두치(龍頭峙, 용머리고개)에서 사실적인 형상으로 나타난다. 우백호는 기린봉(麒麟峰)과 도솔봉(兜率峰)을 경유하여 건지산(乾止山)에 내룡하는 산세를 보여주고 있다. 건지산은 주산의 산세가 건(乾, 北西) 방위에 이르러 멈추었다고 해서 붙여진 명칭이다. 전주의 좌청룡과 우백호 사이에 놓인 산이 가련산(可連山)이다. 가련산은 풍수지리적으로 전주의 안산(案山) 격이다. 산의 명칭은 '가히 연결되어야 할 산'이라는 의미를 갖고 있다. 가련산은 덕진제방으로 건지산과 지맥이 연결되었다.

전주부성 안의 사신은 봉황암(鳳凰巖)과 현무지(玄武池)를 들 수 있다. 1894년의 지방지도에는 전주부성 내 북동쪽에 현무지가 표시되어 있고, 다른 고지도에는 풍남문 밖에 봉황암이 표기되어 있다. 풍남문 홍예문의 천장에 그려진 봉황은 사신 가운데 주작보다는 사령의 봉황일 수 있다. 봉황암과 함께 주목되는 곳은 검암동의 거북바위다. 거북은 용, 기린, 봉황과 함께 사령 가운데 하나다. 전주부성의 북쪽에 거북, 남쪽에 봉황, 동쪽에 기린, 서쪽에 용이 배치되어 있다. 따라서 전주부성 안팎에는 사신(四神)과 사령(四靈)이 중첩된 이중구도를 발견할 수 있다. 이와 같이 전주부성을 수호하는 사신도와 사령도의 이중구조는 전주가 조선왕조의 발상지여서 풍수지리적으로 중히 여겨 수호신앙으로 배치한 것이다.

2) 전주의 풍수형국은 행주형 지세

『전주부사』에는 전주의 풍수형국을 '행주형 지세(行舟形地勢)'라 하였다. 행주형 지세는 전주부성이 물 위에 떠서 항해하는 배의 모습 같다는 풍수형국의 명칭이다. 그래서 '배 형국'이라고 부르기도 한다. 행주형 지세는 마을의 배산(背山)에서 흘러내려 온 물이 마을 양쪽으로 흘러내려 가면서 자연스럽게 마을이 물 위에 떠 있는 배의 형국을 보여준다. 행주형 지세에는 돛대로서 석장(石檣) 또는 목장(木檣)을 세우거나 석돈(石墩)을 조성하는 게 일반적이다. 그러나 전주에서는 석장, 목장 또는 석돈을 설치하였다는 이야기는 전해지지 않는다.

현재 전주천은 남천에서 서천으로 연결되면서 전주부성을 남서 방향으로 감싸고 흐르지만, 원래 전주천의 물길은 두 갈래였다. 전주천은 전주분지를 관통하다가 분지 가운데에 관아 건물이 조성되면서 두 갈래의 물줄기로 나뉘었을 것이다. 전주천은 한벽루 아래에서 남서쪽으로 한 줄기가 흐르고, 다른 한 줄기는 이목대, 오목대, 가락대 아래로 흘렀을 것이다. 후자의 물줄기는 승암산과 기린봉 사이 골짜기에서 흘러내려 온 물줄기와 합수하면서 노송천을 이루고, 모래내에서 내려온 물줄기와 합류하여 검암천을 이루고, 검암천은 진북동 일대에서 전주천과 합수하여 내수구(內水口)를 이룬다. 내수구에는 수구막이숲이 조성되어 있었다. 일제강점기까지 전주의 배 형국이 지속적으로 유지되었기에 '행주형 지세'라고 표현한 것이다.

3) 전주부성에 조산이 있었다

1872년에 제작된 조선시대 지방지도의 전주 지도에는 객관 뒤쪽에 조산(造山)의 형상과 명칭이 등장한다. 객관은 중앙에 궐전(闕殿)을 두고 좌우에 동익헌, 서익헌이 조성된 지방관아의 중심이다. 조선시대 모든 지방관아에는 객관 또는 객사가 조성되어 있었다. 객관은 조선시대 중앙집권적 통치방식에 따라 중앙에서 파견된 지방관리가 왕에게 충성을 다짐하는 의식을 거행하는 곳이다. 객관의 궐전은 왕을 상징하는 전패가 북쪽을 향하여 모셔져 있다. 전패는 살아있는 왕을 상징하는 위패다. 따라서 전패를 모신 궐전은 '생사당(生祠堂)'이라고 부르기도 한다. 지방관리들은 궐전에서 매월 초하루와 보름에 왕에게 삭망제(朔望祭)를 지낸다. 전주 객관에서는 전라감사가 왕실의 안녕과 국태민안을 위하여 관리들과 함께 제사를 지낸다. 객관은 왕권의 상징이고 지방관아의 중심이어서 모든 주부군현 행정 단위에서 거리를 재는 기준이 되기도 한다.

객관은 각 지방에 위치하는 왕권과 중앙정부의 상징적 공간이다. 전주부성의 내부는 T자형의 도로망을 갖추었고, 객관은 동서도로의 위쪽에 위치하였으며, 아래쪽에는 동쪽에 전주부영, 서쪽에 전라감영이 위치하였다. 전주부의 객관과 부영, 감영은 품(品) 자 같은 위계질서의 구도를 갖춘 관아시설이었다. 동서도로를 기준으로 위쪽은 성스러운 공간이고, 아래쪽은 지방관리들의 집무 공간이었다. 그만큼 객관은 권위적이었고, 중앙에서 파견된 지방관리들의 임시 거처로 사용하였다. 조선시대에는 왕이 한양 도성에 계시기에 지방 삼남지방의 객관은 항상 북쪽을 향하였다. 그런데 전주는 북쪽에 산(背山)이 없고 툭 트여 공허한 배역지지여서 풍수지리적 요건을 갖추지 못한 곳이다. 따라서 전주의 조산은 왕권의 상징인 객관 뒤에 인공적으로 만든 산 형상이다. 객관 뒤의 조산은 북쪽의 공결을 보완하려고 조성한 것이지만, 승암산에서 바라보면 전주의 조산 기능도 한다.

조산은 '보허산(補虛山)', '가산(假山)' 등으로 불리고, 형상은 흙더미를 쌓은 흙무지형과 흙무지에 나무를 심은 복합형이 있다. 고지도에 표기된 전주의 조산은 흙무지의 산 형상에 나무를 식재한 모습으로 표현되었다. 객관 뒤쪽에 인공적으로 산을 만들고 나무를 심어놓은 것은 왕산(王山)의 의미를 갖는 조산비보(造山裨補)라고 할 수 있다.

4) 진북사는 전형적인 풍수비보사찰

　진북사(鎭北寺)는 전주시 완산구 진북동 진북터널 옆에 위치한다. 진북사는 사찰 명칭 그대로 북쪽을 진호하는 풍수비보사찰이다. 도선국사가 말하기를 "산천에 병이 들었거나 다쳤을 때 그것이 모자라다면 사찰로서 보완할 것이고, 지나치다면 불상으로서 억제할 것이고, 달아나는 형세라면 탑으로써 멈추게 할 것이다."라고 하였다. 이와 같이 사탑비보는 사찰과 탑 외에 불상, 당간 등을 조성하여 진호하는 방식이었다. 고려시대에는 중앙관서에 산천비보도감을 둘 정도로 비보풍수를 중시하였다.

　전주의 풍수지리 구도상 좌청룡의 지맥이 북서 방향으로 달려와 화산(華山)의 끄트머리에서 전주천을 만나면서 멈추었다. 화산의 지맥이 전주천을 만나 떠내려가는 형국이어서 지기를 눌러놓을 목적에서 산기슭에 사찰을 세워놓은 것이다. 진북사는 북서 방향으로 떠내려가는 산의 형상과 물을 만나 흩어지는 지기를 눌러놓을 압승(壓勝) 장치가 필요하였고, 그곳에 진압 기능의 비보사찰을 세운 것이다. 진북사는 말 그대로 북쪽을 진호하는 풍수비보사찰이다. 전주는 배역의 지세로서 북쪽이 공결한고로 북쪽을 진호(鎭護)하는 진북사를 세움으로써 전주부성 내에 온전한 기운을 유지하는 데 기여한 것이다. 사탑비보(寺塔裨補)는 진호사탑과 풍수사탑으로 나눌 수 있는데, 사찰명이 말해주듯이 진북사는 진호사탑과 풍수사탑의 기능을 겸하고 있는 것으로 보인다.

1872년 고지도에 진북사가 표기되어 있으나, 언제 창건되었는지는 알 수 없다. 다만 풍수지리적으로 진북사는 전주를 진호하는 사찰임이 분명해 보인다.

5) 숲정이가 아니라 진북숲이다

비보풍수 가운데 숲비보가 있다. 숲비보는 마을과 고을의 어귀에 인공적으로 나무를 심어 숲을 조성하는 방식이다. 숲은 마을숲과 고을숲으로 나눌 수 있고, 조산숲과 풍수숲으로 구분할 수도 있다. 숲은 차폐(遮蔽)와 보허(補虛) 기능을 한다. 인공숲은 막고 가리거나 지세가 허결하여 비보하는 목적으로 조성된다. 이러한 인공숲을 동수(洞藪), 수구림(水口林), 비보숲이라고 부른다. 전주 고지도에는 북서 방향에 숲이 표시되어 있고, 수5리(藪伍里)라고 표기되어 있다. 수5리는 객관에서 숲까지 5리가 된다는 거리 표기다. 수(藪)는 인공적으로 조성한 숲을 말하는데, 전주의 고을숲을 '숲정이'라고 부르고 있다. 숲정이는 수(藪)＋정(町)의 합성어이다. 수(藪)는 목적에 따라 조림한 숲을 말하고, 정(町)은 '마을'의 일본식 표현인데, 일제강점기에 숲이 있는 곳을 숲정이라고 부른 것을 정체성 없이 그대로 부르고 있다.

전주의 고을숲은 진북동에 위치하고, 풍수지리적으로 내수구에 위치한다. 고지도에 전주의 고을숲을 수평적 타원형으로 표현하여 수구막이숲을 조성하였다. 전주의 고을숲은 전주천과 검암천이 합수하는 내수구에 위치한다. 고을숲은 전주부의 지기가 유실되는 것을 차단하는 수구막이숲(또는 조산숲)의 기능을 하고, 전주천을 따라 올라오는 북풍한설의 차가운 기운을 방비하는 기능도 한다. 따라서 전주의 고을숲은 북서쪽을 진호(鎭護)하는 숲이란 점에서 '진북숲'이라고 불러야 옳다. 진북숲은 전주천과 검암천이 합수하는 곳에 수구막이용으로 조성된 풍수비보숲이다. 진북숲은 전주천의 물을 흐르게하면서도 전주부의 지기를 보전하는 기능을 한다. 진북숲은 진북사와 뭉뚱그려 이해하는 게 좋을 듯하다.

진북숲은 규모가 크고 매우 울창하였다. 진북숲은 1793년(정조 17)에 전라도관찰사로 부임한 이서구가 조성하였다는 전설이 전해내려오는데, 조선 후기 천주교 신자들이 처형당한 순교지였다. 진북동에 숲정이성당이 세워진 것도 그러한 배경 때문이다.

6) 고려시대 용왕의 처소였던 덕진연못

고려시대 전주에 지방관리로 내려왔던 이규보(1168~1241)가 편찬한 『동국이상국집』 37권 애사 제문의 「전주제용왕기우문(全州祭龍王祈雨文)」에 천지담(天之潭)이 등장한다. 천지담은 못 바닥에서 물이 용출하여 자연발생적으로 형성된 천연 못을 말하는데, 서거정은 그 천연 못을 덕진연(德津淵)에 비유하였다. 조선 전기의 대유학자인 서거정(徐居正, 1420~1488)이 지은 「패향십영(沛鄕十詠)」에도 덕진연의 시문이 등장한다. 덕진연의 시문은 덕진연못이 고려시대의 천연 못이었음을 시사하고, 덕진연못에 와룡(臥龍)이 있다고 표현하였다. 그 와룡이 고려시대에 이규보가 기우제를 지낸 용왕이었다. 덕진연못가에 용궁각(龍宮閣)이 있는데, 천상의 용궁에 있는 용왕을 덕진연못에 모신 것이다.

덕진제(德津堤)는 건지산과 가련산 사이에 축조된 제방을 말한다.

『조선왕조실록』『중종실록』에 "전라도관찰사 홍경림과 전주부의 지방관리 50여 명이 전주는 조선왕조의 발상지인데, 북쪽의 지세가 공허하여 지기가 유실된 염려가 있으니 덕진제방을 쌓아야 한다."고 장계를 올리고 있다. 따라서 덕진제방을 쌓은 시점은 1525년(중종 25) 이후가 된다. 그러나 덕진제를 축조하기 전에 이미 덕진연못이 있었다. 덕진제는 전주의 우백호 지세가 건방으로 내려와 멈춘 건지산과 반드시 연결되어야 할 가련산을 이은 제방이다. 덕진제는 수(藪)의 전형을 보여주는데, 토성 축조방식으로 흙을 다져 쌓고 제방에 나무를 심어 견고한 둑을 만들었다. 덕진제는 가련산과 건지산 사이에 횡렬로 둑을 쌓음으로써 전주 안팎의 경계를 만들었고, 덕진제방 안쪽에 위치하는 천연 못의 범위가 넓어져 오늘의 덕진지를 이루었다.

덕진지는 바닥에서 물이 용출하는 천연 못과 건지산에서 흘러내려 오는 연화천이 함수(含水)하는 곳이다. 따라서 덕진제와 덕진지에서 두 가지 비보풍수를 읽을 수 있다. 하나는 둑비보이다. 동서 횡렬로 제방을 쌓아 건방으로 전주의 지기가 유실되는 것을 차단하는 차폐수(遮蔽藪)이다. 차폐수는 지기가 물을 만나면 머문다는 풍수이론에 따라 전주의 지기가 분산되는 것을 막는 기능을 하였다. 다른 하나는 득수비보(得水神補)다. 덕진연못에는 물이 차면 자연스럽게 넘칠 수 있도록 무넘이 시설이 있다. 무넘이는 가련산 쪽에서 제방을 쌓아오다가 건지산과 잇는 부분을 낮춰 상시 물이 넘쳐흐르게 하고 교량을 놓았다. 제방을 쌓아 못을 확장하고, 건지산에서 내려오는 연화천의 물을 고이게 하였다가 무넘이로 흐르도록 하였다.

이와 같이 전주는 조선왕조의 본향이어서 사신과 사령을 배치하여 전주부성의 호위구도를 만들었으며, 배역의 지세이기에 북서쪽

덕진연못 일제강점기 | 전주시 덕진동 | 전주역사박물관 소장 사진엽서
전주 북쪽의 건지산과 가련산 사이가 열려 있는 것을 이어주는 비보의 의미로, 덕진제방을 축조하여 연못을
조성하였다.

으로 지기가 유실되지 않도록 다양한 비보풍수 장치를 하였다. 앞에
서 열거한 비보풍수 장치 가운데 객관 뒤 조산과 진북숲은 자취를
감추었지만, 진북사와 덕진연못은 옛 모습을 유지하고 있다. 전주의
주산인 승암산에 올라 전주의 사신사와 사령도를 살펴보는 것도 풍
수기행의 참맛을 느끼게 할 것이다.

제**2**편

고대 전주

1장

구석기 이래 사람이 살아온 전주

유철(전주문화유산연구원 원장)

1. 전주시의 선사환경[1]

　전주시는 충적토상에 건설되어 대체로 평탄하며, 건지산과 기린 봉, 승암산, 남고산 등의 낮은 산지로 성벽처럼 둘러싸여 있다. 하천 은 만경강의 상류인 전주천과 삼천천이 자리한다. 전주천은 호남정 맥의 분수계인 임실군 관촌면 슬치에서 발원하여 전주 시내를 관통 하면서 북동쪽으로 흐르며, 삼천천은 호남정맥의 서사면에서 발원 하여 전주 시내의 남서부를 흘러 전주천과 합류한 후 삼례에서 고산 천 · 소양천과 합하여 만경강을 이룬다.

　전주지역의 선사유적은 주로 전주시의 서쪽과 북쪽에 분포하고 있는데, 대부분 해발 30~50m의 낮은 구릉과 넓은 충적지 그리고 소하천 등이 형성된 지역으로 오래전부터 사람들이 살기에 매우 좋 은 지형에 자리하고 있다.

2. 선사유적 분류

1) 구석기 유적

구석기시대는 주지하는 바와 같이 인류가 처음으로 타제석기를 사용하여 채집과 수렵생활을 영위하였던 시기로서, 이들의 흔적은 주로 자연동굴과 강가에서 조사된다.

자연동굴을 주거로 택한 이유는 비바람을 막고 동물 등의 침입으로부터 보호하고자 함이 그 목적이었을 것인데, 전주지역에서는 아직 동굴유적이 확인되지 않는다.

전주지역에서 구석기시대의 고고학적 증거는 송천동 와룡리 전주천변 구릉에서 후기 구석기시대의 석핵과 석편, 긁개, 밀개, 톱니석기, 송곳 등 68점이 채집되면서 처음으로 확인되었다.[2]

이후 전주 서부 신시가지 개발과 전주·완주 혁신도시 개발사업 등으로 인해 발굴조사가 추진됨에 따라 구석기 유적이 알려지게 되었다.

송천동 사근리 유적에서는 좀돌날, 돌날, 밀개, 격지 등 330여 점의 석기가 출토되었는데, 완성품보다는 격지가 절대적으로 많으며 석기의 재질은 대부분 유문암이 주류를 이룬다.[3]

아울러 전주 서부 신시가지 봉곡 유적에서는 후기 구석기 문화층에서 슴베찌르개, 긁개, 밀개 등 430여 점의 석기가 출토[4]되었는데, 출토된 석기 중 대다수가 격지로서 석기제작소가 있었을 가능성이 있는 곳으로 추측되기도 하였다.

또한 전주·완주 혁신도시 부지 내에서도 구석기시대 문화층이나 고토양층이 확인되었는데, 덕동C 유적,[5] 덕동G 유적,[6] 월평C 유적

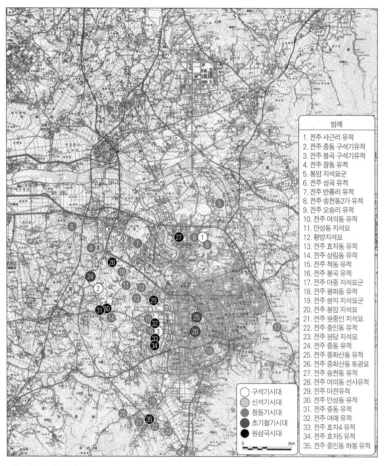

전주지역의 선사유적 분포도(국토지리정보원, 2009)

범례
1. 전주 사근리 유적
2. 전주 중동 구석기유적
3. 전주 봉곡 구석기유적
4. 전주 장동 유적
5. 봉암 지석묘군
6. 전주 성곡 유적
7. 전주 반룡리 유적
8. 전주 송천동2가 유적
9. 전주 오송리 유적
10. 전주 여의동 유적
11. 만성동 지석묘
12. 황방지석묘
13. 전주 효자동 유적
14. 전주 상림동 유적
15. 전주 척동 유적
16. 전주 봉곡 유적
17. 전주 아중 지석묘군
18. 전주 평화동 유적
19. 전주 쌍지 지석묘군
20. 전주 봉암 지석묘
21. 전주 원중인 지석묘
22. 전주 중인동 유적
23. 전주 원당 지석묘
24. 전주 중동 유적
25. 전주 중화산동 유적
26. 전주 중화산동 토광묘
27. 전주 송천동 유적
28. 전주 여의동 선사유적
29. 전주 마전유적
30. 전주 만성동 유적
31. 전주 중동 유적
32. 전주 여매 유적
33. 전주 효자4 유적
34. 전주 효자5 유적
35. 전주 중인동 하봉 유적

○ 구석기시대
◎ 신석기시대
◉ 청동기시대
● 초기철기시대
⬤ 원삼국시대

0   2km

에서는 몸돌, 격지, 돌날 등의 유물이 출토되었으며, 신풍 유적[7]에서
는 몸돌, 격지와 함께 홈날+톱니날, 긁개, 부리날 등의 잔손질 석기
가 확인되어 주목된다.

　아울러 송천동 오송리와 장동 유적 I구역에서도 격지석기와 몸돌
석기 등이 출토[8]되었는데, 이처럼 전주지역에서 조사된 구석기 유적

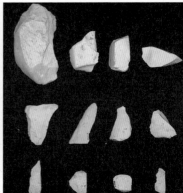

송천동 사근리 유적 전경 및 출토유물 구석기 | 『전주 사근리유적』(전북문화재연구원, 2006)

은 대부분 후기 구석기시대로 편년된다.

2) 신석기 유적

신석기시대는 온난해진 환경에 적응하면서 정착생활을 하게 된 단계이다. 이 시대에는 간석기와 함께 빗살무늬토기가 제작된다. 간석기는 사용목적에 따라 사냥도구인 화살촉, 창, 낚시, 그물추, 작살 등과 공구인 도끼, 송곳, 숫돌, 농기구인 돌팽이, 보습, 반달돌칼, 조리도구인 갈돌 등으로 분류된다.[9]

신석기시대의 유적은 각종 개발사업으로 인해 발굴조사가 활발해짐에 따라 최근 들어 전주와 익산지역을 중심으로 조사되기 시작했다.

전주유통단지 건설사업 지구 내 장동 유적에서는 신석기시대 수혈유구 3기가 확인되었다. 수혈의 형태는 방형과 장타원형으로 그

효자5 유적 빗살무늬토기 출토 상태 신석기 | 『전주 효자5유적』(전북문화재연구원, 2009)

내부에서 빗살무늬토기와 석부 등이 출토되었다.[10] 아울러 전주·완주 혁신도시 부지 내 신풍 유적에서는 신석기시대로 추정되는 타원형 수혈이 확인되었다. 수혈 내부에서는 의도적으로 매납한 것으로 추정되는 고배형 토기가 출토되었으며, 주변에서는 빗살무늬토기편과 이중구연토기편이 수습되었다.[11]

한편 전주 효자택지 조성지역 내 5유적[12]에서는 노지시설을 갖춘 방형의 집자리가 확인됨에 따라 전주지역 최초로 신석기인의 주거형태를 알 수 있는 계기가 되었다.

3) 청동기 유적

청동기시대는 우수한 농경문화를 바탕으로 생활한 시기로서, 청동기시대라고는 하지만 청동기는 매우 한정적인 반면에 석기가 큰 비중을 차지한다.

청동기시대의 유적으로는 집자리·수혈유구 등의 생활유적과 고인돌·석관묘·목관묘·옹관묘 등의 무덤으로 구분된다. 그리고 이 시기의 유물로는 재질을 기준으로 청동기, 석기, 토기 등으로 나눌 수 있는데, 이 중에서 민무늬토기가 주종을 이루어 청동기시대를 '무문토기시대'라고도 부른다.

이 시기의 집자리는 대부분 강이나 평야가 보이는 낮은 구릉에 위치하는데, 형태는 원형, 방형, 장방형, 세장방형 등 다양하며, 몇 채 또는 수십 채의 작은 마을과 함께 도랑과 목책 등 방어시설도 만들어진다.

전주시 일원에서 확인된 집자리는 원형이나 방형의 형태에 내부 중앙에는 타원형 구덩이가 설치된 송국리형이 다수를 차지한다. 이러한 송국리형 주거지는 효자4·5, 송천동, 중인동, 성곡B, 여의동, 평화동, 대정 등지에서 확인되었다.[13] 하지만 성곡과 효자동 유적에서는 송국리형과는 다른 청동기시대 전기의 장방형 집자리가 조사되어 주목된다.

효자4 유적은 I지구에서 청동기시대 집자리 19기가 확인되었는데, 그 형태는 장방형의 1기를 제외하고는 모두 원형이다. 내부는 중앙에 타원형 구덩이를 시설하고 4개의 기둥이 있는 형태로서 무문토기편, 지석, 갈돌, 석촉, 삼각형 석도, 방추차 등의 유물이 출토되었다.

송천동 2가 유적에서는 청동기시대 집자리 16기가 조사되었는데, 이 중에는 원형 외에 방형도 3기가 있어 비록 동일한 시기의 유적이라 할지라도 집자리의 형태는 다를 수 있음을 알 수 있다. 집자리 내부에서 구연호, 발형 토기, 옹형 토기, 홍도 등의 토기류와 석부, 석착, 석도, 석검, 어망추 등 석기류가 출토되었다.

이와 달리 장동 유적에서 조사된 집자리 6기는 모두 방형 또는 장방형으로, 원형은 보이지 않았다. 그러나 집자리 내에서는 무문토기, 석부, 석도, 어망추 등이 출토되어 원형 집자리 출토품과 크게 다르지 않다.

전주지역에서 청동기시대의 대표적 무덤인 고인돌은 대부분 지표조사를 통해 확인된 것들이다. 만성동, 여의동, 우아동, 원당동, 중

전주 만성동 고인돌 전경 청동기 | 『전주문화유적분포지도』(전주역사박물관, 2005)

인동, 전당, 봉암 등지에서 확인되었으며, 최근에는 전주 황방산을 중심으로 고인돌이 분포하고 있는[14] 것으로 알려진 바 있다. 이들 고인돌은 대부분 발굴조사가 이루어지지 않아 정확한 성격은 규명되지 않은 상태이다.

이 중 우아동고인돌은 관음마을과 논 사이에 10기 내외가 자리하고 있으며, 만성동고인돌은 황방산 서쪽 기슭 논 가운데에 7기가 자리하고 있어 비교적 군집을 이루고 있다.

이외의 무덤으로는 송천동 2가와 효자4 유적에서 석개토광묘가 확인되었고, 여의동 유적에서는 토광묘 2기, 효자4 유적에서는 석관묘, 옹관묘 등의 무덤들이 조사되었다.

아울러 전주 상림동에서는 중국식 동검 26점이 가지런히 놓인 상태로 일괄 출토되어 주목받은 바 있다.[15] 이 동검은 칼몸과 자루 부분이 하나로 주조된 것으로, 칼몸은 거의 완만하게 이루어져 있고 자루 부분에는 2개의 마디가 있는 형태로 한국식 동검과는 그 형태가 다르다. 이처럼 중국식 동검이 한반도에서 다량 출토된 예는 없는데, 이를 통해 이 지역과 중국의 교류를 짐작해볼 수 있다.

4) 초기 철기 유적

기원전 300년경 청천강 이북과 요령지역은 철기시대로 들어서지만, 청천강 이남의 한반도는 중국의 철기와는 다른 한국식 동검문화가 탄생하며, 이 중에서도 금강유역은 한국식 동검문화가 처음 도입되어 발전한 중심지로 판단된다. 초기 철기시대는 철기가 도입된 시기를 의미하며, 한국식 동검 등 청동기가 가장 발전한 시기를 일컫는다.

이 시기의 유적으로는 집터, 수혈(竪穴), 구(溝), 무덤 등을 들 수 있다.

전주지역에서 초기 철기시대 집자리는 청동기시대 집자리에 비해 그 수가 매우 적다. 여의동에서 방형 집자리 3기,[16] 중동 유적 4지구에서 5기,[17] 중동A 유적 다지구에서 1기[18]가 조사된 정도이다. 중동 4지구 집자리는 장방형의 형태이며 내부시설로는 주공 등이 확인되나 정형성은 보이지 않는다.

집자리 이외의 생활유적으로 마전유적 Ⅰ·Ⅱ구역에서 수혈과 구가 확인되었으며,[19] 중동A 유적 다지구에서는 수혈 19기와 구 28기가 조사되었는데, 중동A 유적에서 확인된 수혈의 용도는 주거지, 폐기장, 노지 등으로 파악되고 있다.[20]

집자리나 구 등 생활유적에 비해 무덤은 비교적 조사가 많이 이루어졌다.

중화산동 유적에서는 15기의 토광묘에서 청동검편, 원형 점토대토기, 무문토기, 반월형 석도 등의 유물이 출토되었다.[21] 효자동 유적과 중인동 유적에서는 토광묘가 각각 1기와 9기가 조사되었는데, 청동검 편, 무문토기 등의 유물이 출토되었다.

전주·완주 혁신도시 부지 내 발굴조사에서도 초기 철기시대 유적이 확인되었다.

(재)전주문화유산연구원에서 조사한 전주 만성동 유적에서는 토광묘 1기에서 흑도장경호, 검파두식, 세형동검, 동과, 동사, 동경, 관옥 등이 출토되었다.[22] 이 중 동경은 지금까지 출토된 것 중에서 보존 상태가 가장 양호한 것으로서 매우 가치 있는 유물로 평가되고

전주 만성동 유적 출토유물 일괄 초기 철기 | 『전주 만성동 동경출토지 문화재발굴조사 약식보고서』
(전주문화유산연구원, 2012)

있다.

또한 신풍 유적[23]에서는 70기 이상의 대규모 토광묘군이 확인되었는데, 동경, 흑도장경호, 간두령, 세형동검 등 다양한 유물이 출토되어 이 시기의 장례문화를 살필 수 있는 중요한 유적으로 평가되고 있다. 이외에도 덕동 D·G 유적에서도 토광묘 내에서 다수의 유물이 출토된 바 있다.

5) 원삼국 유적

원삼국시대는 청동기와 고인돌이 소멸되는 시기를 말한다. 석기의 사용도 줄어들다가 없어지며, 한나라의 철기기술을 기반으로 한 문화가 전파되었다.

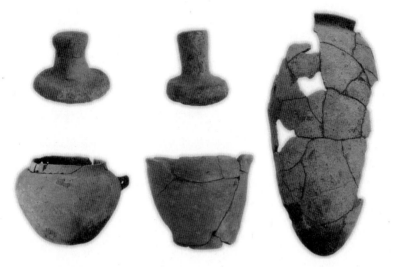

전주 송천동 유적 출토유물 원삼국시대 | 『전주 송천동 유적』(전주대박물관, 2004)

　한반도의 남부지역에는 삼한이 성립되었으며, 당시 전주지역은 마한에 속해 있었다.

　원삼국시대 집자리 유적은 만성동 · 여의동 · 송천동 · 평화동 · 장동 · 성곡 · 중인동 · 대정 · 유상리 등지에서 조사되었다.[24]

　송천동 유적에서는 원삼국시대 집자리 66기 이상이 확인되었다. 집자리의 평면 형태는 방형 혹은 장방형이고, 규모는 대체로 한 변이 300~400cm 내외로 비슷하며, 내부시설로는 노지, 벽구 등이 있다. 출토유물은 장란형 토기, 호형 토기, 시루, 뚜껑 등 토기류와 철부 등의 철기류 등이다. 특히, 이 유적은 대규모 취락지라는 것뿐만 아니라 한 집자리 내에서 많은 양의 토기가 조사되어 당시 토기의 종류와 용도 등을 확인할 수 있으며, 탄화미와 곡물류 등이 남아 있어 당시의 식생활도 알 수 있는 자료를 제공해주고 있다는 점에서 매우 중요한 유적으로 평가된다.

만성동 유적과 평화동 유적, 대정 유적에서는 원삼국시대 방형 집 자리가 각각 1기씩 조사되었다. 평화동과 대정 유적에서는 집자리 주변에서 수혈, 노지 등이 확인되어 유구들의 상호관계를 짐작할 수 있다. 또한 중인동 유적은 청동기시대 집자리와 함께 원삼국시대 집 자리 9기가 조사되었는바, 이를 통해 이 지역이 시기를 달리하며 오 랫동안 취락지로 사용되었음을 알 수 있게 한다.

집자리 외에도 송천동 · 평화동 · 대정 유적에서는 수혈유구, 송천 동 · 마전 유적에서는 구상유구가 조사되었는데, 각각의 용도에 대 해서는 저장용기나 토기 가마와 관련된 기능 등으로 유추할 수 있을 것 같다.

한편, 전주지역에서 조사된 대표적인 원삼국시대 무덤으로는 장 동 유적[25]과 안심 유적[26]을 들 수 있다.

장동 유적은 구릉의 장축을 따라 남북으로 길게 분구를 성토하였 으며, 주변으로 도랑을 둘렀다. 매장 주체부로 토광묘 9기가 확인되 었으며, 유물은 광구장경호와 단경호, 고배, 병, 유공소호 등의 토 기류와 환두도, 철촉, 철부, 철모 등의 철기류가 출토되었다. 아울러 안심 유적에서는 원삼국시대 토광묘 10기와 옹관묘 6기가 조사되었 다. 토광묘는 대부분 구릉의 정상부에 자리하며 말각장방형 형태이 다. 옹관묘 역시 구릉의 정상부에 자리하며 대부분 토광묘 주변에 위치하는데, 단옹식과 3옹식이 확인되었다.

이처럼 분구묘와 토광묘, 옹관묘를 통해 이 지역의 원삼국시대 무 덤의 축조방법, 유물의 부장 양상 등을 파악할 수 있을 뿐만 아니라 토기류와 철기류, 옥 등의 출토유물은 마한의 분묘 연구에 있어서

획기적인 자료를 제공해주고 있다.

3. 전주지역 선사 유적 성격

전주지역에서 확인된 구석기 유적은 송천동, 봉곡, 장동, 덕동, 월평 유적 등에서 조사되었다. 출토된 유물의 형태는 몸돌, 돌날몸돌, 슴베찌르개, 긁개, 밀개, 찍개, 격지 등으로 비교적 중·소형이며, 사용 석재는 대부분 석영암제와 유문암제가 주류를 이룬다. 유물이 출토된 유물 포함층은 대부분 토양쐐기가 발달한 암갈색 점토층과 적갈색 사질점토층에서 확인된다. 유물을 통해 볼 때 전주지역의 구석기 유적은 대체로 후기 구석기시대로 편년된다.

신석기시대 유적은 아직까지 조사가 많지 않은 상태이다. 다만, 근래 들어 전주 효자5 유적에서 방형의 집자리와 전주 신풍·장동 유적에서 수혈유구 등이 확인됨으로써 당시의 생활상을 일부나마 규명할 수 있게 되었다.

청동기시대 유적으로는 집자리와 무덤 유적을 들 수 있는데, 선사시대 유적 중에서 이 시기의 유적이 가장 많이 조사되고 있다. 전주지역에서 조사된 집자리는 대부분 원형과 방형의 평면 형태에 내부에는 타원형 구덩이가 시설된 송국리형이 다수를 차지하고 있으며, 당시의 무덤으로는 고인돌, 토광묘, 석관묘, 옹관묘가 사용되었음이 확인된다. 아울러 현재까지 조사된 청동기시대의 유적 중 80% 정도가 전주의 남서쪽이나 서쪽에 치우쳐 분포하고 있음은 주목할 만하다.

초기 철기시대 유적은 최근 각종 개발사업으로 인해 가장 활발하게 확인되고 있는 유적이다. 전주·완주 혁신도시 개발사업, 전주 서부 신시가지 개발사업, 국도 대체 우회도로 개설사업 등으로 인한 발굴조사를 통하여 행정구역상으로는 전주시와 완주군에 속하는 전주의 서쪽이나 북서쪽에서 다수의 초기 철기시대 유적과 청동기류가 조사되고 있다. 따라서 당시에는 이 지역이 매우 중요한 지역이었음을 새롭게 인식시켜주고 있다.

끝으로, 전주지역에서 조사된 원삼국시대 유적은 청동기시대 유적 분포권과 매우 밀접한 관계를 형성하고 있다. 즉, 현재까지 조사된 원삼국시대 유적은 주로 청동기시대 유적 인접지역에서 조사되고 있어 이 지역들이 오랫동안 당시 사람들의 취락지로 사용되었음을 알 수 있게 한다. 한편, 전주지역에서 대규모의 원삼국시대 유적이 조사되고 있는 점을 볼 때, 당시 이 지역에 강력한 마한 세력이 존재했음을 추측할 수 있을 것 같다.

1 　전주시, 『전주시사』, 1974.
　　　전라북도, 『전라북도지』, 1989.

2 　전라북도, 『만경강 생태하천 가꾸기 사업』, 2001.
　　　이상균, 「전주지역 고고학의 조사 현황과 과제」, 『전주학 서설』, 전주역사박물관, 2006.

3 　(재)전북문화재연구원, 『전주 사근리유적』, 2006.

4 　(재)호남문화재연구원, 『전주 봉곡 구석기유적』, 2008.

5 　(재)호남문화재연구원, 『전주 중동 구석기유적』, 2013.

6 　(재)전라문화유산연구원, 『완주 덕동유적』, 2012.

7   (재)호남문화재연구원, 『완주 신풍유적 I - 가지구』, 2014.

8   (재)전북문화재연구원, 『전주 장동유적 I』, 2009.

9   이동희 · 유철 · 곽장근, 『역사유물의 이해』, 2005.

10 (재)전북문화재연구원, 『전주 장동유적』, 2009.

11 (재)호남문화재연구원, 『완주 신풍유적 I - 가지구』, 2014.

12 (재)전북문화재연구원, 『전주 효자5유적』, 2009.

13 전북대학교박물관, 『송천동2가유적』, 2004.
    (재)전북문화재연구원, 『전주 효자4유적』, 2007.
    (재)전북문화재연구원, 『전주 효자5유적』, 2009.
    전주대학교박물관, 『전주 여의동선사유적』, 1990.
    (재)전북문화재연구원, 『전주 중인동유적』, 2008.
    (재)호남문화재연구원, 『전주 성곡유적』, 2006.
    전주대학교박물관, 『전주 평화동유적』, 2004.

14 전주역사박물관, 『전주문화유적분포지도』, 2005.

15 전영래, 「완주 상림리 출토 중국식 동검에 관하여 - 춘추 말 전국 초, 중국 청동기문화의
    남한 유입 문제」, 『전북유적조사보고 6』, 1976.

16 전북대학교박물관, 『전주 여의동수습조사보고서』, 1992.

17 (재)호남문화재연구원, 『전주 중동유적』, 2013.

18 (재)전주문화유산연구원, 『전주 정문동 · 중동 · 만성동유적』, 2014.

19 (재)호남문화재연구원, 『전주 마전유적 I · II』, 2008.

20 (재)전주문화유산연구원, 『전주 정문동 · 중동 · 만성동유적』, 2014.

21 (재)전북문화재연구원, 『전주 중화산동유적』, 2007.

22 (재)전주문화유산연구원, 『전주 만성동 동경출토지 문화재발굴조사 약식보고서』, 2012.

23 (재)호남문화재연구원, 『완주 신풍유적 I · II』, 2014.

24 (재)전주문화유산연구원, 『전주 정문동 · 중동 · 만성동유적』, 2014.
    전북대학교박물관, 『전주 송천동유적 - B지구』, 2004.
    전주대학교박물관, 『전주 송천동유적』, 2004.
    (재)전북문화재연구원, 『완주 장동유적 II』, 2009.
    전주대학교박물관, 『전주 여의동선사유적』, 1990.
    전주대학교박물관, 『전주 평화동유적』, 2004.
    (재)호남문화재연구원, 『전주 성곡유적』, 2006.

25 (재)전북문화재연구원, 『전주 장동유적 III』, 2009.

26 (재)전주문화유산연구원, 『전주 안심 · 암멀유적』, 2014.

[참고문헌]

이동희 · 유철 · 곽장근,『역사유물의 이해』, 전주교육대학교전통문화교사양성사업단, 2005.

이상균,「전주지역 고고학의 조사현황과 과제」,『전주학서설』, 전주역사박물관, 2006.

(재)전라문화유산연구원,『완주 덕동유적』, 2012.

_____,『전주 만성동 동경출토지 문화재발굴조사 약식보고서』, 2012.

_____,『전주 안심 · 암멀유적』, 2014.

_____,『전주 정문동 · 중동 · 만성동유적』, 2014.

(재)전북문화재연구원,『전주 사근리유적』, 2006.

_____,『전주 장동유적 I · II · III』, 2009.

_____,『전주 중인동유적』, 2008.

_____,『전주 중화산동유적』, 2007.

_____,『전주 효자4유적』, 2007.

_____,『전주 효자5유적』, 2009.

(재)호남문화재연구원,『완주 신풍유적 I · II』, 2008.

_____,『전주 마전유적 I · II』, 2008.

_____,『전주 봉곡구석기유적』, 2008.

_____,『전주 성곡유적』, 2006.

_____,『전주 중동 구석기 유적』, 2013.

_____,『완주 신풍유적 I – 가지구』, 2014.

전라북도,『전라북도지』, 1989.

전북대학교박물관,『송천동2가 유적』, 2004.

_____,『전주 송천동 유적 – B지구』, 2004.

_____,『전주 여의동 수습조사 보고서』, 1992.

전영래,「완주 상림리 출토 중국식 동검에 관하여」,『전북유적조사보고 6』, 1976.

전주대학교박물관,『전주 송천동 유적』, 2004.

_____,『전주 여의동 선사유적』, 1990.

_____,『전주 평화동 유적』, 2004.

전주시,『전주시사』, 1974.

전주역사박물관,『전주문화유적분포지도』, 2005.

마한·백제의 땅 전주

김주성(전주교육대학교 교수)

1. 전주의 공간적 범위와 자연환경에 따른 유적 분포

백제시기에 전주의 공간적 범위를 추정해보기 위한 자료를 찾아보면 『삼국사기』 지리지 기사가 주목된다.

전주는 본래 백제의 완산으로, (중략) 영현은 3개이다. 두성현은 본래 백제의 두이현인데, 경덕왕이 이름을 바꾸어 지금은 이성현이다. 금구현은 본래 백제의 구지지산현이었는데, 경덕왕이 이름을 바꾸어 지금에 이르렀다. 고산현은 본래 백제현인데, 경덕왕이 주군명을 바꾸어 지금에 이르렀다(『삼국사기』 36, 지리 3).

위 사료에서 완산주의 주치인 전주에 소속된 현이 3개라고 하였다. 두성현과 금구현, 고산현이다. 두성현은 지금의 혁신도시인 이서이다. 금구현은 지금의 금구이며, 고산현은 지금의 고산이다. 이를 통해 전주의 공간적 범위를 추정해볼 수 있다. 넓게 보자면 동서로는 현재 김제의 봉산면과 황산면에서 완주의 고산까지, 남북으로

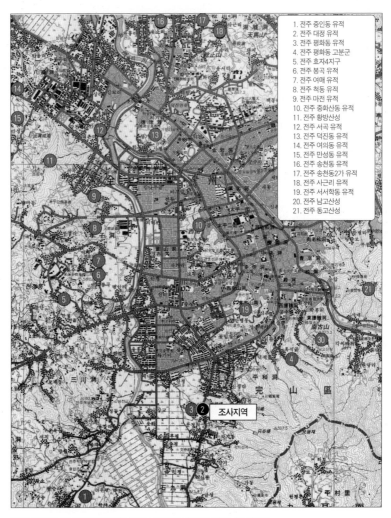

1. 전주 중인동 유적
2. 전주 대정 유적
3. 전주 평화동 유적
4. 전주 평화동 고분군
5. 전주 효자4지구
6. 전주 봉곡 유적
7. 전주 여매 유적
8. 전주 척동 유적
9. 전주 마전 유적
10. 전주 중화산동 유적
11. 전주 황방산성
12. 전주 서곡 유적
13. 전주 덕진동 유적
14. 전주 여의동 유적
15. 전주 만성동 유적
16. 전주 송동 유적
17. 전주 송천동2가 유적
18. 전주 사근리 유적
19. 전주 서서학동 유적
20. 전주 남고산성
21. 전주 동고산성

전주 대정유적 및 주변 유적 위치도 『전주 대정유적』(호남문화재연구원, 2009)

는 삼례에서 모악산을 둘러싼 김제의 금산에서 완주의 구이까지 펼
쳐져 있다고 하겠다. 전주를 수도로 삼았던 후삼국의 견훤이 금산사
에 유폐되었던 사실을 상기하면 금산사는 당시 전주에 포함되어 있

었다고 하겠다.

오늘날의 행정구역을 중심으로 전주를 살펴보면, 전주는 하천을 중심으로 크게 세 구역으로 나누어졌음을 확인할 수 있다. 전주의 하천은 상관에서 흘러나와 전주 시내를 관통하는 전주천과 모악산에서 흘러나와 전주의 서쪽을 흐르는 삼천천이 있다. 전주천과 삼천천은 덕진동 부근에서 합류하여 춘포 쪽으로 흘러간다. 왼쪽 지도에 의하면 삼천천 서쪽의 효자지구, 평화동, 서곡지구, 만성동 등지에 많은 유적이 분포되어 있음을 확인할 수 있다. 이에 비해 전주천과 삼천천 사이에 위치한 시내 부근에서는 네 군데밖에 발견되지 않는다. 그리고 전주천의 동쪽 부근에서는 거의 유적이 발견되지 않고 있다. 이것은 삼천천 일대에 사람들이 밀집해 살았다고 해석되기보다는 시내 일원과 덕진구 일대는 개발이 먼저 이루어져 유적이 발굴되지 않았다고 보는 것이 순리일 것이다. 아마도 시내와 덕진구 일대도 삼천천 일대와 마찬가지로 오랜 세월 사람들이 밀집해 있었다고 보는 것이 정확할 것이다.

그러나 전주천과 삼천천 일대에 살던 사람들은 하천의 경계 역할로 오랜 세월 서로 분리되어 생활을 유지해왔을 것이다. 물론 하천을 넘어서 상호 간 왕래가 잦았던 것은 당연하지만, 하천의 영향으로 서로 다른 지역 내 집단을 형성하고 있었을 것으로 추정된다. 각 지역에서는 구석기시대의 유적도 발견되고 있지만, 아무래도 청동기시대의 유적이 보편적으로 발견되고 있으며, 그것이 백제시대의 석실분으로 이어지고 있었음을 확인할 수 있다. 전주 만성동 원만성 유적에서 발견된 청동거울은 거친 조문경이 아닌 세문경으로 청동기문화의 우수성을 보여주고 있다. 역시 전주 정문동·중동 유적에서 발견되고 있는 초기 철기시대의 유구는 인근의 완주 갈동 · 덕동, 전주 마전 · 척동 유적 등에서도 확인되고 있어 마한시대에 이곳을 중심으로 소국이 형성되어 있었을 것으로 생각된다. 현재 전주 일대로 비정되고 있는 마한 54개국의 소국 명칭은 발견되지 않고 있다. 물론 원지국(爰池國)을 전주로 비정한 견해도 있지만, 근거가 매우 박약하다. 그로 보아 익산 금마지역으로 비정되고 있는 건마국의 영향력을 받고 있었던 지역으로 비정될 가능성이 크지만, 나름의 독자적인 세력의 존재도 상정해볼 여지는 남아 있다. 전주의 마한 세력도 시간이 흐름에 따라 백제에 편입되었다. 백제의 영향력을 받아 전주의 혁신도시인 안심 · 암멀 유적에서는 대규모의 백제 무덤이 발견되었다. 백제 무덤은 해발 34~39m 정도의 낮고 완만한 구릉지대의 정상부와 남동쪽 사면부에 위치해 있으며, 횡혈식 석실분 · 횡구식 석곽묘 · 수혈식 석곽묘 등 다양한 형식으로 발견되고 있다. 석실분 중에서 백제 관모의 형태를 잡아주는 철제 관테가 발견되었다. 이 관테는 백제의 중앙에서 주로 발견되고 있는 것으로 보아 백제의 중앙인이 지방관으로 파견되었다는 증거일 것이다. 전주가 백제시대

토기단지 백제 | 전주시 중화산동 | 국립전주박물관 소장

에 '완산'으로 불렸다는 것은 흥미롭다. 완산은 현재의 '완산칠봉'으로 불리는 곳이다. 전주천과 삼천천 사이에 있던 지역이 백제의 중심지였을 가능성이 크다.

2. 완산과 비사벌

　전주의 옛 명칭으로는 완산이 주로 사용되고 있다. 지금도 이것은 행정 명칭으로 남아 있다. 전주를 둘러싼 완주군으로, 전주의 행정구인 완산구와 덕진구 중 완산구가 그것이다. 완산구와 완주군의 '완(完)'의 훈을 새겨 전주를 '온고을'로 부르는 것도 재미있다. 이처럼 전주를 완산으로 부르던 것은 오래된 일이다. 그런데 전주를 부르는 또 다른 멋진 이름이 있는데, 그것이 '비사벌'이다. 전주에는 비사벌아파트도 있고, 비사벌 하면 왠지 낯설지 않은 명칭이다. 실제로 『삼국사기』에 전주를 비사벌이라고 불렀다는 기록이 남아 있다.

　　비사벌에 완산주를 설치하다(『삼국사기』 4, 「신라본기」 4 진흥왕 16년 봄 1월)

　　火王郡은 본래 比自火郡(一云 比斯伐)으로 眞興王十六年(555년)에 州를 설치하였는데 이름하여 下州라 하였다. 진흥왕 26년에는 주를 폐지하였다(『삼국사기』 권34, 「지리」 1).

　　전주는 본래 백제의 완산으로, 진흥왕 16년에 주로 삼았다. 26년에는 주를 폐하고 신문왕 5년에는 다시 완산주를 두었다. 경덕왕 16년에 이름을 바꾸어 지금에 이르렀다. 영현은 3개이다(『삼국사기』 36, 「지리」 3).

완산(一云 比斯伐, 一云 比自火) 두이현(一云 往武) 구지산현 고산현 (『삼국사기』 37, 「지리」 4)

　『삼국사기』의 적은 기록 속에 전주가 비사벌이었다는 기록이 네 군데나 보이는 것은 그냥 지나치기에는 부담감이 크다. 이에 대한 해석은 여러 가지가 있을 수 있다. 첫째로 전주가 비사벌이라고 불린 적이 없는데 『삼국사기』 기록이 잘못이라는 견해이다. 둘째로 전주가 비사벌이라고 불렸는데, 그 명칭이 창녕의 비사벌과 비슷하여 『삼국사기』 찬자가 혼동하여 전주와 창녕의 비사벌을 동일하게 취급하였을 가능성이 있다고 볼 수도 있다. 셋째로 전주의 비사벌 명칭은 원래는 창녕만 비사벌로 불렸는데, 6세기 중반경 신라에 의해 비화가야인 창녕이 점령되자, 그 유민들이 전주로 이주하여 창녕의 비사벌 명칭이 옮겨져온 것으로 보는 견해도 있다. 시간이 지나면서 새로운 자료가 첨가되면 이 논의도 새롭게 전개될 것으로 기대된다.
　전주가 비사벌이었다는 확실한 근거도 없지만, 이를 근거로 불사(弗斯)와 불중(弗中)을 전주로 보는 견해도 오래전에 제출되었다. 불사와 불중은 중국 남북조시대 남조의 국가 중 남제의 역사를 서술한 『남제서』에 등장한다. 연대는 확실하지는 않지만, 495년 이전에 동성왕이 남제에 보낸 국서에 언급된 "광무장군 여고는 정사에 충성을 다했으며, 나라의 정치를 빛내고 선양하여 지금 가행건위장군 불사후라 하였습니다."라는 부분과 역시 동성왕이 즉위 17년(495)에 남제에 보낸 국서에 언급된 "해례곤을 행무위장군 불중후로 삼았습니다."라는 부분이 있다. 여기에 나온 불사와 불중을 비사벌의 비사와 음이 서로 비슷함을 근거로 전주로 비정하는 견해이다. 전주가 비사벌이었다는 것도 아직 확실하지 않은 사실인데, 이를 근거로 다시 추론을 거듭하여 불사와 불중을 전주로 비정한 것은 매우 위험한 비정이라는 느낌을 지울 수 없다.

3. 보덕과 경복사

전주가 백제 역사의 기록에 남아 있는 것 중 흥미로운 것은 보덕에 대한 기록이다. 보덕은 우리나라 열반종의 시조로서, 고구려에서 전주로 망명한 사람이다. 그는 전주의 고달산에서 경복사를 창건하고 제자를 길러 전북의 불교에 많은 영향을 끼쳤다. 보덕은 언제 왜 고구려에서 전주로 망명한 것일까? 보덕은 고구려의 연개소문이 도교를 숭상하고 불사를 파괴하여 도관을 차리는 것에 불만을 품고 지팡이를 날려 하루 저녁에 고달산에 내려왔다고 전해진다. 『삼국사기』에서는 보덕이 고달산에 내려온 시기를 650년으로 기록하였으며, 이규보는 자신의 저서 『동국이상국집』에 실린 전북 일대를 돌아다니며 기행문 형식으로 쓴 「남행월일기」에서 667년 3월 3일로 밝히고 있다. 이것은 단순히 연대상의 차이만을 의미하는 것은 아니다. 바로 660년 백제가 나당연합군에 의해 멸망했기 때문이다. 그리고 고구려 역시 668년에 나당연합군에 의해 멸망한다. 보덕이 650

경복사지 기와 조선 | 완주군 경복사지 | 전북대박물관 소장
경복사 터에서 발견된 기와 조각으로 '고덕산(高德山)', '만력(萬曆)',
'경복사(景福寺)' 등의 명문이 새겨져 있다.

년에 망명했던 백제가 존속했던 시기이며, 667년에 망명했다면 백제가 망하고 신라에 의해 전주가 장악된 시점이 되는 것이다. 즉 650년이라면 보덕은 백제로 망명했으며, 667년이라면 신라로 망명한 셈이다. 이를 650년 백제의 전주로 망명한 보덕이 고달산에서 경복사라는 사찰을 건립하고 안주한 시기를 667년으로 파악한 견해도 있다. 또 다른 견해도 있다. 650년에 망명한 보덕이 이곳저곳을 떠돌아다니다가 마침내 전주의 고달산에 정착한 시기가 667년 3월 3일이었다는 견해이다. 두 견해는 연대가 충돌한 것을 상충한 견해로 주목할 만하다. 여하튼 보덕이 망명한 곳은 대각국사 의천이 남긴 기록에 의하면 '백제 고대산(百濟孤大山)'으로 표기되어 있으며, 이규보는 '신라 완산 고달산'이라고 표기하고 있어 앞으로 규명되어야 할 문제이다.

그러면 보덕은 왜 하필 전주의 고달산으로 이주하였을까? 그 이유는 백제에서도 『열반경』에 대한 관심이 높았다는 것을 들 수 있다. 백제의 성왕은 즉위 19년(541)에 남조의 양나라 무제에게 『열반

경』의 주석서인 「의소」와 함께 공장·화사 등을 청하였다. 이것은
『열반경』에 대한 성왕의 관심이 어느 경전보다 깊었음을 보여주며,
백제에서는 일찍이 『열반경』 연구가 심화되고 있었다고 하겠다. 이
를 잘 알고 있던 보덕이 백제로 망명하였다고 추측할 수 있다. 그렇
게 이해하더라도 백제의 중앙이 아닌, 당시로서는 지방인 전주의 고
달산을 선택한 의문은 해결되지 않는다. 전주가 특별히 『열반경』에
대한 이해가 깊은 지역이 아닌 까닭이기 때문이다. 이에 대해 650년
대 백제와 고구려는 신라와 당나라의 연합을 견제하기 위해 역시 서
로 연합하고 있었던 만큼 고구려에서 망명한 보덕을 백제의 중앙에
서 활동하게 할 수는 없었기 때문에 적절하게 통제가 가능한 전주지
역에 거주하게 했을 것이라는 정치적인 입장을 강조한 견해가 있다.
이에 대해 신라가 668년 고구려의 멸망과 함께 당나라에 저항할 수
있는 예비세력인 고구려 유민을 결집시키기 위한 선제 조치로 667
년 보덕을 전주로 이거시키고, 그 결과 안승을 금마에 이주시켰다고
보는 견해도 제출되었다. 앞으로 더욱 흥미로운 견해가 나올 것으로
예견된다.

　흥미로운 점은 보덕의 망명과 함께 보덕의 제자들이 주로 전주를
중심으로 한 전북에서 활동하고 있었다는 점이다. 보덕의 제자들이
세웠다는 사찰을 정리해보면 다음과 같다.

창건자	사찰명	현재의 위치 비정		
		이병도	김방룡	김주성
무상화상·금취	금동사	평남 안주군 오도산	진안군 마령면 등촌리 마이산(현 금당사 근처)	전북 부안군 변산 부근

적멸 · 의융	진구사	전북 임실군	임실군 관촌면 용암리	임실군 관촌면 용암리
지수	대승사	경북 문경군 산북면 전두리	전주시 동서학동 고덕산의 대승사	
일승 · 심정 · 대원	대원사	전주 모악산	모악산 대원사	모악산 대원사
수정	유마사	정읍 칠보산	정읍 칠보산(현 법인사)	?
사대 · 계육	중대사	진안군 성수산	진안군 관촌면 성수산	진안군 관촌면 성수산
개원화상	개원사	충북 단양군 금수산	전북지역(?)	?
명덕	연구사	소재 불명	전주 고덕산의 남고사	전주 고덕산의 남고사

이렇게 정리해보면 보덕의 제자들은 대부분 전주를 중심으로 전북 일대에서 주로 활동하였음을 알 수 있다. 이것은 전주를 중심으로 한 일대에 보덕의 『열반경』에 대한 이해가 오랫동안 전승되어왔다고도 할 수 있다. 보덕의 『열반경』에 대한 이해의 요점은 불성은 언제 어디서나 불멸한다는 불신상주설(佛身常住說), 누구든지 마음속에 불성이 있다는 일체중생 실유불성설(一切衆生 悉有佛性說), 세상에서 가장 극악무도한 자인 일천제(一闡提)도 성불(成佛)할 수 있다는 일천제성불설(一闡提成佛說) 등이다. 이러한 정신이 오랫동안 전주에서 사랑받았다는 사실은 전주인의 의식 형성에 커다란 영향을 미쳤을 것이다.

4. 삼국통일 이후 신라의 백제 고지 점령정책

신라가 삼국을 통일한 이후 전주에는 어떠한 변화가 있었을까. 이를 잘 알려주는 것이 9주의 정비이다. 신라는 천자가 다스리는 지역을 9개로 나누었다는 고사를 모방하여 전국을 9주로 나누었다. 전주는 이때 완산주로 개편되었다. 이때 완산주에는 6정의 완산정, 10정의 거사물정(임실의 거사물현으로, 현 장수 번암면), 5주서의 완산주서가 설치되었다고 한다. 이때 보병 중심의 만보당이 9주에 모두 설치되었다고 하나 완산주에만 기록되어 있지 않다. 이를 기록의 누락으로 보는 견해가 유력하다. 그렇다면 완산주에는 완산정과 거사물정, 완산주서와 만보당이라는 4개의 부대가 설치된 셈이 된다. 이에 비해 무주에는 10정의 미다부리정과 만보당의 무진주가 설치되었으며, 웅주에도 10정의 고량부리정과 만보당의 웅천주가 설치되었다. 완산주는 무주와 웅주에 비해 군사력이 다수 배치되었음을 알 수 있다. 이를 근거로 견훤이 광주에서 기병했으나, 통일신라의 군사적인 기반을 이어받기 위하여 전주로 천도하였다는 설이 주장되기도 하였다. 그러나 6정과 10정은 그 명칭으로 보더라도 동일한 시기에 존재한 두 개의 부대였다기보다는 6정에서 10정으로 변화되었다고 보는 견해가 훨씬 합리적인 듯하다. 그렇게 보자면 기록상 완산주에 분명하게 보이는 부대는 10정의 거사물정과 완산주서만 발견되는 셈이다.

통일신라시기 전주에 관한 기록은 여간해서는 찾기 힘들다. 기록은 없지만, 유적은 있다. 바로 금산사와 귀신사다. 금산사는 진표율사가 중창한 절이며, 귀신사는 화엄십찰 중의 하나였다고도 한다. 화엄십찰은 의상이 당에서 돌아온 이후 전국을 돌며 지은 10개의 사찰로 알려져 있다. 금산사를 중창한 진표율사에 대해서는 흥미로운 이야기가 전해지고 있다.

『송고승전』에 의하면 진표는 백제인이라고 되어 있다. 진표가 활동하던 시기가 경덕왕대(742~765)이므로 백제가 망한 지 거의 100여

년이 지난 시점이다. 이때도 그를 '백제인'이라고 표기하고 있는 것이 흥미롭다. 또한 아버지의 이름은 진내말(眞乃末)이라고 하였다. 내말(乃末)은 신라의 17관등 중 열한 번째 관등이다. 진(眞)은 백제의 대성팔족 중의 하나인 진씨라고 할 수 있다. 이렇게 볼 때 진표는 백제인 후손임을 매우 강력하게 시사하고 있다.

한편 『송고승전』에는 진표가 출가하게 된 동기를 다음과 같이 전해주고 있다.

> 진표는 매우 날쌔고 민첩하였으며, 활쏘기를 가장 잘하였다. 개원(713~742) 연간에 짐승을 쫓다가 잠시 밭두렁에서 쉬었다. 그사이 버들가지를 꺾어서 개구리를 꿰어 한 꿰미를 만들어 물속에 두고 장차 반찬을 만들 생각이었다. 그러고는 산으로 가서 사냥을 하였는데, 인하여 사슴을 쫓다가 산 북쪽 길로 해서 집으로 돌아가게 되어 꿰어둔 개구리를 가지고 가는 것을 깜빡 잊어버리고 말았다. 다음 해 봄이 되어 사냥하러 나갔다가 개구리의 울음소리를 듣고 물에 가서 보니, 지난해에 꿰어둔 30마리가량의 개구리가 아직 살아 있었다. 진표는 이때 탄식하여 스스로 책망하여 말하기를 "괴롭도다. 어찌 입과 배가 저같이 꿰어 해를 넘기며 괴로움을 받았는가?"라고 하였다. 이에 버들가지를 끊어 모두 곧 놓아주고, 인하여 뜻을 발하여 출가하였다(『송고승전』 14, 「진표전」).

진표가 버드나무에 꿰인 개구리를 백제 유민으로 생각하고 이들을 구원하기 위하여 출가하였다고 생각한 견해가 있다. 진표가 미륵으로부터 미륵의 손가락뼈로 만든 두 간자를 받고 변산에 있는 불사

의 방에서 하산하게 되자,

> 때에 인민 남녀가 머리를 풀어서 진흙을 덮고, 옷을 벗어서 길에 깔고, 방석·담요를 펴놓고 발을 밟게 하고, 화려한 자리와 아름다운 요로 구덩이를 메우기도 하였다. 진표는 모두 정성되이 인정에 좇아서 일일이 밟고 갔다(『송고승전』 14, 「진표전」).

라고 당시 사람들의 반응을 적고 있다. 이를 힘들었던 백제인이 진표에게 바라는 백제의 영광 재현으로 해석하는 재미있는 견해도 있다. 이러한 사회적 해석에 대해 적극적으로 반대하고 진표를 참회와 수행에 몰두한 종교가다운 고승으로 해석한 견해도 있다. 어떠한 해석을 따르건 진표가 남겨놓은 금산사의 미륵전은 오늘도 말없이 우리를 지켜보고 있다.

　지금까지 마한·백제시대의 전주를 남아 있는 기록을 중심으로 살펴보았다. 이 시대 전주에 관한 기록이 극소수인 것은 전주가 고대사회에서 차지하는 비중이 그리 크지 않았다는 것이다. 그렇다고 이 시대에 전주에 살았던 사람들까지 의미 없는 삶을 살았다는 것은 아니다. 당시의 전주인이 어떤 의미 있는 삶을 살았는지를 밝혀주는 것이 진정한 전주 역사를 조명해주는 것이다. 가장 먼저 지적될 수 있는 것으로, 전주인의 불교신앙이다. 특히 그중에서도 미륵신앙에 대해서는 당연히 주목되어야 할 것이다. 전주의 금산사와 익산 금마의 미륵사는 미륵신앙의 대표적 사찰이다. 미륵신앙의 유토피아 희구는 전주인에게 면면히 이어져 천주교를 받아들여 수많은 순교자와 순교지를 남기게 되었으며, 동학농민혁명의 꿈은 전주성의 점령으로 그 꽃을 피우려고 하였다. 전주인은 현실에 반발하는 혁명적인 정신이라기보다는 차라리 남들보다 한 발 앞선 진취적인 전통을 간직하고 있었다고 하겠다. 그러했기 때문에 모든 새로운 문화와 문명을 남들보다 빨리 받아들일 수 있었다. 다음으로 전주의 공간 이용에 대한 관념의 변화이다. 전주 공간의 중심은 아무래도 모악산이었을 것이다. 앞서 언급한 금산사와 귀신사가 모악산에 있다는 것이 이를 웅변해준다. 뒤이어 전주인은 완산칠봉을 중심으로 생활의 터전을 삼았으며, 조선의 전주인은 건지산을 주산으로 삼았다. 시간의 흐름에 따라 전주의 중심축이 남쪽에서 북쪽으로 이동해간 셈이다. 필자는 이를 새로운 문명을 쉽게 받아들이려고 하는 전주인의 내면의 반영이라고 보고 싶다.

3장

전북권의 중심으로 성장한
통일신라시대 전주

조법종(우석대학교 교수)

1. 신라의 완산주 설치와 백제 · 고구려 유민

　전주(全州)의 출발은 신라의 삼국통일 및 당과의 전쟁 과정과 밀접히 연결되어 있다. 660년 7월 신라와 당 연합군에 의해 백제가 붕괴된 이후 백제 지역민들은 백제 부흥을 위해 적극적으로 대응하였다. 즉, 붕괴 직후 나당연합군에 대해 전국적 저항과 함께 왜와 연합하여 백제 부흥전쟁을 전개하였다. 그러나 663년 9월 백제 부흥군과 왜 원병이 백강구전투에서 나당연합군에게 패하면서 백제 부흥의 동력은 와해되었다. 이후 부흥전쟁의 중심인 주류성, 임존성이 함락되어 부흥의 구심점이 상실되었고, 백제 유민이 대거 왜로 이동하면서 현재의 전라도 지역은 큰 변화를 맞았다. 남은 백제 부흥세력은 668년 고구려 붕괴 이후 신라와 당의 전쟁 과정에서 신라를 견제하려는 당의 지원을 받아 웅진도독부(공주)에 국한되어 신라에게 672년까지 간헐적으로 저항하였다.

한편, 668년 신라는 당과 함께 지도층이 분열된 고구려를 붕괴시켰다. 그런데 당은 고구려 붕괴 직후 신라까지 장악하여 삼국 모두를 당의 지배하에 놓고자 하였다. 이 같은 당의 공격에 당황한 신라는 고구려 부흥세력과 적극적인 연대를 통해 대항하게 되었다. 특히, 현재의 황해도 지역에서 고구려 장수 검모잠이 주축이 된 고구려 부흥세력은 보장왕의 족자인 안승을 670년 왕으로 추대하였고, 신라는 이를 적극 지원하였다. 즉, 신라는 670년 고구려 부흥세력을 현재의 익산지역으로 대거 이주시켜 함께 당에 대항토록 하였다. 또한 문무왕 14년(674) 안승을 보덕국왕(報德國王)으로 책봉하여 익산지역에 고구려 부흥운동의 거점을 형성하였다. 이같이 익산지역에 사민된 고구려 유민의 존재는 삼국 통일전쟁 및 나당 전쟁 과정에서 나타난 백제 유민과 고구려 유민에 대한 이이제이(以夷制夷) 지배정책으로 이해된다.

한편 문무왕의 뒤를 이어 왕이 된 신문왕은 신라 진골 세력인 김흠돌의 난을 진압한 후 지방 통제를 강화하고 당과의 관계 개선을 추진하면서 보덕국 해체를 꾀하였다.

즉, 신라는 고구려 유민세력인 보덕국의 도움을 받아 당 세력을 축출한 이후 고구려 유민세력이 부담이 되자 이들에 대한 와해작전을 전개한 것으로 파악된다. 이 같은 조치의 일환으로 안승을 경주로 옮겨 구심력을 약화시킨 다음 이들의 반란을 유도하여 대문(실복)을 중심으로 반란을 일으키자 대대적인 공격을 통해 이들을 공략하였다.

신문왕 4년(684) …… 11월, 안승의 조카뻘되는 장군 대문이 금마저에서 반역을 도모하다가 발각되어 처형되었다. 잔적들이 대문이 처형되는 것을 보고는 관리들을 죽이고 읍을 차지한 채 반역하므로 왕이 장병들에게 명령하여 이를 토벌하였는데, 이 전투 중에 당주 핍실이 전사하였다. 그 성을 점령하고, 그 지방 사람들을 남쪽의 주와 군에 옮겨 살게 하였으며, 그곳을 금마군으로 만들었다[대문을 실복이라고도 한다](『삼국사기』 권8, 「신라본기」 8).

이들을 토벌하는 전투 과정에서 『삼국사기』 「열전」에 충신으로 입전된 핍실과 영윤이 전사할 정도로 치열한 전투를 치르고, 평정한 직후인 신문왕 5년(685) 봄에 현재의 전주지역에 완산주가 설치되었다.

신문왕 5년(685) 봄, 다시 완산주를 설치하고 용원을 총관으로 삼았다. ······ 남원소경을 두고, 여러 주와 군의 백성을 옮겨 살게 하였다(『삼국사기』 권8, 「신라본기」 8).

이후 금마지역은 더 이상 이 지역의 중심 역할을 수행하지 못하고 완산주와 남원소경으로 이원화된 지역거점이 중심지로서의 역할을 수행하였다.

이때 설치된 완산주와 남원소경은 이후 역사 전개의 중심이 되었으며, 완산주가 757년 명칭이 바뀐 것이 바로 현재의 전주였다.

전주는 원래 백제의 완산(完山)인데, 진흥왕 16년에 주로 만들었고 26년에 주가 폐지되었다가 신문왕 5년에 다시 완산주를 설치하였다.

통일신라 9주 5소경

경덕왕 16년에 전주로 개칭하여 지금도 그대로 부른다. 이 주에 속한 현은 셋이다. 두성현은 원래 백제의 두이현이었던 것을 경덕왕이 개칭한 것으로, 지금의 이성현이다. 금구현은 원래 백제의 구지지산현이었던 것을 경덕왕이 개칭한 것으로, 지금도 그대로 부른다. 고산현은 원래 백제의 현으로서 경덕왕이 주군의 명칭을 고친 것인데, 지금도 그대로 부른다(『삼국사기』「지리지」).

사료에 나타난 내용은 완산주와 남원의 출발에 고구려 유민의 역할이 깊이 작용하였으며, 기왕의 백제 지역민과 이들이 연결되는 것을 통제하려 한 신라의 의도도 확인되고 있다.

이후 통일신라시기 완산주에서는 상서로운 벼이삭이나 흰 까치를 바치는 등 국가적인 안녕을 기원하던 지역으로 나타나고 있다. 특히, 이 같은 기사는 상대적으로 이 지역이 농업생산과 관련되어 중요한 지역임을 보여주고 있는 내용이다.

이 같은 상황에서 경덕왕 16년(757) 완산주는 전주로 명칭이 바뀌었다.

경덕왕 16년(757) …… 겨울 12월, …… 완산주를 전주(全州)로 고치고, 1주 1소경 10군 31현을 소속시켰다. 무진주를 무주로 고치고, 1주 14군 44현을 소속시켰다(『삼국사기』 「지리지」).

이 기사에 나타난 상황은 완산주의 명칭이 전주로 바뀐 사실을 보여주는 것으로, 이후 전주는 완산주와 함께 공식적인 명칭으로 자리 잡아 사용되었다.

한편, 앞서 이 지역이 갖고 있던 농업생산에서의 거점적인 성격은 더욱 부각되어 앞서 건립되었던 벽골제를 증축하는 데 전주 지역민이 중심이 되어 진행되었다.

원성왕 6년 봄 정월, 종기를 시중에 임명하여 벽골제를 증축하였다. 전주 등 일곱 주의 사람을 징발하여 이 공사를 하였다(『삼국사기』

토기유개합 통일신라 | 전주시 만성동 | 국립전주박물관 소장

「신라본기」).

한편, 완산주지역은 이후 웅천주 도독 김헌창이 반란을 일으킨 시점에 김헌창의 영향력 아래로 포섭되기도 하였다. 그러나 완산주의 장사인 최웅과 조아찬 정련의 아들 영충이 반란 사실을 최우선적으로 알리고 토벌의 선봉이 되었으며, 헌덕왕 3년 완산주 도독에 임명되었던 웅원이 토벌대의 중심이 되어 김헌창의 난을 막는 역할을 수행하기도 하였다.

2. 삼국불교 융합의 현장 전주

1) 고구려에서 망명한 승려 보덕의 경복사

전주지역은 백제의 완산지역으로, 684년 익산지역의 고구려 유민이 세운 보덕국(報德國)의 반란을 진압한 직후인 685년 이들을 남쪽 지역으로 옮겨 설치한 행정거점인 완산주(完山州)이다. 즉, 이 지역은 백제 고지의 다른 중심 권역이었음을 유추케 한다.

그런데 완산주 설치 이전에 고구려 승려 보덕(普德)이 망명하여 터를 잡은 곳이란 점에서 주목된다. 즉, 완산주(전주)지역은 고구려 승려 보덕의 망명지이자, 익산지역의 고구려 유민세력인 보덕국 반란 진압 후 사민된 고구려 유민이 옮겨진 지역이란 점에서 기존의 백제 유민과 함께 고구려 유민이 연결된 공간이었다.

고구려 승려 보덕은 평양 근처 반룡산 연복사에서 하룻밤 새 전주

고달산으로 날아왔다는 사실과 연결되어 나타나고 있다.

　　보덕(普德)의 자는 지법(智法)인데, 일찍이 고구려 반룡산 연복사에
거처하더니, 하루는 갑자기 제자에게 말하기를 "고구려가 도교만 존
숭하고 불법을 숭상하지 않으니 이 나라는 반드시 오래가지 못할 것
이다. 피난을 해야 하겠는데 어느 곳이 좋을까?" 하자, 제자 명덕(明
德)이 말하기를, "전주(全州)에 있는 고달산(高達山)이 바로 편안히 머
무를 만한 땅입니다." 하였다.

　　고구려 승려 보덕이 현재 전주지역으로 이주한 사건은 고구려의
도교 숭상과 관련되어 불교계의 반발이 심한 상황과 이 지역이 고구
려 세력과 연결짓는 계기를 보여주고 있다. 보덕 승려의 망명 시기
에 대해『삼국유사』에서는 650년 6월, 즉 백제가 망하기 전으로 기
록하였고, 이규보의「남행월일기」에서는 667년 3월 3일로 백제가
망한 뒤의 시기로 전해 이동 시기에 17년의 차이가 나타나고 있다.
일반적으로 650년을 망명시점으로 보고, 667년은 망명한 보덕이 전
주 경복사를 창건한 시점으로 보았다. 그런데『삼국유사』에는 의상
과 원효가 당에 유학을 시도하면서 650년 고구려를 경유해 당으로
가려다 실패하고 돌아온 사건을 기록하고 있다. 문제는 대각국사
의천의 기록에 의하면 이때 의상과 원효가 보덕을 처음 만나고 있는
점이 주목된다. 이는 650년 원효와 의상을 만나 그들에게 가르침을
준 보덕이 바로 그해에 전주지역으로 이동한 것이 됨으로써 시기적
으로 650년 설이 문제가 있음을 보여주고 있다. 따라서 보덕이 실제
전주 고달산으로 이동한 시기는 백제가 망한 이후인 667년일 가능

성이 높다.

그렇다면 보덕이 왜 전주지역으로 옮기게 되었는가에 대한 의문의 단서를 찾을 수 있다. 즉, 여기서 추정될 수 있는 것이 고구려 승려 보덕(普德)과 원효(元曉)의 관계이다. 즉, 663년 백제 부흥군의 거점인 주류성(周留城) 및 임존성(任存城) 등이 함락되고 백제 부흥군은 고구려와 왜 등으로 망명하였다. 신라는 복속지역인 구 백제지역에 대해 다양한 포섭활동을 진행하였는데, 원효로 대표되는 종교적 위무와 포섭활동이 주류성 지역인 부안 등지에서 진행되었다. 그런데 고구려의 불교 탄압에 대한 정치적 망명을 단행한 보덕이 선택한 곳이 전주 고달산 지역이란 점은 신라가 복속한 백제지역, 특히 부흥세력의 중심 거점지역에 원효, 의상과 친분이 있던 고구려 승려 보덕을 이주시켜 종교적 융화를 추구하였을 가능성이 높다. 따라서 원효로 대표되는 백제지역 위무활동을 통해 연결된 백제 유민인 보덕의 제자 명덕을 고구려의 승려 보덕과 연결짓고, 원효가 활동한 지역으로 보덕을 안내하였을 가능성이 높다고 생각된다.

이같이 원효가 보덕의 전주지역 이거와 관련이 있을 것으로 상정하면 그 이유는 앞서 제시한 것처럼 친신라적인 고구려 망명 승려에 의한 백제 고지 유민의 위무와 포용이란 목적이 상정된다. 고구려 승려 보덕이 이주해 창건한 경복사는 열반종의 중심으로 성장하여 고려 열반종의 본산으로 자리 잡았다. 하지만 조선시대 정유재란 시 승병의 거점으로 초토화된 뒤 현재까지 폐허로 남아 있다.

2) 백제 유민 진표의 금산사

통일신라시기 전주권을 대표하는 승려는 진표(眞表)였다. 진표는 8세기 중엽 변산 불사의방에서 엄격한 수행으로 미륵(彌勒)과 지장보살을 만나 미륵에게 받은 점찰법(占察法)을 펼쳐 미륵신앙의 거점으로 금산사를 중창하고 속리산 법주사, 금강산 발연사를 창설한 인물이다.

진표의 출신에 대해 『삼국유사』에서는 "완산주 만경현인"으로 나타나 있는데, 중국의 『송고승전』에는 백제인으로 기록되어 있다. 시기와 지역으로 볼 때 진표는 통일신라시기 완산주지역의 백제 유민 후손으로 보인다. 주목되는 것은 중국의 기록에 진표가 백제인으로 기록되었다는 점이다. 이는 진표의 성격이 백제 유민의 성격을 대표하는 인물로서 활동하였음을 상징한 것으로 보인다. 이러한 점은 『송고승전』에 진표의 출가 동기에 대한 자세한 기록에서 그 내용을 가늠할 수 있다.

"진표는 날쌔고 민첩하였으며 활쏘기를 가장 잘하였다. 개원 연간 (713~742)에 사냥하던 여가에 밭두렁에서 개구리를 잡아 버들가지에 꿰어 물속에 두고 나중에 가져가 먹으려 하였다. 산에 가서 사냥을 하고서는 이를 잊어버리고 귀가하였다. 이듬해 이른 봄에 다시 사냥 차 그 근처를 지났다. 그런데 갑자기 개구리 울음 소리를 듣고 찾아가 보니 지난해에 자신이 꿰어둔 개구리들이 아직 살아 있었다. 이에 크게 자책하여 개구리들을 꺼내어 풀어주고는 뜻을 세워 출가하였다."

금산사 일제강점기 | 김제시 금산면 | 개인 소장

　진표의 출가와 관련된 이야기를 보면 몇 가지 상징적인 상황이 설
정되어 있다. 먼저 버들가지에 꿰진 개구리들은 죽지도 못하고 도망
가지도 못하는 존재들로서, 망한 나라인 백제 지역민들의 비참한 현
실을 상징한 것으로 파악된다. 그리고 이를 풀어준 진표의 행동은
백제 유민의 문제를 해결하기 위한 종교적 역할 수행의 과업을 부여
받은 모습을 상징한 것으로 해석된다. 따라서 진표는 미래세계의 구
세주인 미륵신앙과 연결된 점찰법회를 대대적으로 진행하였다. 특
히, 포교의 대상을 과거의 백제지역 및 고구려지역을 중심으로 전개
하여 이 같은 성격을 잘 나타내었다. 이는 이후 진표의 행적에서 그
일단이 추정되는데, 즉 현재의 보은 속리산의 법주사를 창건하고 다
시 동해안의 금강산 발연사를 창건하여 신라를 둘러싸고 있는 백제
지역과 고구려지역의 유민에게 새로운 미래사회의 도래를 강조하는

미륵신앙의 도량을 설치하고 반신라적 활동을 전개한 것으로 파악되고 있다.

즉, 진표는 불사의방에서 수행을 마친 뒤 금산사를 중창하고 미륵장육상을 조성하였으며(766), 속리산으로 가는 길에 소를 교화하거나 동해안 지역인 명주 해변에서 바다로 들어가 계법을 염송하고 명주 지역의 굶주린 백성에게 기근을 면하게 해준 이적 등을 행하였다. 이를 통해 전주지역을 중심으로 지역민들에게 새로운 종교적 대안과 희망을 제시하였다.

3) 신라의 화엄십찰 귀신사

진표로 대표되는 지역 신앙세력의 확대에 대해 신라 왕실은 진표를 적극 포섭하려 하였다. 한편으로는 신라 왕실이 적극적으로 지원하는 화엄신앙의 사찰을 별도로 설립하여 금산사에 대응하려 하였다. 이 같은 상황은 화엄십찰로 상징되는 귀신사의 설치를 통해 더욱 구체화된다.

화엄십찰은 신라의 중앙정부가 지원하는 국가사찰인 화엄계통의 사찰로서, 신라의 주요 거점지역에 하나씩 설치한 사찰이다. 최치원이 찬술한 『법장화상전(法藏和尙傳)』에 나타난 화엄십찰의 구체적인 내용을 보면 다음과 같다.

- 중악(中岳): 공산(公山)의 미리사(美理寺)
- 남악(南岳): 지리산(智異山)의 화엄사(華嚴寺)
- 북악(北岳): 태백산의 부석사(浮石寺)

- 강주(康州) : 가야산(伽耶山)의 해인사(海印寺)
- 웅주(熊州) : 가야협(迦耶峽)의 보원사(普願寺), 계룡산(鷄龍山)의 갑사(岬寺)
- 양주(良州) : 금정산(金鼎山)의 범어사(梵魚寺), 비슬산의 옥천사(玉泉寺)
- 전주(全州) : 모악산(母岳山)의 국신사(國神寺)
- 한주(漢州) : 부아산(負兒山)의 청담사(淸潭寺) 등

이들 사찰 가운데 전주 모악산의 국신사는 현재 금산사와 근접한 귀신사의 통일신라시기 이름으로서, 이 사찰의 존재는 미륵신앙 중심의 금산사의 성장과 위력 확대에 대한 중앙정부적 통제책의 일환으로 파악된다. 특히, 귀신사의 소속 사찰로 금산사를 귀속시켜 통제한 사실은 이 같은 의도를 더욱 잘 보여주고 있다.

따라서 이 시기 백제인 진표로 상징되는 금산사의 미륵신앙 부흥은 이 지역의 정서가 신라의 중앙 통제에 대해 새로운 세상을 희구하는 미륵신앙에 근거하여 돌파구를 모색하는 지역민들의 정서와 연결되어 폭발적인 힘을 얻게 되었고, 이를 통해 새로운 사회 구성을 위한 노력의 일단이 진행되고 있었다.

꽃 심 을 지 닌 땅, 전 주

제 **3** 편

중세(고려) 전주

조법종(우석대학교 교수)

1장

후백제의 왕도 전주

1. 견훤의 후백제 건립과 전주 정도(定都)

신라의 삼국통일 이후 신라의 중대시기(29대 태종 무열왕~36대 혜공왕, 654~780)에는 강력한 왕권을 바탕으로 자연재해로 인한 기근에 효과적으로 대처하여 나름의 안정을 유지하였다. 그러나 신라 하대(37대 선덕왕~56대 경순왕, 780~935)에 이르러 왕위쟁탈전에 의한 혼란 그리고 흉년과 가뭄 같은 자연재해, 병충해, 역질의 유행에 신라 정부는 적절히 대응하지 못하였다. 굶주린 백성은 농촌을 떠나 중국의 절동(浙東)지방으로 건너가 식량을 구하려고 하였으며, 일본 대마도나 서남부 지방에서 해적활동도 하였다. 심지어 농민들 가운데 일부는 생존을 위하여 자식을 팔아 목숨을 연명하기도 했다. 자연재해로 인한 흉년과 기근이 심해지면서 농민의 유망이 일반화되고 전국적으로 나타났다.

또한 신라 하대 농민의 반발과 반항은 도적들의 무리로 나타나 집단행동을 하였다. 국가에서는 이들을 무마하기 위하여 사신을 파견하여 위로하거나 곡식을 하사하였으며, 때로는 군대를 동원하여 무력으로 진압하였지만 국가의 통제력은 급속히 약화되었다. 이는 다음 사료들에서 잘 나타나고 있다.

신라가 말년에 쇠미하여지자 정치가 어지럽고 백성이 흩어졌다(『삼국사기』「궁예전」).

기강은 문란해지고 게다가 기근이 곁들어 백성이 유리하고 도적들이 벌떼와 같이 일어났다(『삼국유사』후백제 견훤).

이 같은 통일신라의 혼란이 절정에 달한 것은 신라 51대 왕인 진성여왕(887~897) 시기였다. 이 시기는 국정의 문란과 흉년으로 기근까지 들게 되니 백성이 유리하고, 도적이 벌떼처럼 일어나 민심이 동요되고, 지방의 여러 주군에서는 조세를 내지 않아 국가 재정이 궁핍해졌다. 이에 정부에서는 관리를 파견하여 조세의 납부를 독촉하였으나, 이미 중앙정부의 명령이 지방에서 시행되지 못했다. 지방에서는 정부의 명령에 복종하지 아니할 뿐만 아니라 오히려 정부에 대항하는 반란이 일어나게 되었다. 그리하여 진성여왕 3년(889)에 이르자 신라는 전면적인 내란상태로 들어가게 되었다.

이 같은 상황에서 전주지역이 우리 역사에서 새로운 전기를 맞이한 것은 후백제 왕 견훤(甄萱)의 전주 정도를 통해 전주가 후백제 수도로서 기능하였을 뿐만 아니라 후백제가 붕괴된 이후 새로운 역사전개의 축으로서 기능한 사실을 보여주고 있다.

먼저 견훤의 출생 관련 기록을 보면 상주 가은현 출생설과 광주출생설이 전하고 있다.

『삼국사기』기록에 의하면 견훤은 상주지방 출신으로 성장하여 군인이 되었다. 그리고 서남해 방면에 파견되어 방수를 맡았다가 용맹함을 인정받아 비장으로 성장하였다. 『삼국유사』기록에 의하면 견훤은 광주 출신이었다. 그의 아버지는 자색 옷을 입은 남자로 변신한 지렁이이고, 그의 어머니는 광주 북촌의 부잣집 딸이었다. 이러한 사실은 견훤이 무진주에 들어온 이후 무진주 토호의 딸과 혼인하는 모습을 보여준 것으로 파악된다. 이는 견훤의 세력을 무진주의 호족과 관련지어볼 때 가능한 것이다. 또한 지렁이란 표현은 결과적으로 실패한 왕 견훤을 격하한 것으로, 원래는 용으로 전하였다가 후백제 붕괴 이후 지렁이로 비하되었다고 파악된다.

이같이 견훤은 무진주 자립 이후 성장하여 892년 후백제를 자칭하며 주변으로의 확장을 꾀하였다. 그리고 효공왕 4년(900)에 견훤이 무진주(광주)로부터 완산주(전주)에 이르자 주민이 환영하므로 견훤은 인심 얻은 것을 기뻐하여 후백제 왕을 자처하며 전주에서 본격적인 후백제 역사를 전개하였다.

"우리 역사를 상고하니 마한(馬韓)이 먼저 일어난 뒤에 혁거세가 발흥하여 진한, 변한이 이에 따라 일어났으며, 이에 백제(百濟)가 금마산(金馬山)에 건국하여 600년이 되었던바 총장 연간에 당나라 고종이 신라의 청에 따라 장군 소정방을 보내어 수군 13만을 거느리고 바다를 건너오니 신라의 김유신은 땅을 휘말아 황산을 지나 사비에 이르러 당나라 군사와 연합하여 백제를 쳐서 멸망시켰다. '이제 내가 어찌 완산(完山)에 도읍을 세워 의자왕의 분함을 풀지 아니하랴?' 하고, 드디어 후백제 왕(後百濟王)을 칭하였다(『삼국사기』견훤).

사료에서 견훤은 전주지역민의 인심을 얻어 새로운 왕조를 일으켰음을 보여주고 있다. 또한 견훤은 후백제 건국의 역사적 명분을 제시하여 정권의 정당성을 강조하였다. 즉, 마한이 먼저 일어났고 혁거세가 후에 일어났다는 말은 후대 실학자들이 제기한 마한 정통론적 인식으로, 고조선 준왕의 금마지역 망명과 이를 이어받은 마한과 백제 계승이라는 역사인식을 피력하여 자신이 부흥한 백제가 우리 역사의 정통성을 갖고 있음을 주장하였다. 따라서 후삼국시기 후백제가 신라보다 역사 정통성이 있는 나라라는 사실을 강조하고, 전주에서 다시 백제를 부흥시켜 의자왕의 묵은 원한을 풀겠다는 의지를 천명하였다. 이는 전주지역의 역사성을 고조선 준왕-마한-백제와 연결된 정통성 논리에 근거하여 제시한 것으로, 견훤이 전주에 왕도를 세우게 된 가장 중요한 역사 명분을 제시하고 백제 인식의 재부활을 통한 정권의 토대를 정립하였다는 점에서 전주지역의 의미를 제시하고 있다.

2. 후백제의 영토 확장과 대외관계

견훤은 고려 왕건과의 서신교환에서 "나의 기약하는 바는 활을 평양성 문루(門樓)에 걸고, (나의) 말에게 패강(浿江=대동강) 물을 마시게 하는 것이다."라고 하여 고구려 영역을 포함한 후삼국 통일 의지를 천명하였다. 이같이 전주 천도 이후부터 견훤은 본격적인 영토 확장을 위해 전투에 들어갔는데, 후백제의 영토 확장은 크게 세 방향으로 나뉘어 진행되었다. 그 하나는 후백제의 배후지역인 서남해 일대이고, 두 번째는 고려와 접경지역인 한강 상류의 충청도 내륙지역이며, 세 번째는 신라와 인접한 낙동강 이동의 경상도 지역이다. 후백제의 판도는 한때 전라남북도와 충청남도의 대부분을 점유하고, 경상도의 서부까지 손을 뻗쳤다. 대체로 충청남도의 중부선에서는 태봉(泰封)과 대치하고, 남쪽에서는 전라남도의 서남부에서 왕건의 수군과 다투었으며, 동쪽에서는 상주(尚州)-합천(陝川)-진주(晉州)를 잇는 선을 전선으로 하여 한때는 안동(安東)-영천(永川)-경주(慶州) 등지까지 깊숙이 진출하기도 하였다.

특히, 후백제는 신라에 대한 공략을 강화하였는데 920년 1만의 기병을 이끌고 합천·초계지역을 공취하였고, 925년 12월에는 거창 등 20여 성을 공취하였고, 이어 927년에는 신라 왕도 경주에 쳐들어가 경애왕을 죽이고 경순왕을 옹립하였다. 이때 신라의 구원요청을 받은 왕건의 원병을 대구 공산에서 대패시켰다. 이때 고려 장수 8명이 전사하였다 하여 이 산의 이름이 '팔공산'으로 바뀌어 불리게 되었다. 신라 왕도를 공략한 견훤은 신라의 보물과 인재를 대거 이끌고 돌아와 전주를 새롭게 꾸미게 되었다. 이 같은 후백제의 승리 기세는 930년 고창(현재 안동) 전투에서 패배하면서 약화되었다.

견훤은 후백제 왕을 자칭하고 관제를 정비하는 한편, 현재 중국의 항주지역에 있던 오월(吳越)과 후당(後唐), 거란(契丹) 및 일본에도 사신을 보내어 국교를 맺거나 통교하는 등 국제적 역량과 위상 확대를 꾀하였다. 특히, 일찍이 오월과 교류하여 전주에 정도한 900년 사신을 파견하였고, 오월 왕은 보빙사를 파견하여 견훤에게 '검교대보(檢校大保)' 직을 제수하였다. 당시 중국과 교류한 항로는 후에 고려가 현재의 선유도지역을 활용하여 송나라와 교류하였던 상황을 감안하면 현재의 만경강을 활용하여 전주에서 군산도 및 흑산도 항로를 활용한 것으로 추정된다. 이 같은 후백제의 대외정책은 후삼국 간의 관계에서 유리한 지위를 차지하기 위한 목적이 강하였다고 할 수 있다. 이후 지속된 군사적 패배 이후 935년(경순왕 9) 후백제에서는 왕위계승 문제로 갈등이 불거진 장자 신검(神劒)의 정변으로 견훤은 금산사(金山寺)에 유폐되고, 신검이 대왕(大王)이 되자 견훤은 절을 빠져나와 고려에 투항하고 자신의 사위 등도 투항케 해 후백제 지도부는 분열되었다. 결국 935년 신라의 경순왕은 왕건에게 항복하고, 936년 왕건이 선산 부근에서 신검의 후백제군을 격파하자 후백제는 결국 45년 만에 붕괴되었다.

당시 견훤의 투항과 후백제 지도부를 와해시킨 행동에 대해 부자 갈등에 의한 자멸이란 평가도 있지만, 당시 대세가 고려로 기운 상황 등을 감안하여 대규모 전쟁에 의한 백성의 죽음을 막기 위한 대승적 조치로 파악하려는 입장도 고려된다.

3. 후백제 왕도 전주

전주에 조성된 후백제 왕도 유적에 대한 논의는 현재 전주의 구도심을 중심으로 진행되었다. 먼저 관련 사료를 보면 다음과 같다.

고토성 부의 북쪽 5리에 있다. 터가 남아 있는데 견훤이 쌓은 것이다(『신증동국여지승람』 전주 고적).

견훤성 전경 전주 승암산 | 『전주 동고산성 건물지 4차 발굴조사』(전북문화재연구원, 2006)

(승암산 정상부의 성황사) 옛터는 북쪽을 향하고 있었는데, 옮기어 동
쪽에(卯) 세웠다. 이곳이 바로 세상 사람들이 말하는 견훤의 옛 궁터
이다(「전주 성황사 중건기」).

이들 사료에 의하면 견훤 왕궁터는 전주 구도심의 노송동 일대
와 승암산 정상부 두 군데로 나뉘어 존재한 것으로 나타난다. 한편,
1940년에 간행된 『전주부사』에서는 '고성지(古城址)'에 관한 언급에
서· 당시 전주역(현재 전주시청) 동쪽 고산(高山) 가는 길과 현재의 전주고
등학교 뒤 노송동 연결도로의 구릉지대에 후백제 왕 견훤이 쌓았다
고 전해지는 토성지가 존재하며, 성황사 소재 산곡의 성지가 왕궁에
가장 인접한 산성이라고 하였다. 따라서 전주에는 평지도성과 산성
의 두 공간이 상정된다. 특히, '전주성(全州城)' 명문이 새겨진 연꽃무

전주성명 연화문 수막새 후백제 | 전주 동고산성 |
국립전주박물관 소장
기와 가운데에 '전주성'이란 명문이 새겨져 있다.

늬와 봉황, 무사문양 막새가 승암산의 동고산성(東固山城)에서 발굴되어 이 산성에 대한 관심이 강조되기도 하였다.

한편 철원 궁예도성과의 비교 등을 감안할 때 후백제 도성 유적은 현재 전주 구도심 전체를 포괄하며, 평지성과 왕궁 및 배후 산성으로 연결된 대규모 공간이 존재하였을 것으로 추정되고 있다. 향후 이에 대한 본격적인 조사로 규모가 확인될 것으로 예상된다.

한편, 전주에는 현존하는 지명 가운데 기린봉, 용머리고개, 거북바위, 봉황암 등 동물 관련 명칭이 나타나고 있다. 즉 『신증동국여지승람』에는 기린봉·봉황암 등이 나타나며, 고지도의 용두치(龍頭峙)는 용머리고개이고, 금암동의 ㈜전주 KBS에는 신성한 바위를 의미하는 거북바위가 존재하고 있다. 그런데 이들 동물은 중국의 『예기(禮記)』에서 도시의 사방을 수호하는 신령한 동물인 사령(四靈), 즉 기린[麟], 봉황[鳳], 거북[龜], 용(龍)의 내용과 대응하는 것으로 전주의 수호동물로 설정된 것임을 알 수 있다.

또한 동고사, 남고사, 서고사 및 진북사 등 도시를 지켜주는 사방

수호사찰인 사고사찰(四固寺刹)의 명칭이 전하고 있다. 전주에 남아 있는 사방을 수호하는 도교적 신성동물 수호 관념과 불교에서 도성을 지켜주는 사방의 사고사찰 관념은 결국 후백제시기 견훤이 도읍 전주를 후삼국 통일 수도로 꿈꾸며 명실상부한 "완벽하고 온전한 최고의 땅"으로 인식시키는 통치이데올로기로서 기능하였다고 파악된다.

고려시대의 전주목

하태규(전북대학교 교수)

1. 고려 전기 지방제도의 정비와 전주

후백제의 도읍이었던 전주는 고려 태조 19년(936) 후삼국 통일로 고려의 영토로 편입되었다. 신검의 항복을 받은 태조 왕건은 백제의 도성인 전주에 들어와 주민을 위로하고, 재능에 따라 인재를 등용하였으며, 엄격한 군령을 내려 백성의 재물을 추호도 침범하지 못하게 함으로써 주현이 편안해졌다고 한다. 그러나 실상 왕건은 전주에 안남도호부(安南都護府)를 설치하고 무력으로 후백제 지역을 지배하였다. 또한 훈요십조를 통하여 후대 왕들에게 차현 이남 공주강 밖의 인물 등용을 삼가라는 유훈을 내려준 것을 보면 후백제 지역을 차별하고 경계하였던 것으로 보인다.

태조의 훈요십조에 대하여 후대에 조작된 것이라는 주장도 있지만, 후일 현종 2년(1011) 거란의 2차 침입으로 나주로 피난길에 올랐던 현종이 삼례에 이르렀을 때 측근인 박섬(朴暹)이 "전주는 백제의 옛땅으로 태조도 미워했던 곳"이라며 전주로 들어가는 것을 만류하였던 것이나, 무인집권기 전주목 사록겸장서기(司錄兼掌書記)를 지낸 이규보(李奎報)가 전주에서 가혹한 정사를 보았다는 지적에 대하여 전주는 백제의 옛땅으로 성질이 사납기 때문에 그리했다고 변명한 것을 보면, 태조 이래 고려 지배층의 후백제 지역에 대한 경계의식이 크게 작용하고 있었던 것을 알 수 있다.

태조 23년(940)에 전국의 주·부·군·현의 명칭을 개정하였는데, 이때 안남도호부를 고부로 옮기고 전주를 다시 설치하였다. 이로써 후백제의 도성이었던 전주는 고려왕조의 지방 군현의 하나로 정비되었다. 그러나 고려 국초에는 아직 지방관이 파견되지 못하고, 실질적인 지방 통치는 향호에게 위임되어 이루어졌다. 비록 중앙으로부터 금유와 조장 등의 관리가 파견되어 조세를 수취하기는 하였지만, 실제는 거점 지역에 설치된 도호부를 중심으로 한 군사적 통제가 이루어졌다.

이러한 지방통치 구조는 성종 2년 최승로(崔承老)의 건의를 받아들여 전국에 양주, 광주, 충주, 청주, 공주, 진주, 상주, 전주, 나주, 승주, 해주, 황주의 12목을 설치하고 목사를 파견하여 인근 지역의 주현을 관할하여 다스리도록 함으로써 중앙집권적 지배체제로 바뀌게 되었다. 이에 따라 전주목사가 오늘날의 전라북도에 해당하는 지역을 관할하게 되었다.

그런데 성종 10년(991) 전주목에 승화절도안무사가 설치되었다가 성종 14년에는 12목이 순의군절도사(順義軍節度使)로 바뀌게 되었다. 이때 전국의 12목이 모두 절도사로 바뀌고, 도단련사 7, 단련사 11, 자사 15명 등 33명의 군사적 외관이 증치되었는데, 이는 거란의 1차 침입을 전후하여 전국의 지방통치 구조가 군사적 통치제체로 바뀌었음을 의미한다.

이와 함께 우리나라 역사상 처음으로 도제(道制)가 도입되어 10도가 설치되었는데, 전주를 중심으로 한 현 전라북도 지역에 해당하는 주·현이 강남도(江南道), 나주(羅州)를 중심으로 현 전라남도 지역의 주·현이 해양도(海陽道)에 속하게 되었다. 10도제는 당의 제도를 모방한 것으로 효과 없이 소멸되었다고 보는 견해가 있으나, 이는 고려의 5도양계제로 연결되는 고려식 초기 행정적 지배체제의 의미로 보아야 할 것이다. 결국 성종 14년 지방제도의 정비 방향은 12절도사 중심의 군사적 지배체제와 10도 중심의 행정적 지배체제가 병립되었음을 의미한다.

그런데 목종 8년(1105)에 이르러 12절도사, 4도호부와 동서북계 방어진사, 현령, 진장만을 두고 그 나머지 관찰사, 도단련사, 단련사, 자사를 모두 혁파하였다. 그리고 현종 3년(1012)에는 12절도사마저 폐지하고, 5도호, 75도안무사(道按撫使)를 두었다. 이는 성종대로부터 현종 초년에 이르는 동안 거란과의 전쟁 상황에 따른 지방통치제제의 변동으로 보아야 할 것이다.

현종 9년(1018)에 이르러 대대적인 지방제도의 개편이 이루어지면서 75도안무사가 폐지되고, 전국에 4도호, 8목, 56지주군사, 28진장, 20현령이 설치되고, 그 아래 지방관이 파견되지 않은 속군현을 둠으로써 고려의 지방제도가 정비되었다. 이때 전주목사는 남원, 고부, 임피, 진례, 김제, 금구 등의 주부군현과 그에 속한 속군현까지를 관할하는 계수관으로서의 역할을 하게 되었다.

현종 9년 군현의 영속관계 정비와 함께 도제의 정비도 있었다. 강남도와 해양도를 합하여 전라도(全羅道)로 삼았다. 이로부터 성종 14

년 설치되었던 10도는 통폐합과 분리 과정을 거쳐 고려 후기에 5도로 정비된다. 도에는 안렴사를 파견하여 순순히 왕명을 시행하게 하였다. 따라서 조선시대 같은 업무기구가 있었던 것은 아니다.

2. 고려시대 전주 관향사족의 활동

고려시대에는 많은 지방 사족들이 중앙으로 진출하여 귀족으로 성장하였다. 전주는 고려 후기 대문호인 이규보가 "인물이 번성하고 이민이 세련되어 고국의 풍토가 있다."고 지적한 것처럼 관향사족이 번성하였다. 고려 국초에는 전주 지역 사족들의 중앙 진출이 그리 활발하지 못하였지만, 고려 왕조의 통치체제가 정비되고 왕권이 안정된 고려 중기 이후에는 관향사족의 중앙 진출이 활발하게 이루어졌다.

조선시대의 인문지리서인 『신증동국여지승람』 「인물」조에는 고려시대 전주의 인물로 최균(崔均), 최척경(崔陟卿), 이준양(李俊陽), 최보순(崔甫淳), 유광식(柳光植), 유소(柳韶), 최성지(崔誠之), 유방헌(柳邦憲), 최득평(崔得枰), 최재(崔宰), 최용갑(崔龍甲), 이자을(李資乙), 최칠석(崔七夕), 이문정(李文挺) 등 총 14명을 수록하고 있다. 이 중에서 유방헌을 제외한 13명은 고려 중기 이후에 활동하였던 인물이다.

고려시대 전주지역에는 이(李)·최(崔)·유(柳)·박(朴)·전(全)·유(庾)·한(韓)·백(白) 등의 관향 성씨가 있었다. 이 중에서 유(柳)씨, 최씨 그리고 이씨 가문은 활발한 활동을 보인 반면, 박·전·유(庾)·한·백씨 등은 크게 두각을 나타내지 못하였다.

한편 전주의 재지사족의 하나인 전주 이씨의 한 계열이었던 이안사가 그 일족을 거느리고 전주를 떠나 삼척을 거쳐 의주(덕원)로 들어가 정착하여 몽고로부터 관직을 받으며 함흥 일대의 강력한 재지세력으로 성장하였다. 그 뒤 공민왕 5년 쌍성총관부 탈환을 계기로 이자춘이 내응하여 공을 세우고 고려에 돌아오게 되었다. 이후 이성계는 자신의 무예와 혁혁한 전공을 바탕으로 무장으로 성장하여 마침내 조선왕조를 개창함으로써 한국 최대의 성씨가 되었으며, 전주는 조선왕조의 발상지로 풍패지향(豊沛之鄕)이 되었다.

3. 무신집권기 기주 죽동의 난과 전주 군인의 난

의종 24년(1170) 정중부의 난을 계기로 무신정권이 성립되고, 100년간 무신집권기가 전개되었다. 이에 따라 전기 문벌귀족 중심의 지배질서가 무너지면서 고려사회는 그 기층부터 흔들리기 시작하였다. 뿐만 아니라 전국 각지에서는 크고 작은 농민과 천민의 반란이 일어나 고려 후기 사회의 변동을 가속화하였다.

전주에서는 명종 12년(1182) 기두(旗頭) 죽동(竹同)이 난을 일으켰다. 당시 전주사록(司錄) 진대유(陳大有)는 평소 가혹한 형벌을 내려 전주 사람들이 고통 받고 있었는데, 마침 조정에서 정용보승군을 보내 관선을 건조하게 하였다. 이때 진대유가 상호장(上戶長) 이택민(李澤民) 등을 데리고 공사감독을 가혹하게 하였다는 것이다. 이에 기두 죽동 등 6명이 불만을 품고 동란을 일으켜 관노(官奴)와 모든 부랑자를 불러 모아 진대유를 산중 절간으로 쫓아내고, 이택민 등 10여 명의 집에 불을 지르고, 판관 고효승(高孝升)을 위협하여 고을 아전들의 교체를 요구하였다. 그리고 이들은 다시 전주에 들어온 안찰사 박유보(朴惟甫)에게 진대유의 불법행위를 열거하며 호소하였다.

안찰사 박유보는 진대유를 서울로 압송하는 한편, 반란군에게 이해관계를 따져 타일렀으나 듣지 않자 도내 군사를 풀어서 그들을 치게 하였다. 이렇게 되자 반란군은 전주 성문을 닫고 40여 일이나 완강히 저항하였다. 이를 진압하기 위해 합문지후(閤門祗侯) 배공숙(裴公淑)과 낭장 유영(劉永) 등이 파견되었고, 배공숙 등이 전주성에 들어가서 일품군(一品軍) 대정에게 반란 주모자를 처치하도록 권유하다가 파면되고, 낭중 임용비(任龍臂)와 낭장 김신영(金臣穎)이 후임으로 파견되었다. 결국 일품군 대정이 승려들과 함께 죽동 등 10여 명을 죽이고, 그 뒤에 도착한 임용비, 김신영 등이 여당 30여 명을 수색하여 죽인 다음 성과 참호를 허물고 돌아감으로써 난을 완전히 진압하였다.

고종 3년(1216)에는 전주의 군인들이 반란을 일으켰다. 이해 거란족이 남침하여 개경까지 위협받자, 정부는 남부지방의 주현군을 징발하게 하였는데, 전주의 군인들이 명령을 거부하고 집단으로 봉기하였다. 전라초군별감(全羅抄軍別監) 홍부(洪溥)는 중앙의 명령으로 전주의 군사를 출동시켰는데, 이들이 5일 만에 다시 전주로 돌아와 주의 장리(長吏)를 죽이고 난을 일으켰다.

이 반란은 전주지방의 농민이 주현군으로 편성되어 거란 방어전에 출동하게 되자 이를 거부하고 평소 자신을 억압하던 장리를 살해한 것이다. 난의 경과가 어떻게 진행되었는지는 알 수 없다. 다만, 조정에서 장군 기윤위(奇允偉)로 하여금 본래 거느린 군대와 신기군

(神騎軍) 두 반을 거느리고 충청도안찰사와 함께 출동하여 남적(南賊)을 토벌하게 하였다고 하는데, 이것이 전주 군인의 난을 진압한 것인지는 확실치 않다.

4. 몽고의 침략과 전주

13세기 초 북방에서는 몽고족이 성장하여 금을 무너뜨리고 동아시아의 강자로 등장하였다. 몽고는 거란족을 추격하여 고려의 강동성에 들어온 이후 고려와 첫 접촉을 갖게 되었는데, 이로부터 고려와 외교적 갈등을 빚게 되었다. 마침내 고종 18년(1231)에 고려를 침략하여 개경을 위협하였다. 이에 최씨 무신정권이 강화를 요청하여 몽고군이 철수하였다. 몽고와 강화를 맺은 직후 집정 최우는 강화도로 천도하여 몽고와의 장기적 항쟁을 준비하였다. 이에 몽고는 고려에 항복과 출륙을 요구하였으나 고려가 이를 거부하자 이해 8월부터 제2차 공격을 해왔으며, 이후 최씨 정권이 붕괴될 때까지 30여 년간 여섯 차례에 걸쳐 고려를 침략하였다.

전주를 비롯한 전라도 지역에도 수차에 걸쳐 몽고군이 쳐들어왔는데, 제3차 침입기인 고종 23년 10월 몽고군이 전주와 고부 경계까지 이르렀으며, 제5차 침입기인 고종 40년(1253) 8월 말에는 몽고군의 척후 기병 300여 명이 전주성 남쪽 반석역에 나타났다가 별초지유 이주에게 격살 당하였다. 그리고 고종 41년부터 시작된 제6차 침입기에 몽고군의 주력이 전라도 방면으로 침입하였는데, 이때 전주지역에도 몽고군이 침입하여 큰 피해를 입었을 것으로 보이나 구체적인 내용은 알 수 없다.

1258년 최의가 문신 유경과 무신 김준에 의하여 주살됨으로써 최씨 정권이 무너지자, 몽고와의 강화 협상이 진행되어 몽고군이 철수함으로써 사실상 몽고와의 전쟁은 끝이 났으며, 마침내 원종 11년(1270) 전격적으로 몽고와의 강화가 성립되어 몽고의 간섭을 받게 되었다.

몽고 간섭기에 들어서자 고려의 지배세력은 큰 변화를 보이게 되었는데, 이때의 지배세력을 흔히 '권문세족'이라고 부른다. 이들은 원의 세력을 등에 업고 갖은 횡포를 자행하였다. 그런데 고려 사람으로 원나라에 들어가 순제(順帝)의 총애를 받은 야사불화(埜思不花)라는 인물이 있었다. 형인 서신계(徐臣桂)는 야사불화의 후광을 업고 밀직부사에 오르고, 다시 동지밀직사사를 거쳐 육재(六宰)에 이르러 동생 상호군(上護軍) 서응려(徐應呂)와 함께 횡포를 부림으로써 많은 사람들이 두려워하였다.

그러던 중에 공민왕 4년 야사불화가 어향사라는 직함을 가지고 고려에 사신으로 왔다. 야사불화는 각지의 고을을 돌아다니며 갖은 횡포를 저지르고 수령을 모욕하는 행동을 하였다. 마침내 공민왕 4년 2월 야사불화가 접반사 홍원철 등과 함께 전주에 이르러 전라도 안렴사 정지상(鄭之祥)을 모욕하고 폭행하는 사건이 벌어졌다. 이에 격분한 정지상은 야사불화와 홍원철 일행을 붙잡아서 가두고, 그가 찼던 금패를 빼앗아 서울로 달려가다가 공주에 이르러 야사불화의 동생 서응려를 붙잡아 철퇴로 때려 죽게 한 뒤 공민왕에게 가서 사실을 고하였다.

공민왕은 크게 놀라 즉시 정지상을 하옥시키고 전주목사 최영기

(崔英起)와 관리를 잡아들여 빼앗았던 금패를 야사불화에게 돌려주는 한편, 전주목을 부곡(部曲)으로 강등시켜 일단 사건을 수습하였다. 그러나 공민왕은 얼마 후 기철 등을 처단하고 정지상을 석방시켜 순군 제강에 임명하였다가 곧 호부시랑 어사중승으로 승진시키고, 다음 해에 전주를 완산부로 승격시켰다.

5. 고려 멸망기 왜구와 전주

13세기 중반 고려는 내부적으로 정치·경제·사회 제 부면에서 모순이 극에 달하고 있었고, 대외적으로도 원·명 교체기의 국제정세 변동에 따라 여러 가지로 위기를 맞고 있었다. 특히 빈발하는 왜구의 침략은 고려의 상황을 더욱 어렵게 하였다.

기록상으로 볼 때, 왜구의 기원은 멀리 삼국시대부터 시작되었으나, 고려시대에 들어와 고종 10년(1223) 5월 왜구가 금주(김해)에 침입한 이래 충숙왕 대까지 100여 년 동안 왜구의 침략 횟수는 약 10여 차례 정도였으며, 침략 대상지도 주로 경상도 남해안 지역에 한정되어 있었으므로 당시 고려에 큰 문제가 될 정도는 아니었다.

그러나 충정왕 2년(1350)부터는 왜구의 침략이 본격화되고, 그 규모도 커지기 시작하였다. 뿐만 아니라 시간이 경과하면서 이들의 침략 지역도 경상도는 물론 전라도와 충청도를 비롯하여 경기도·황해도·강원도·함경도 등 전국에 걸치고, 연근해뿐만 아니라 내륙 깊숙이까지 미쳤으며, 심지어는 개경 근처의 승천부와 강화·교동·예성강까지 자주 출몰하여 개경에 계엄령이 내려지기도 하였다.

왜구의 침략으로 인해 피해가 가장 극심했던 때는 우왕 대였다. 우왕의 재위기간 14년간 총 378회의 침구 기록이 말해주듯이 왜구의 잦은 침략으로 주·군이 황폐해지고, 이로 인해 천도론까지 나오게 되는 등 고려는 왜구의 침탈로 인해 커다란 시련을 겪었다.

고려시대 전국에 걸쳐 약 529회 정도의 왜구의 침입이 있었고, 이 중 전라도 지역에 78회 정도의 침입이 있었으며, 전주지역에도 약 네 차례의 왜구의 침입이 있었던 것으로 나타난다. 우왕 2년(1376) 9월 왜구가 고부·태산·흥덕 등지에 침입하여 관청을 불사르고, 인의·김제·장성 등의 고을에 침입하였다. 얼마 뒤 왜구가 전주를 함락시키기도 하였다. 이때 전주목사 유실(柳實)이 왜구와 싸우다가 패하였고, 왜구가 귀신사로 물러나 주둔하였는데 유실이 다시 이를 공격하여 물리쳤다. 이로 인하여 전라도원수 유영(柳濚)은 탄핵을 받아 삭탈관직 폐위서인이 되었으며, 전주목사 유실은 원지로 유배되었다. 그 후 우왕 4년(1378) 9월과 10월에 왜구가 전주를 침략하였으며, 우왕 9년(1383) 8월에는 왜구가 거녕·장수 등지를 함락하고 병력을 나누어 전주를 침략하려 하자 전주부원수 황보림(皇甫琳)이 이를 여현(礪峴)에서 격퇴하였다.

고려는 처음에 왜구의 침입에 대하여 국가의 변방을 괴롭히는 대수롭지 않은 해적으로 취급하였으나, 왜구가 빈발하고 그 규모가 커짐으로써 국가의 혼란을 초래하고 국정이 문란해짐에 따라 강경책으로 무력적 토벌을 단행하여 큰 성과를 거두기도 하였다.

특히 우왕 6년(1380) 진포대첩(鎭浦大捷)에 이어 운봉의 황산대첩(荒山大捷)은 고려 말 왜구 토벌의 획기적 사건이 되었다. 황산대첩에서 승리를 거둔 이성계는 무장으로서 지위를 확고히 하고, 위화도회군

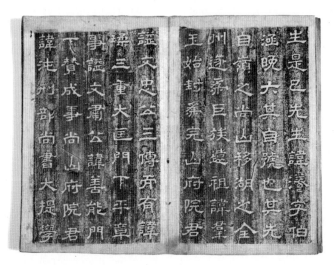

최양 신도비문 탁본첩 1852년(철종 3) | 전주역사박물관 소장
최양은 전주 최씨로 정몽주의 생질이다. 고려가 망하자 전주 소양면에 은거하였다. 두문동 72현 중 한 명이다.

황산대첩 닥종이 인형 소빈 作 | 전주역사박물관 소장
황산전투에서 이성계가 왜장 아지발도를 할로 쏘아 쓰러뜨리는 장면을 닥종이 인형으로 제작한 것이다.

후 고려의 정권을 장악하여 조선을 개국하였다. 황산대첩에서 승리를 거둔 이성계가 개선길에 전주에 이르러 오목대에서 전주 부중의 종친들을 모아 잔치를 베풀면서 「대풍가(大風歌)」를 불렀다는 설화가 전해오고 있다.

[참고문헌]

『高麗史』, 『高麗史節要』, 『世宗實錄地理志』, 『新增東國輿地勝覽』

『전라북도지』 1, 전라북도, 1989.

『전주시사』, 전주시사편찬위원회, 1986.

하태규, 「고려시대 전주지방의 관향성씨와 그 동향」, 『전북사학』 25, 2002.12.

_____, 「高麗 武臣執權期 全羅道 地方의 士族과 民의 動向」, 『전북사학』 24, 2001.12.

『한국사』 12-21, 국사편찬위원회, 1993~1996.

꽃심을 지닌 땅, 전주

제 **4** 편

근세(조선) 전주

1장

조선왕조의 발상지, 전주

이동희(전주역사박물관 관장)

전주는 조선을 건국한 태조 이성계의 본향이다. 본향이란 선조들이 살았던 곳을 말한다. 태조의 선조들은 대대로 전주 승암산(중바위, 치명자산)에서 뻗어 내린 발산자락 자만동에 살았다. 그러다가 태조의 고조부 목조 이안사 때 전주를 떠나 삼척을 거쳐 동북면으로 이주하였다.

태조가 전주에서 태어난 것은 아니지만 그 선조들이 살았으므로 전주를 조선왕조의 발상지라고 한다. 왕조의 발상지는 건국자가 태어난 곳만이 아니라 그 선조들이 살았던 곳을 말한다. 전주를 '풍패지향(豊沛之鄕)'이라고 하는 것도 조선왕조의 발상지라는 뜻이다. 풍패란 건국자의 고향을 말하는 것으로, 한나라를 세운 유방의 고향이 풍패인 데서 비롯되었다.

전주에는 한옥마을을 중심으로 풍패지향과 관련된 많은 문화유산들이 있다. 유일본인 태조어진(태조의 초상, 국보 317호)과 이를 봉안한 경기전을 비롯하여 시조 이한과 시조비 경주 김씨의 위패를 모신 시조사당 조경묘, 시조 이한의 묘소 조경단, 이성계가 황산대첩 후 전주에 들러 잔치를 베풀던 오목대, 목조 이안사가 전주를 떠나기 전에 살았던 이목대 등이 그 대표적인 것들이다.

전주부성의 남문을 '풍남문'이라 한 것도 '풍패'의 '풍' 자를 따서 붙인 이름이다. 서문은 풍패의 '패' 자를 따서 '패서문'이라고 하였다. 전주객사의 '풍패지관'이라는 편액도 풍패에서 연유한 것이다. 전주사고 설치도 전주가 조선왕조의 발상지라는 데서 연유하였다.

1. 태조 이성계의 가계(家系)와 전주

태조 이성계는 본향이 전주이며, 1335년 영흥(화령)에서 태어나 무장으로 세력을 키워서 1392년 58세 때 새 왕조 조선을 개창하고 왕위에 올랐다. 1398년(태조 7) 왕자의 난이 일어나 왕위를 정종에게 양위하고 상왕에 올랐으며, 1400년 태종이 왕위에 오르자 태상왕이 되었다가 1408년(태종 8) 74세로 승하하였다. 조선 27대 임금 중 영조 다음으로 장수한 왕이다. 능호는 건원릉으로 경기도 구리시 동구릉에 있다. 태조비는 신의왕후 한씨(神懿王后韓氏)와 신덕왕후 강씨(神德王后康氏)이다.

태조 이성계는 전주 이씨의 시조 이한(李翰)의 21대손이다. 시조 이한은 통일신라 문성왕(재위 839~857년) 때에 사공(司空) 벼슬을 지냈으며, 시조비 경주 김씨는 신라 태종무열왕의 10대손으로 군윤(軍尹, 향직)을 역임한 김은의(金殷義)의 딸이다.

전주 세거 시 태조 선대들의 가계형편이 어떠했는지는 분명치 않지만, 태조의 6대조 이린(李璘)이 주목된다. 이린은 이색이 지은 환조 신도비에 벼슬이 '내시집주(內侍執奏)'로 되어 있고, 시중(侍中) 문극겸

태조어진 1872년(고종 9) ┃ 국보 317호 ┃ 어진박물관 소장

경기전에 봉안한 태조어진으로, 1872년 구본을 세초매안하고 새로 모사하였다. 현존하는 유일한 태조어진이다.

(文克謙)의 사위로 나온다. 『고려사』「이의방열전」에는 이린이 무신난의 주역 이의방의 동생이며, 문극겸의 사위로 나온다. 따라서 이린은 1170년 무신난의 주역인 이의방의 동생일 가능성이 있다. 그렇다면 태조의 선대는 전주지방의 토호가 아니었을까 한다.

태조 이성계 집안이 전주를 떠난 것은 그의 고조부인 목조 이안사(穆祖 李安社) 때이다. 이안사는 지전주사(知全州事)가 자신이 가까이했던 관기에게 산성별감(山城別監)의 수청을 들게 하자 관기를 몰래 빼돌렸으며, 이에 지전주사와 산성별감이 이안사를 처벌하려 하자 그의 외향인 삼척으로 이주하였다. 그런데 삼척에 새로 부임한 안렴사(按廉使)가 공교롭게도 전주에서 마찰을 빚었던 그 산성별감이었으며, 이에 이안사는 바닷길을 통해 동북면 의주(宜州), 즉 덕원(德源)으로 다시 거처를 옮겼다.

이때는 몽고에 저항하던 시기로, 아마도 이안사가 전주의 토호로 반독립적 세력을 구축하는 과정에서 지방관과 충돌을 일으키지 않았나 생각된다. 삼척으로 떠날 때 170여 호가 따랐다는 사실은 그가 전주의 토호였음을 보여주는 것이라고 할 수 있다. 그러나 이와는 다르게 그가 동북면으로 가는 유이민의 하나였다고 보는 설도 있다.

쌍성총관부(雙城摠管府)가 설치되어 의주지방이 원나라의 관할하에 들어가자, 이안사는 원에 투항하였다. 목조는 개원로 남경(開元路南京)의 알동[斡東: 경흥(慶興)에서 동쪽으로 30리]으로 이주하였으며, 원으로부터 남경 일대 오천호소(伍千戶所)의 수천호(首千戶) 겸 다루가치(達魯花赤)를 제수받았다.

알동을 떠나 의주로 돌아온 것은 목조의 아들 익조 이행리(翼祖 李行里) 때였다. 익조는 목조의 벼슬을 이어받아 천호가 되었으며, 여

진족이 밀모하여 자신을 죽이려 하자 알동을 떠나 두만강 하류의 적도(赤島)로 피신하였다. 적도에서 움막을 짓고 거처하다가 의주로 돌아가 정착하였다.

익조 사후에는 그 아들 도조 이춘(度祖 李椿: 어릴 적 이름은 善來)이 천호 벼슬을 세습하였으며, 영흥(永興)·함흥(咸興) 등지로 옮겨 살았다. 도조에게는 전처인 알동백호(斡東百戶)의 딸 박씨 소생 자흥(子興)·자춘(子春)과 후처인 쌍성총관(雙城摠管)의 딸 조씨 소생이 있었는데, 도조 사후 이들 간에 후계권을 놓고 치열한 싸움이 전개되었다. 이 싸움에서 최종적인 승자가 환조 이자춘(桓祖 李子春)이다.

환조 이자춘은 박씨 소생의 둘째아들로 천호직을 세습하였는데, 태조 집안이 고려에서 본격적으로 벼슬을 하기 시작한 것은 이때부터였다. 함경도 쌍성(영흥)지방에서 세력을 떨치던 이자춘은 고려로

태조어진 봉안행렬 재현(2013년)

전향하여 쌍성총관부를 회복하는 데 내응하여 혁혁한 전공을 세웠으며, 삭방도만호(朔方道萬戶) 겸 병마사(兵馬使)에 임용되었다. 공민왕은 신료들의 반대가 있었지만 동북면의 방어와 안정을 위해 토착세력인 이자춘을 병마사에 임용하였던 것이다. 환조 이자춘의 둘째아들이 조선을 건국한 태조 이성계(太祖 李成桂)이다.

2. 조선왕조의 발상지로서 전주의 문화유산

조선은 건국 후 한양을 비롯하여 태조의 태생지인 영흥, 태조의 본향 전주, 신라의 수도 경주, 고구려의 수도 평양, 고려의 수도이자 태조가 임금에 오르기 전에 살았던 개성 등 모두 여섯 곳에 태조어진을 모셨다. 어진(御眞)은 왕의 초상화를 말한다. 어진은 왕의 분신이자 상징으로, 특히 태조어진은 건국자의 초상이라는 점에서 조선왕조를 상징하는 가장 귀하고 신성한 어진이다.

전주 한옥마을에 위치한 경기전(사적 339호)은 태조어진(국보 317호)을 봉안한 궁전이다. 조선왕실의 본향이라고 하여 전주에 태조어진을 봉안한 것은 태종 10년(1410)이다. 경주 집경전의 태조어진을 모사해 전주에 모셨다. 전주의 태조 진전을 '경기전(慶基殿)'이라고 지은 것은 세종 24년(1442)의 일이다. 진전은 어진을 모신 곳을 말한다. 경기전은 새 왕조가 일어난 경사스런 터, 국가의 기틀이라는 의미이다.

경기전에 봉안되었던 태조어진은 왜란이 발발하자 전주사고의 실록과 함께 경기전 참봉 오희길, 태인의 선비 손홍록과 안의 등에 의해 내장산으로 이안되어 1년간 수호되었다. 이후 평안도 묘향산 보

경기전 1614년(광해 6) 중건 | 사적 339호 | 전주시 풍남동
태조어진을 봉안한 진전으로, 전주 한옥마을에 위치하고 있다.

현사로 이안되어 전란의 와중에도 보존될 수 있었다. 왜란 때 보존된 태조어진은 전주 경기전의 태조어진, 영흥 준원전의 태조어진, 경주 집경전의 태조어진이었다.

태조어진이 다시 경기전에 환안된 것은 광해군 6년(1614)의 일이다. 임진왜란 때 전주성이 수호되었지만, 정유재란 때 왜군에게 전주성이 점령되어 경기전도 소실되었다. 전란 후 광해군 6년에 경기전을 다시 건립하고 태조어진을 모셔와 봉안하였다. 이런 경험을 바탕으로 숙종 1년(1675) 위봉산성을 수축해 행궁(임금이 거둥 때 머무는 별궁)을 두고 유사시에 태조어진을 이안해 난을 피하도록 하였다.

고종 9년(1872) 태조어진 구본이 너무 낡아 물에 씻어서 경기전 정전 북편에 묻고, 새로 모사하여 경기전에 봉안하였다. 현존하는 유일한 태조어진은 이때 모사한 것이다. 익선관에 청룡포를 입은 전신상으로, 권위와 위엄이 돋보인다. 현재는 경기전 경내 어진박물관에 태조어진이 모셔져 있다.

경기전에 봉안된 태조어진은 조선왕조 건국자의 현존하는 유일한 어진이다. 많게는 태조어진이 26점까지 있었다고 하나 현재는 경기 전의 태조어진이 유일하다. 경주 집경전의 태조어진은 왜란 후 소실 되었고, 영흥 준원전의 태조어진은 조선 말까지 있었으나 현재는 흑 백사진만 남아 있다. 또 고종과 순종을 제외하고 조선왕조 25대 임 금 중 현존하는 어진은 단 3점(태조, 영조, 철종)뿐이다. 태조어진과 함께 경기전 건물도 현존하는 유일한 태조진전이다.

한편 조선 초 경기전 진전 동편 담 너머에 『조선왕조실록』을 비롯 해 국가 주요 서적을 보관하는 전주사고(全州史庫)가 설치되었는데, 이 또한 풍패와 관련된 것이라고 할 수 있다. 즉 『조선왕조실록』은 조선왕조의 상징적 존재로, 전주가 조선왕조의 발상지라고 하여 이 같은 의미의 실록을 봉안하는 사고를 전주에 설치하였던 것으로 보 인다.

전주에 사고를 설치하기로 결정한 것은 세종 21년(1439)이며, 실록 이 전주에 봉안되기 시작한 것은 세종 27년(1445)이다. 처음에는 실록 각이 건립되지 않아서 전주성 내의 승의사(僧義寺)에 실록을 보관하 였으며, 세조 10년(1464) 객사 후원에 있는 진남루(鎭南樓)로 실록을 옮 겨 보관하였다가 성종 4년(1473) 경기전 동쪽 담 너머에 사고를 건립 하여 실록을 비롯한 국가 주요 서적을 봉안하기 시작하였다.

임진왜란 때 조선전기 4대 사고 중에서 한양 춘추관사고, 충주사 고, 성주사고의 실록은 소실되었고, 전주사고본 『조선왕조실록』만 이 유일하게 보존되었다. 왜군이 전라도를 침공하려고 하자 경기전 참봉 오희길, 태인의 선비 손홍록과 안의 등이 실록을 태조어진과 함께 정읍 내장산의 은적암, 용굴암, 비래암으로 옮겨 1년간 수호하였다. 이후 실록은 태조어진과 함께 평안도 안변의 묘향산 보현사 별전으로 옮겨져 왜란이 끝날 때까지 보존되었다.

임진왜란이 끝난 후 1603년에서 1606년(선조 39)까지 전주사고본을 저본으로 실록을 다시 출간하여 조선 후기 5대 사고에 봉안하였다. 전주사고본은 조선 후기 강화도 정족산사고에 봉안되었다가 현재는 서울대학교 규장각에 봉안되어 있다. 전주사고는 임란 후 철폐되고, 그 자리에 숙종 2년(1676) 별전이 건립되었다. 별전은 일제강점기인 1937년에 철거되었으며, 1991년 이 자리에 전주사고가 복원되었다.

경기전과 전주사고 건립 후, 전주에 풍패와 관련해 국가적인 기념물이 들어선 것은 조선 후기 영조 때이다. 영조 47년(1771) 전주 이씨 시조 사당인 조경묘(肇慶廟, 전라북도 유형문화재 16호) 건립이 그것이다. 조경묘는 시조 이한과 시조비 경주 김씨의 위패를 모신 조선왕실의 시조사당으로, 경기전 북편에 건립되었다.

영조가 대신들의 반대에도 불구하고 시조묘를 건립한 것은 당시 시조를 정점으로 하는 문중조직의 발달과 가계의식의 강화에 대응해 왕업의 기원을 목조에서 시조 이한까지 끌어올리고, 이를 통해 왕실의 권위를 높이는 데 목적이 있었다. 이러한 조경묘 건립으로 전주는 조선왕조의 발상지로서 위상이 더욱 공고해지고 높아졌다.

영조 대 조경묘 건립 후 전주에 풍패 관련 기념물이 또 한 차례 대대적으로 조성된 것은 1897년 대한제국 선포 직후 황실존숭사업과 관련해서이다. 즉 조경단, 오목대, 이목대 등은 모두 고종 대 대한제

조경묘 1771년(영조 47) **|** 전라북도 유형문화재 16호 **|** 전주시 풍남동

조경묘는 조선 왕실의 시조사당으로, 1771년(영조 47) 경기전 북편에 건립되었다. 시조 이한과 시조비 경주
김씨의 위패를 봉안하고 있다.

국 선포 이후 황제국으로서 그 뿌리인 전주를 성역화하는 차원에서 조성된 것들이다.

조경단(肇慶壇, 전라북도기념물 3호)은 광무 3년(1899)에 전주 이씨의 시조 이한의 묘소가 있다고 전해진 건지산 왕자봉(王字峯) 끝자락에 시조묘역을 조성한 것이다. '단'이라고 한 것은 묘의 정확한 위치가 확인되지 않아서 정방형의 단을 쌓아 묘역을 조성했기 때문이다. 조경단에는 고종 친필의 '대한조경단(大韓肇慶壇)' 비가 세워져 있다. 시조의 사당 조경묘와 함께 시조의 묘역 조경단이 조성되었다는 것은 곧 왕실의 근원지로서 시조와 관련된 성역화가 완비되었음을 의미한다고 하겠다. 조경단은 한옥마을과 멀리 떨어진, 현 동물원 입구에 위치하고 있다.

오목대와 이목대는 조경단이 조성된 이듬해인 광무 4년(1900)에 조선 건국 관련 기념물로 조성되었다. 오목대와 이목대는 승암산에서 뻗어 내린 발산 아래 산자락으로, 남원 쪽에서 전주로 들어오는 길목에 자리하고 있다. 전주 한옥마을 외곽으로 전주향교 뒤 산자락이 이목대이고, 이목대 뒤 산자락이 오목대이다.

오목대(전라북도기념물 16호)는 태조 이성계가 고려 우왕 6년(1380) 황산대첩을 거두고 귀경길에 전주에 들러 일가친지를 불러모아 잔치를 벌이고 「대풍가」를 읊었다는 곳이다. 「대풍가」는 한나라를 세운 유방이 읊었다는 것으로, 새 왕조를 세우겠다는 포부를 담은 것이다. 고종이 태조가 머물렀던 이곳 오목대에 '태조고황제주필유지(太祖高皇帝駐蹕遺址)'라고 친히 써서 비를 세웠다. '주필'은 임금이 머문 곳을 말한다.

오목대와 관련해 그 맞은편의 전주천 건너 전주교대 뒤 남고산성

오목대비 1900년(광무 4) ㅣ 전라북도 기념물 16호 ㅣ 전주시 교동

오목대는 태조 이성계가 황산대첩을 거두고 귀경길에 전주에 들러 일가친지를 불러모아 잔치를 벌였던 곳이다. 1900년 고종이 이를 기념하는 비를 건립하였다.

이목대비 1900년(광무 4) ㅣ 전라북도 기념물 16호 ㅣ 전주시 교동

목조 이안사가 살았던 곳을 기념해 고종이 '목조대왕구거유지'라고 친히 써서 세운 비이다.

만경대에는 황산대첩 때 종사관으로 같이 왔던 포은 정몽주가 지은 우국시가 바위에 새겨져 있다. 이성계가 「대풍가」를 읊어 새 나라를 세울 뜻을 비치자 정몽주가 비분강개해 필마로 남고산성에 올라 울분을 토했다는 시이다.

당시는 위화도회군 8년 전이므로 이성계가 아직 새 왕조를 건국하겠다는 야심을 피력할 수 있는 때가 아니다. 따라서 「대풍가」 이야기는 후대에 확대된 것으로 보인다. 하지만 정몽주가 전주에 와서 우국시를 읊은 것은 사실로 보인다. 시의 내용이 조선 초의 관찬사서『신증동국여지승람』전주부에 실려 있다.

오목대를 조성하면서 이목대(전라북도기념물 16호)에도 발산 아래 자만동에 목조 이안사가 전주를 떠나기 전에 살았던 곳이라고 하여 고종이 친필로 '목조대왕구거유지(穆祖大王舊居遺址)'라고 써서 이를 기념하는 비를 세웠다. 목조 이안사에 관한 호운석(虎隕石)과 장군수(將軍樹) 설화가 전한다.

발산(鉢山)은 조선왕조가 일어난 곳이라고 하여 '발리산(發李山)'이라고도 한다. 승암산은 스님이 바리때를 메고 올라가는 형상이라고 하여 순우리말로는 '중바위'라고 하였으며, 승암산에서 뻗어 내린 발산이 바리때에 해당된다고 하여 그런 이름이 붙었다.

대한제국 선포 직후에 조경단, 오목대, 이목대 등을 조성한 것은 전해지는 이야기를 역사적 사실로 전환시킨 것이라고 할 수 있다. 고종은 외세의 침탈에 맞서 대한제국을 선포하고, 황실의 뿌리와 관련된 이곳들을 성역화하여 황제권을 강화하는 발판으로 삼으려 하였던 것이다. 그런 점에서 이들 기념물은 생명이 다해가는 조선의 아픔을 담은 곳이기도 하다.

[참고문헌]

국립전주박물관,『왕의 초상 – 경기전과 태조 이성계』(도록), 2005.

_____,『조선왕실과 전주』(도록), 2010.

김당택,『이성계와 조준 · 정도전의 조선왕조 개창』, 전남대학교 출판부, 2012.

김순석 외,『국역 조경묘의』, 전주역사박물관, 2013.

김철배,『조선시대 경기전 연구』, 전북대 박사학위논문, 2012.

서진교,「대한제국기 고종의 황실추숭사업과 황제권 강화의 사상적 기초」,『한국근현대사연구』, 한국 근현대사학회, 2001.

이동희,「전주사고본『조선왕조실록』의 보존과 임진왜란」,『조선왕실과 전주』, 국립전주박물관, 2010.

_____,「『조경묘의』로 본 조선왕실의 시조사당 조경묘」,『조선왕실의 뿌리, 조경묘와 조경단』, 전주 역사박물관 · 어진박물관, 2011.

_____,「태조어진과 경기전」,『어진박물관』, 어진박물관 · 전주시, 2011.

_____,「풍패지향 전주, 조선왕조의 발상지로서 그 역사와 성격」,『전주학연구』 4, 전주역사박물관, 2010.

이성미,『어진의궤와 미술사 – 조선국왕 초상화의 제작과 모사』, 소와당, 2012.

이수미,「경기전 태조어진의 조형적 특징과 봉안의 의미」,『미술사학보』 26, 2006.

이욱,「대한제국기 황실의 존숭과 조경단 건립」,『근대한국종교문화의 재구성』, 한국학중앙연구원, 2006.

_____,「조선시대 왕실의 시조와 조경묘 건립」,『조선시대사학보』 38, 2006.

이익주,「이성계와 전주」,『왕의 초상 – 경기전과 태조 이성계』, 국립전주박물관, 2005.

이희권 · 이동희,『국역 경기전의』, 전주역사박물관, 2008.

전주시,『경기전, 건축 · 의례와 유물』, 2008.

전주시 · 어진박물관,『어진박물관』(도록), 2011.

_____,『태조어진을 뫼시다 – 경기전 · 어진박물관 가이드북』, 2014.

전주시 · 우석대산학협력단 · 어진박물관,『태조어진 봉안행렬 재현행사 고증 및 시나리오』, 2003.

전주역사박물관 · 어진박물관,『조선왕실의 뿌리, 조경묘와 조경단』(도록), 2011.

조선미,『왕의 얼굴』, 사회평론, 2012.

2장

전라감영 소재지, 호남제일성 전주

이동희(전주역사박물관 관장)

조선시대의 전라도는 오늘날의 전라북도와 전라남도 그리고 제주
도까지 포함한 지역으로 총 56개 군현으로 구성되었다. 전주는 이런
전라도를 총괄하는 전라감영(全羅監營)이 소재한 호남의 수부(首府),
즉 으뜸도시였다. 풍남문 안쪽에 걸려 있는 '호남제일성(湖南第一城)'

풍남문(후면) 1767년(영조 43) | 보물 308호 | 전주시 전동
전면에는 '풍남문', 후면에는 '호남제일성' 편액이 걸려 있다.

편액은 이를 말해준다. 전라감영은 충청감영, 경상감영과 달리 조선 왕조 내내 다른 곳으로 옮기지 않고 전주에 있었다. 전라북도 구 도청 자리가 전라감영이 위치했던 곳이다.

1. 전라감영의 설치와 직제

전라감영이란 '전라도 감사가 근무하는 관아'라는 뜻이다. 전주에 전라도를 총괄하는 전라감영이 설치된 것은 고려 말 조선 초의 일이다. 물론 전라도라는 이름은 고려시대에 등장하였다. 고려 초인 현종 9년(1018) 전주목 권역과 나주목 권역을 합쳐 전라도라고 이름하였다. 고려시대의 전라도는 행정구역을 나눈 것이지 전라도 일도를

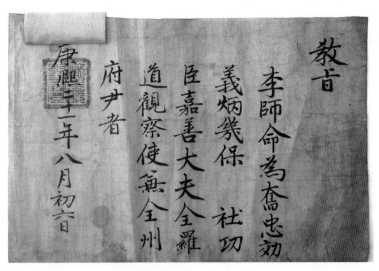

전라감사 임명장 1682년(숙종 8) | 전주역사박물관 소장
이사명을 전라도관찰사 겸 전주부윤으로 임명하는 교지이다.

총괄하는 감영이 설치되었던 것은 아니다. 다만 5, 6품의 중앙 관리들이 안찰사라는 직함을 띠고 6개월간의 임기로 일도를 순력할 뿐이었다.

감영제는 고려 말에 처음 등장하였다. 창왕 즉위년(1388) 안찰사가 도관찰출척사(감사)로 개칭되어 2품 이상의 대신이 임용되기 시작하였고, 이어 공양왕 대에 임기도 1년으로 연장되었으며, 그 예하에 '경력사'라는 기구까지 설치되었다. '전라도선생안(감사 명단)'을 보면 창왕 즉위년에 부임한 최유경부터 도관찰사로 기록되어 있고 임기도 1년이었다. 이때부터 전라도에 군현의 상위기구로서 행정도제가 실시되었다.

전라감사(전라도관찰사)는 일도를 총괄하는 종2품의 관리로, 오늘날로 말하면 도지사에 해당한다. 조선시대 육조판서가 정2품이고, 그 아래 육조참판이 종2품이니 감사는 직급상으로는 참판급이다. 하지만 이는 직급상 그러할 뿐 감사는 일도의 장관으로서 행정·군사·사법을 총괄하는 막강한 권한의 소유자였다. 그래서 조선정부는 감사의 임기를 1년 또는 2년으로 짧게 하여 그 권력이 너무 커지는 것을 견제하였다. 감사직에 주로 문과 출신이 임용되었음은 물론이다.

전라감사 예하에는 도사(都事), 판관(判官), 중군(中軍), 심약(審藥), 검률(檢律) 등이 있었다. 이 외에 군관, 영리 등이 있으며, 시대에 따라 변화는 있지만, 1789년에 편찬된 『전라감영지』에 의하면 군관(軍官) 9명, 영리(營吏) 39명, 인리(人吏) 149명이었다.

도사(都事)는 관찰사의 수석보좌관으로 종5품관이었으며, 아감사(亞監司, 亞使)로서 한 도를 규찰하고 감사가 유고일 때는 감사직을 대행하였으며, 감사가 순력할 때에는 감사와 소관지역을 나누어 순찰하기도 하였다. 도의 장관인 감사의 수령관(首領官: '수석부관'이라는 뜻)으로 도사와 함께 경력(經歷, 종4품)이 있었는데, 경력은 조선 초에 혁파되었다『경상도선생안』에 의하면 경력은 세조 11년(1465)에 혁파되었음]. 경력이 있으면 도사를 두지 않는 등 둘을 함께 두지는 않았다.

판관은 종5품으로 엄밀한 의미에서 감영에 속한 것은 아니지만, 감사가 감영 소재 읍의 수령을 겸할 때 해당 읍의 수령직을 수행하였다. 즉, 전라감사가 전주부윤을 겸할 때 판관이 파견되어 실질적인 전주부윤 역할을 수행하였다.

감영의 중군은 순영중군(巡營中軍)으로 호칭되던 정3품 당상 무관으로서, 관찰사의 군사업무를 보좌하고, 관찰사의 직속부대인 순영속아병(巡營屬牙兵)을 지휘하였다. 심약과 검률은 종9품관으로 각각 법률과 의약 업무를 관장하였다. 영리와 인리는 감영의 행정실무를 담당한 이서(아전)들로 영리는 순력하는 관찰사를 수행하면서 군현 통치행정 수행을 보좌하고 군현에 대한 감독과 규찰을 담당하였던 외무(外務)였으며, 인리는 감영 자체를 꾸려가는 일을 담당하던 내무(內務)였다.

전라감사는 전주부윤(전주시장)과 직급이 같았다. 즉, 전주부윤도 전라감사처럼 종2품직이었다. 조선 전기에는 대체로 감사와 부윤이 따로 임명되었지만, 임진왜란 후에는 주로 겸직제로 운영되었다. 전라감사가 전주부윤을 겸할 경우 감사가 전주부의 실무들까지 일일이 다 챙겨볼 수 없으므로 감사를 대신해 전주판관이 전주부윤의 역할을 수행하였다.

감사 부임 시 가족 동반 여부도 겸직제와 관련이 있었다. 세종 때 전라감사가 전주부윤을 겸하면서 가족을 데리고 올 수 있었는데, 단종 때 겸직체제가 혁파되면서 가족을 데리고 부임하는 것도 폐지되었다. 그러다가 현종 11년(1670) 겸직체제가 되면서 다시 감사 가족을 데리고 부임할 수 있게 되었다.

전라감사의 전주부윤 겸직체제는 감사의 근무 형태와 관련이 있다고 할 수 있다. 조선 전기에는 감사가 도 전역을 순력하였으므로 현실적으로 전주부윤을 겸하기가 어려웠다. 하지만 조선 후기 들어 감사가 더 이상 순력하지 않고 감영에서 일도를 총괄하는 형태로 바뀌면서 겸직체제가 가능해졌다.

조선 후기 감영의 기구와 시설들이 확대되는 것도 감사의 근무 형태 변화와 직결되어 있었다. 감사가 감영에서 도정을 관장하고, 식구들까지 데려올 수 있었으므로 시설들이 늘어날 수밖에 없었다.

2. 전라감영의 건물구조

조선시대의 전주부성은 그 면적이 18만여 평으로 한강 이남에서 가장 큰 성이었다고 한다. 전주부성에는 오늘날의 전주시청인 전주부영만이 아니라 전라감영이 자리하였다. 객사를 중심으로 하여 풍남문 쪽으로 뻗은 대로 우편(서편)에 전라감영, 좌편(동편)에 전주부영이 자리했다.

전라감영이 위치했던 곳은 구 전북도청이 자리하였던 곳이다. 전라감영의 전체 면적은 1만 2천 평 정도 되었으며, 그 중심 건물은 감사의 집무처인 선화당(宣化堂)이다. 선화당이란 이름은 '선상덕이화하민(宣上德而化下民)', 즉 '임금이 덕을 베풂으로써 백성을 교화한다'

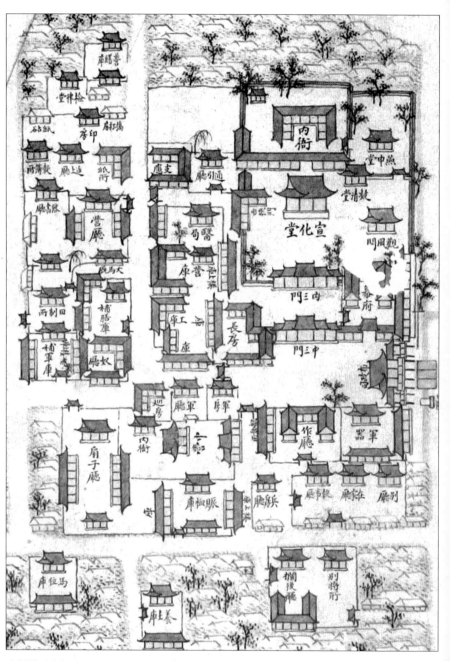

전라감영 완산십곡병풍도 | 19세기 | 국립전주박물관 소장

는 말에서 나왔다고 한다. 수령의 집무처인 동헌(東軒)과 달리 어느 도나 관찰사 집무청을 선화당이라 칭하고, 정청 중앙에 「宣化堂」이란 편액을 달았다. 반면에 군현 수령이 정무를 보는 정청은 '동헌'이라 하였는데, 동헌에 걸리는 편액 당호는 군현마다 달랐다.

선화당은 객사 다음으로 그 규모가 커 7칸 집에 건평이 78평이었다. 객사는 지방관들이 서울에 있는 임금에게 예를 올리는 곳으로, 지방의 궁궐로 인지되어 도시 공간배치의 중심점이 되었고, 규모도 가장 컸으며, 그다음으로 선화당이 컸다. 선화당은 조선 몰락 후 전북도청사로 활용되다가 1921년 선화당 앞에 새로 도청사가 건립되면서 그 기능을 넘겨주었으며, 1951년 화재 때 도청 본관과 함께 소실되었다. 현재 전라감영의 흔적으로는 선화당 주변에 있던 회화나무 한 그루가 구 도의회 건물 뒤편에 유일하게 남아 있다. 선화당은 사진으로만 남아 있다.

고지도를 통해 감영의 구조를 보면 감영의 정문 포정루는 남북대로변에 위치하였다. 현재의 구 도청과 완산경찰서가 있는 사거리쯤이다. 여기에 전라관찰사가 6개월마다 군현 수령들을 상·중·하로 고과를 평하여 사언절구로 요약해 걸어두었다고 한다. 현재 포정루 사진이 남아 있는데, 2층 누각으로 그 앞에는 하마비, 선정비 등이 세워져 있다.

선화당 뒤편에는 감사 가족들이 사는 내아(內衙), 우편에는 감영의 누각인 관풍각(觀風閣), 뒤편 서북쪽으로 비껴서 감사 심부름꾼 급사들의 대기소인 통인청(通人廳), 앞쪽으로 사령청(使令廳)과 비장청(裨將廳)이 있다. 내아 좌편에는 감사 처소인 연신당(燕申堂), 앞쪽으로 선화당과 내아 사이에 감사 가족을 돌보는 예방비장실(내아 사무실) 응청

전라감영 선화당 『옛 사진 속 전주, 전주사람들』(전주역사박물관, 2007)
전라감사의 집무실로 조선 멸망 후 도청 건물로 사용되다가 1951년 한국전쟁 때 전소되었다. 선화당 규모는 정면 7칸, 건평 78평으로 전주에서 객사(풍패지관) 다음으로 큰 건물이었다.

전라감영 회화나무
전라감영의 흔적으로 유일하게 남아 있는 회화나무(선비나무)이다.

당(凝清堂)이 딸려 있다.

도사(都事)의 집무처인 아영청(亞營廳), 즉 현도관(玄都館)은 전라감영 뒤편, 객사 중삼문 좌편에 있다. 아전들의 집무처인 작청(作廳)은 선화당 중삼문 앞, 포정루로 들어와 좌편에 있었다. 현재의 완산경찰서가 있는 곳이 작청 자리이다.

선화당 좌편 끝자락에는 약재를 다루는 심약당(審藥堂)과 법률을 다루는 검률당(檢律堂)이 있다. 그리고 그 밑으로 진상청(進上廳)이 있는데, 이를 둘러싸고 한지(韓紙)를 만드는 지소(紙所)와 책판을 관장하는 인출방(印出房)이 배치되어 있다. 더 아래(남쪽 방향)로 내려오면 진상할 부채를 만드는 선자청(扇子廳)이 매우 크게 자리하고 있다. 전주가 한지와 부채의 고장임은 감영의 구조에서도 확인된다.

3. 전라도지방의 군현 편제

전라도는 고려시대 전주목과 나주목이 합쳐져 도를 형성한 이래, 그 영역과 도명은 조선 건국 후에도 거의 변화가 없었다. 그러나 군현들은 조선 건국 후 대폭적인 개편이 단행되었다. 많은 군현들이 통폐합되고, 그 이름이 개칭되었다. 그리하여 조선 건국 후 전라도는 제주도 3개 군현을 포함한 총 57개 군현에 1부·3목·4도호부·12군·37현 체제로 확립되었다. 1600년(선조 33) 진원현이 장성부에 편입됨에 따라 조선 후기에는 전라도가 총 56개 군현으로 편제되었다.

1895년 전국이 23부제로 개편되었다가 1896년 13도제로 개편되면서 전라도는 전라북도와 전라남도로 나뉘었다. 제주도는 전라남

조선 후기 『속대전』에 등재된 전라도 군현(총 56개 군현)

부윤(종2품, 1원)	전주
목사(정3품, 4원)	나주 · 제주 · 광주 · 능주
부사(종3품, 7원)	남원 · 장흥 · 순천 · 담양 · 여산 · 장성 · 무주
군수(종4품, 11원)	보성 · 익산 · 고부 · 영암 · 영광 · 진도 · 낙안 · 순창 · 금산 · 진산 · 김제
현령(종5품, 5원)	창평 · 용담 · 임피 · 만경 · 금구
현감(종6품, 28원)	광양 · 용안 · 함열 · 부안 · 함평 · 강진 · 옥과 · 고산 · 태인 · 옥구 · 남평 · 흥덕 · 정읍 · 고창 · 무장 · 무안 · 구례 · 곡성 · 운봉 · 임실 · 장수 · 진안 · 동복 · 화순 · 흥양 · 해남 · 대정 · 정의

도에 편입되었으며, 광복 후에 전라남도에서 독립하였다. 조선시대에 전라도는 북도와 남도가 아니라 좌도와 우도로 구분되었다. 전라좌도는 동부 산악지역, 전라우도는 서부 해안평야지역이다. 좌 · 우도 구분은 편의상 나눈 것이고, 실제로 도가 둘로 나뉘었던 것은 아니다.

조선시대의 전라도 56개 군현을 현재의 행정도로 나누면, 전라북도 총 26개 군현(1부, 3도호부, 4군, 18현), 전라남도 총 25개 군현(3목, 4도호부, 5군, 13현), 제주도 3개 군현, 충청도 2개 군현이다. 충청도 2개 군현은 금산과 진산이다.

금산과 진산은 본래 전라도였다. 일제강점기에도 금산으로 통합되었을 뿐 여전히 전라도였다. 그러다가 1963년 금산은 충청남도에 편입되었다. 이때 전라북도 익산군 황화면도 충청남도에 편입되었다. 대신 위도가 전남 영광에서 전북 부안으로 편입되었다.

조선시대의 56개 군현을 전라 좌 · 우도로 나누면 우도가 35개 군현, 좌도가 21개 군현이다. 현재의 행정도로 나누면, 전라북도에 해당하는 지역이 전라우도에 18개 군현, 전라좌도에 8개 군현이다. 전라남도에 속하는 지역은 전라우도 12개 군현, 전라좌도 13개 군현이다. 이 외에 제주도 3개 군현과 충청도 2개 군현은 모두 전라우도에 속했다. 전라북도에는 서부평야지역인 전라우도에 속한 군현이 많다.

[참고문헌]

경상북도 · 경북대영남문화연구원, 『경상감영의 종합적 연구』, 2004.

김순석, 「『완영일록』 국역 연구」, 조선대 박사학위논문, 2015.

김태웅, 「조선후기 감영 재정체계의 성립과 변화」, 『역사교육』 89, 2004.

오영교, 『강원감영연구』, 원주시, 2007.

이동희, 「고지도로 본 조선후기 전주부성과 전라감영」, 『전북사학』 26, 2003.

_____, 『조선시대 전라도의 감사 · 수령명단 – 전북 편』, 전북대 전라문화연구소, 1995.

이수건, 『조선시대 지방행정사』, 민음사, 1989.

이희권 외, 『전라감영연구』, 전주역사박물관 · 전라문화연구소, 2008.

이희권 · 이동희 역주, 『전주부성 축성록』, 전주역사박물관, 2010.

이희권, 『조선후기 지방통치행정 연구』, 집문당, 1999.

전북향토문화연구소, 『전라감사』 상 · 중 · 하, 전라북도, 2006 · 2007 · 2008.

최삼룡, 「전라감사 이서구의 인물과 설화에 관한 연구」, 『전라문화논총』 4, 전북대 전라문화연구소, 1990.

최승범, 『전라감사 – 고려 · 조선시대의 지방사를 겸하여』, 전라일보사, 1990.

3장

진위가 불분명한 정여립 모반사건

이동희(전주역사박물관 관장)

정여립 사건은 임진왜란이 발발하기 3년 전인 선조 22년(1589) 전주 출신 정여립이 대동계를 조직하여 모반을 도모한 것으로, 3년여에 걸쳐 동인 1,000여 명을 희생시켰다. 이 사건은 선조 8년 동서분당 후 최대의 사건으로 민족사적 차원에서도 중차대했지만, 전라도 지역을 반역향으로 몰아 호남인사 차대 논란을 불러온 지역사 차원에서도 빼놓을 수 없는 중대한 사건이었다.

1. 정여립의 인물과 사상

정여립(鄭汝立)은 동래 정씨로 자는 인백(仁伯)이며, 명종 원년(1546) 첨정(僉正)을 지낸 정희증(鄭希曾)과 박찬(朴纘)의 딸 사이에서 태어났다. 그의 집안은 전주 남문 밖에서 세거하였으며, 정여립 당대에 처가가 있는 금구로 이주하여 살았다.

명종 22년(1567) 진사시에 합격하고, 이어 25세 되던 선조 3년(1570) 식년문과에 을과 2등으로 급제하였다. 율곡 이이의 각별한 후원과 총애를 받았으며, 1583년 예조좌랑이 되고 이듬해 당대 최고의 엘리트들이 가는 홍문관 수찬(정6품)이 되었다.

정여립은 본래 서인으로 율곡 이이를 추종하였으나, 율곡 사후 동인으로 돌아서서 율곡 이이를 비방하였다고 한다. 율곡을 아끼던 선조는 그러한 정여립을 미워하였고, 이에 여립은 관직을 버리고 고향 전주로 낙향하였다.

낙향 후 그는 진안 죽도(竹島)에 서실을 지어놓고('죽도선생'이라 불림), 대동계(大同契)를 조직하여 낙향의 시름을 달랬다. 비록 낙향하였지만, 당시 집권세력인 동인 사이에는 여전히 인망과 영향력이 있어서 관찰사나 수령이 다투어 그의 집을 찾는 등 특히 전라도 일대에서 그의 명망이 높았다.

정여립은 통솔력이 있고, 두뇌가 명석하였으며, 경서(經書)와 제자

진안 죽도 진안군 상전면
정여립이 낙향하여 서실을 짓고 활동했던 곳이자 역모로 몰려 죽은 곳이다.

백가(諸子百家)에 통달하였다. 뿐만 아니라 말솜씨도 뛰어나 한번 입을 열면 그 말의 옳고 그름을 떠나 좌석에 있는 자들이 탄복하지 않는 자들이 없었다고 한다. 15세 때 익산군수인 아버지를 따라가 아버지를 대신하여 일을 처리할 때에는 아전들이 아버지보다 더 무서워했다.

그런데 그의 기질을 논하는 문제에 있어서는 아주 잔인하고 혹독한 인물로 묘사되고 있다. 예컨대 여립이 7, 8세 되었을 때 참새를 찢어 죽였는데, 그 사실을 집안의 종이 여립의 아버지 희증에게 고하자, 여립이 밤에 몰래 들어가 그 종의 어린 아들을 죽였다는 것이다. 또 그는 성질이 횡포하여 형제들조차 여립과 상종하지 않았다든지, 양반댁의 청상과부를 강제로 범하여 첩으로 삼았다든지 등이 그런 것들이다.

이것들이 사실이라 한다면, 여립은 분명히 인륜을 저버린 극악한 인물이라고 할 수 있다. 그러나 과연 여립이 그러했을까? 당시의 가치체제하에서 이런 일은 상상하기 어려우며, 만약 그러했다면 예와 인륜을 중시하는 조선사회에서는 설 자리가 없었을 것이다. 이는 여립이 모반자로 몰리면서 덧붙여지고 왜곡된 것이 아닌가 한다.

그러나 여립이 남다른 기질과 사상을 가지고 있었던 것은 사실인 것 같다. 그 사상 전모를 알 수는 없지만, 다음과 같은 기록이 전하여 사상의 일단을 엿볼 수 있다. 그는 "천하는 공물로 주인이 따로 있는 것이 아니다."라고 하였으며, "두 임금을 섬기지 않는다는 것은 왕촉(王蠋)이 죽을 때 일시적으로 한 말이지 성현의 통론은 아니다."라고 하였다. 또 그는 맹자가 성현이라고 말한 유하혜(柳下惠)의 말을 인용하여 "누구를 섬겨도 임금이 아니겠는가?"라고 하였다.

그러기에 단재 신채호는 정여립을 지칭하여 400년 전에 군신강상론 (君臣綱常論)을 타파하려 한 인물이라 하였다.

2. 모반사건의 전모와 기축옥사의 전개

황해도관찰사 한준, 재령군수 박충간 등이 선조 22년(1589) 10월 2 일 전 홍문관 수찬 정여립이 한강의 결빙기를 이용해 황해도와 호남 에서 동시에 서울로 진격하려 한다고 고변하였다. 선조는 그날 밤 편전에 나가 중신들에게 여립의 위인 됨에 대하여 묻고 고변서를 내 놓았다. 이때 영의정 유전과 좌의정 이산해는 여립의 위인 됨을 알 수 없다고 했고, 우의정 정언신은 그가 독서하는 사람이라는 것밖에 는 알지 못한다고 하였다.

이에 조정에서는 선전관과 의금부도사를 황해도와 전라도에 각각 파견하였으나, 이보다 앞서 변숭복(邊崇福)이 금구로 달려와 여립에 게 이 사실을 알렸으며, 여립이 아들 옥남(玉男)과 함께 야음을 틈타 달아났다. 그리하여 다음날 의금부도사 유잠이 금구와 전주에 있는 여립의 양가를 엄습했으나 여립을 잡지 못하였다. 이때 여립은 진안 죽도에 숨었는데, 진안현감 민인백(閔仁伯)이 이를 발견하고 생포하 려 하자 자결하였다는 것이다. 정여립의 죽음으로 역모는 부정하지 못할 사실로 단정되었으며, 전라도와 황해도에서 수많은 인물이 역 도로 몰려 국문을 받고 죽음을 당하였다.

모반사건은 여기에서 그치지 않고, 서인들이 이를 재집권의 기회 로 이용하려 함에 따라 더욱 확대되어갔다. 정철을 중심으로 한 서인들은 집권세력인 동인들을 역모와 연루시켜나갔으며, 무고한 동인 숙청은 꼬리에 꼬리를 물고 일어났다. 단지 정여립과 서신을 한 통 주고받았거나 알고 지냈다는 것으로, 혹은 친척이라는 것이 화근이 되어 수많은 인물들이 억울한 죽음을 당하였다. 좌랑 김빙(金憑)이 안질로 눈물을 흘렸는데, 여립의 죽음을 슬퍼하여 눈물을 흘렸다 하여 장살된 사건은 당시 얼마나 많은 자들이 무고하게 희생되었는가를 짐작케 한다.

이때 억울하게 희생된 인물들 중에서 대표적인 명사 몇몇을 소개해보면 다음과 같다.

✽이발(李潑, 1544~1589)과 이길(李洁, 1547~1589) 형제

광주 이씨로, 그의 선대는 광주(光州)에 세거하였으며, 당대에 남평으로 이주하였다. 이 집안은 대대로 문과자를 배출하는 등 광주의 명문대가였다. 이발·이길 형제는 모두 문과에 급제하여 벼슬에 올랐으며, 이발은 이조전랑을 역임하고 부제학에 오르는 등 동인의 영수였다. 이발은 여립의 모반과는 무관하였지만, 여립을 대간(臺諫)에 천거하였고 친분이 있다는 것이 빌미가 되어 당시 위관으로 모반사건을 다스렸던 전라도 창평 출신의 서인 정철(鄭澈)에 의해 무참히 장살되었다. 그뿐 아니라 80여 세의 노모, 여덟 살 난 아들, 동생 길, 형 급(汲), 사위 홍세(洪稅) 등 일가족이 모두 몰살되었다.

✽정언신(鄭彦信, 1527~1591)

동래 정씨로 정여립과는 9촌간이며, 전주 출신이다. 사건 초 정언신이 우의정으로 위관이 되어 옥사를 다스렸으나, 고변 당시 정언신

이 "여립은 모반을 일으킬 만한 사람이 아니다. 오히려 고변자를 잡아다 문초해야 한다."고 했던 말이 화근이 되어 남해로 유배되었다. 뒤에 사사(賜死)의 명이 내려졌으나 원로대신을 사사한 일이 없다는 대신들의 간곡한 상소로 죽음을 면하고, 갑산에 유배되었다가 선조 24년 10월에 배소에서 죽었다. 이조참판인 그의 형 정언지(鄭彦智)도 이때 강계로 유배되었다.

＊백유양(白惟讓, 1530~1589) 부자

백유양은 수원 백씨로 문과에 급제하여 벼슬이 부제학에 올랐으며, 성품이 인자하고 당대에 명망이 두터웠다. 그의 아들 수민이 여립의 형인 여흥의 사위였던 것이 빌미가 되어 역옥이 일어나자 이들의 이름이 거론되었고, 정여립의 집에서 선조를 비난한 백유양의 편지가 발견됨에 따라 백유양과 그 아들 진민·홍민·득민·수민이 모두 장살되었다. 모두 역적으로 몰려 죽자 서얼이 와서 초상을 치렀는데, 이것이 문제가 되어 서얼 또한 장살되었다고 한다.

＊최영경(崔永慶, 1529~1590)

남명 조식의 제자로 지평(持平)을 역임했으며, 진주의 산림처사로 조야에 이름이 높았다. 모반 초 길삼봉(吉三峯)을 상장군으로 삼았다고 하였는데, 그 용모에 대해서는 역도들의 진술이 일치하지 않아 종잡을 수 없었다. 그러다가 정철 일파에 의해 최영경이 길삼봉으로 지목되었다. 최영경을 잡아다 문초했으나 모반의 흔적이 나타나지 않아 석방되었다가 재차 투옥되어 국문을 받다가 옥에서 의문의 죽음을 당하였다. 동생인 여경도 이때 국문을 받다가 장살되었다.

＊정개청(鄭介淸, 1529~1590)

본관이 고성으로, 그의 선대는 대대로 나주에서 살았으며, 그의 아버지 대에 무안으로 이주하였다. 예학과 성리학에 조예가 깊어 호남의 명유로 당대에 그 이름이 높았으며, 그의 문하에서 많은 제자들이 배출되었다. 정개청은 여립의 집터를 보아주었고, 절의를 배척하는 글을 지었다는 것으로 역모에 연루되어 그 문도들과 함께 경원으로 유배되어 배소에서 죽었다.

3. 모반사건의 진상

정여립의 모반사건으로 빚어진 서인의 동인 숙청에 대해서는 서인이 정권을 잡기 위해 일으킨 무옥(誣獄)이라는 점에 의견을 거의 같이하고 있다. 그러나 여립의 모반 자체에 대해서는 기록에 따라 상당한 차이를 보여주고 있다. 예컨대 서인 측의 기록인『선조수정실록』에서는 모반이 실재했던 것으로 되어 있는가 하면, 동인 측 기록인『동소만록(桐巢漫錄)』에서는 송익필(宋翼弼) 형제가 날조한 것으로 되어 있다. 지금도 이 사건을 보는 시각은 정여립이 선조에게 불만을 품고 모반을 꾀했다는 설과 서인이 집권세력인 동인을 타도하기 위해 날조한 당쟁의 산물이라는 설이 대립되어 있다.

어떤 쪽의 시각이든 정황을 통해 추정한 것일 뿐 분명한 근거를 제시하고 있지는 못하다. 사실 동인과 서인 측의 기록이 다르고, 모반의 장본인인 여립이 사건 초에 죽어 그의 진술을 들을 수 없는 마당에 진상을 명확히 밝히기란 지극히 어려운 일이다. 그렇지만 진상

규명의 핵심적 사안이라고 할 수 있는 정여립의 죽음과 대동계의 실체 문제를 추정해볼 때, 모반사건이 실재했다고 보기에는 의문이 많다.

모반을 인정하는 쪽에서는 여립이 진안 죽도로 숨었다가 진안현감 민인백이 잡으러 오자 자결하였다고 한다. 하지만 여립이 모반을 도모했고, 그 뒤에 대동계라는 막강한 군사집단이 실재했다면, 모반죄로 고변되었다는 것을 미리 알아 거사의 시간적 여유도 충분히 있었는데, 왜 단 한 번의 항거도 없이 죽도로 도망가 자결했겠는가라는 의문이 남는다. 이는 그에게 모반 의사가 없었기 때문이 아닌가 한다. 즉 서인이 모반사건을 날조하고, 성혼의 문인인 민인백을 시켜 진안 죽도에 있던 정여립을 타살하여 모반사건을 기정사실화한 것일 수 있다.

물론 그렇다고 하더라도 여립을 타살했다면 여립과 같이 있던 자들을 다 격살할 일이지 왜 여립의 아들 옥남을 살려두었냐는 의문이 남는다. 그렇지만 또 민인백이 일기에서 자세하게 그 상황을 기술하고 있다는 점에서 자결설을 주장하지만, 타살설을 주장한 『동소만록』이 동인의 기록이어서 믿을 수 없다는 것처럼 민인백의 기록도 그가 서인이라는 점에서 그것을 그대로 받아들이는 것은 타당하지 않다.

대동계의 실체 문제도 의문이다. 대동계에는 전주·금구·태인 등 이웃 고을의 무사들뿐 아니라 공사천의 노비들까지 포함되었으며, 매달 보름에 모여 활을 쏘고 술을 마시는 등 무술을 연마하였다고 한다. 그리하여 1587년 왜구가 전라도 손죽도에 침범하였을 때 당시 전주부윤 남언경의 요청에 응해 여립이 대동계를 동원하여 왜구를 물리쳤다는 것이다.

그러나 이것이 모반의 징험이 될 수는 없다. 당시 향촌에는 이런 상하합계(上下合契)들이 있었고 활을 쏘고 술을 마시고 즐기는 등의 향사례(鄕射禮)가 행해지고 있었다. 대동계는 그런 것의 일종으로 생각된다. 다만 그 세력이 왜구를 물리치는 데 동원될 정도로 강성했고, 그것이 결국은 모반의 오명을 뒤집어쓰는 결과를 빚은 것이 아닐까 한다.

다만 모반이 사실이 아니라고 해도 이런 날조가 이루어진 데는 여립이 체제에 불만을 가지고 있었고, 그 위세가 대단하였기 때문으로 생각된다. 즉 여립이 당시로서는 혁신적인 사상을 가졌고, 그런 새로운 세상을 이룰 수 있는 자질을 갖추고 있었던 것이 서인으로 하여금 모역을 조작하는 배경이 되었을 것으로 추정된다.

4. 정여립 관련 유적지

정여립이 남문 밖에 살았다고 하였는데, 그 집터로 추정되고 있는 곳이 상관면 색장동 파쏘이다. 신리역에서 전주로 가는 기찻길을 따라 얼마 안 가 색장동터널 입구 동편에 파쏘봉이 있고 그 아래 파쏘자리가 있다. 여립이 역모죄로 몰려 그 집자리를 파서 소를 만들었다는 것이다. 이곳이 여립의 집터로 추정되는 것은 '파쏘'라는 지명과 주민의 증언에 근거해서이다. 그런데 이 봉우리의 이름이 파쏘봉이 아니라 '파수를 본다'는 의미의 파수봉이라는 이야기도 있다.

김제시 금산면 청도리 동곡마을 제비산(帝妃山)은 그가 이주해 살

정여립 집터(추정) 전주시 상관면 월암리
파쏘봉 아래 터널 근처가 정여립의 집터로 추정되는 곳이다.

제비산 월명암에서 바라본 금평저수지 김제시 금산면 청도리 동곡마을
정여립은 처가를 따라 이주하여 제비산 자락에 살았다.

왔던 곳이다. 제비산은 모악산에서 뻗어 내려온 해발 약 300m의 산이다. 모반사건 당시 숯불로 제비산 집터의 혈맥을 끊었다고 한다. 그의 처가는 현 김제군 봉남면 화봉리 봉서동마을에 있었다. 그 집터에서 정상으로 200m 정도 올라가면 여립이 천일기도를 올려 용마(龍馬)를 얻었다는 치마바위가 있다.

김제시 금산면 쌍용리 용암마을 뒷산에 정여립 조상의 무덤이 있었다고 한다. 임금이 나올 수 있는 명당이라고 하여 모반사건 당시 묘를 파헤치고 숯불로 혈맥을 끊었다고 하는데, 그 흔적이 지금까지도 남아 있다. 무덤 앞에 사당이 있었다고 전하며, 그 터에 현재 쌍용사라는 절이 세워져 있다. 용암마을 앞 논 가운데는 여립이 천일기도 끝에 얻었다고 하는 용마의 무덤이 남아 있다.

용마무덤 김제시 금산면 쌍용리 용암마을
정여립의 말무덤이다.

그가 대동계를 조직해 활동했고, 역모로 몰려 자결했다는 죽도는 진안군 천반산 자락에 위치하고 있다. 죽도는 겨울에도 푸른 산죽이 많아서 '대섬'이라고 불렸으며, 물이 산을 휘돌아가 마치 섬 같은 형세이다. 천반산에는 여립이 군사를 훈련했다는 송판서굴이 있다.

[참고문헌]

고영진, 『호남사림의 학맥과 사상』, 혜안, 2007.

김동수, 「기축옥사와 호남사림」, 『기축옥사 재조명』, 선인, 2010.

김용덕, 「정여립연구」, 『한국학보』 4, 1976.

배동수, 「정여립연구」, 건국대 박사학위논문, 1999.

신복룡, 「정여립의 생애와 사상 – 호남 phobia를 읽는 도구로서」, 『한국정치학회보』 33-1, 1999.

신정일, 「정여립과 기축옥사의 발자취」, 『전주학연구』 3, 전주역사박물관, 2009.

역사문화교육연구소 편, 『기축옥사 재조명』, 선인, 2010.

우인수, 「정여립 모역사건의 진상과 기축옥사의 성격」, 『역사교육논집』 12, 대구역사교육학회, 1988.

유일지, 「선조조 기축옥사에 대한 고찰」, 『논문집』 2, 청구대학, 1959.

이동희, 「정여립 모반사건 이후 호남사림의 동향」, 『전주학연구』 3, 전주역사박물관, 2009.

이희권, 「정여립 모반사건에 대한 고찰」, 『창작과 비평』 10-3, 창작과 비평사, 1975.

_____, 「정여립 모반사건의 관련사료 검토」, 『전주학연구』 3, 전주역사박물관, 2009.

_____, 『정여립이여, 그대 정말 모반자였나』, 신아출판사, 2006.

이희환, 「선조대 정여립옥사와 정철」, 『대동사학』 4, 대동사학회, 2005.

최낙도, 「정여립사상연구」, 명지대 석사학위논문, 1998.

최순식, 「백제유민의 저항운동과 미륵신앙의 변천과정」, 『한국사상사학』 4 · 5 합집, 1993.

최영성, 「정여립의 생애와 사상」, 『전주학연구』 3, 전주역사박물관, 2009.

4장

임진왜란 때 수호된 전주성

하태규(전북대학교 교수)

1. 임란 초기 전황과 왜군의 호남 침공

임진왜란은 선조 25년(1592) 4월 13일 일본의 고니시 유키나가(小西行長)가 거느리는 침략군 1번대 1만 8,700명의 선봉대가 대소 전함 700여 척에 나누어 타고 대마도를 출발하여 조선을 침략함으로써 시작되었다. 고니시 유키나가는 다음날 4월 14일 정발(鄭撥)이 분전한 부산진을 점령하고, 4월 15일에는 송상현(宋象賢)이 지키던 동래성을 점령하였다. 이어서 4월 18일에는 가토 기요마사(加藤淸正)의 2만 2천과 구로다 나가마사(黑田長政)가 거느리는 1만 1천의 병력이 차례로 부산과 김해에 상륙하였다. 이후 5월에 이르기까지 약 20만에 가까운 왜군이 조선을 침공하였다. 왜군은 침공 초기 속전속결의 전략으로 좌로·중로·우로로 길을 나누어 조선의 서울을 향하여 북상하였다.

왜군 침공의 급보를 받은 조정에서는 이일(李鎰)을 순변사(巡邊使)로, 성응길(成應吉)을 좌방어사로, 조경(趙儆)을 우방어사로 임명하여 급히 영남으로 내려 보내고, 이어서 신립(申砬)을 도순변사(都巡邊使)

로 임명하여 왜군을 방어하도록 하였다. 그러나 이일은 4월 25일 상주전투에서 패배하고 문경을 거쳐 충주로 퇴각하였고, 4월 27일에는 탄금대에서 배수진을 치고 방어하던 도순변사 신립의 군대마저 무너져 충주가 함락되었다. 4월 29일 충주의 패보를 접한 선조는 4월 30일 서천을 단행하였고, 전란이 발발한 지 20일 만인 5월 3일에는 도성인 한양이 함락되었다.

한양을 점령한 뒤 임진강에서 잠시 휴식을 취하고 작전회의를 한 왜군은 군사를 나누어 함경도와 평안도로 북상하기 시작하였다. 이양원(李陽元)이 이끄는 군대가 한때 해유령에서 적을 포위 섬멸하기도 하였으나, 김명원(金命元) 등이 지키던 임진강 방어선마저 무너져 20일 왜군은 임진강을 건넜다. 왜군이 북진을 계속하여 6월 14일 대동강 왕성탄을 건너 평양에 무저항으로 입성하였다. 선조는 2주 전부터 평양 거수를 논의하다가 6월 11일 평양을 버리고 북행을 계속하여 26일에 의주에 다다르게 되었다.

한편, 북상을 계속하던 왜군이 5월 말부터 전라도에 눈을 돌리기 시작하였다. 전쟁이 장기화되면서 장수들의 불만이 높아지고 군수물자의 보급이 어려워지자, 왜군은 소모전을 지양하고 분할 지배 전략으로 전환하였다. 그리하여 점령지역을 각 장수에게 할당하여 직접 조세를 거두며 지배하도록 하고, 아직 점령하지 못한 지역은 장수를 배정하여 점령 지배하도록 하였다.

이때 전라도 침공을 맡은 왜장은 고바야카와 다카카게(小早川隆景)로, 구로다 나가마사의 후속부대로 조선에 쳐들어와 성주 · 선산 · 김산 등 여러 곳에 군사를 주둔케 한 다음 한성에 올라와 있었다. 그는 창원에 주둔하고 있던 부장 안코쿠지 에케이(安國寺惠瓊)로 하여금 별군을 지휘하고 전라도를 침략케 하였다. 안코쿠지 에케이는 전라 감사를 자칭하면서 남원을 거쳐 전주로 올라가려고 작정하고 의령으로 향하다가 의병장 곽재우(郭再祐)의 군사에 의해 진로를 저지당하였고, 다시 현풍에서 거창으로 공격해 들어오다가 의병장 김면(金沔)에 의하여 타격을 입고 성주로 퇴각하였다.

고바야카와 다카카게는 한성을 떠나 청주를 지나 남하한 다음 6월 중순경 황간과 순양을 거쳐 전라도로 향하였다. 이에 전라도에서는 방어사 곽영(郭嶸)은 금산에, 이계정(李繼鄭)은 육십령에, 장의현(張義賢)은 부항에, 김종례(金宗禮)는 동을거지에 진을 치고 방어하였다. 왜군은 6월 19일경 무주를 공격하고, 이어서 금산으로 공격해 들어오기 시작하였다.

금산에서는 금산군수 권종(權悰)과 방어사 곽영이 이를 막아 싸웠으나, 권종이 전사하고 곽영이 고산으로 철수함으로써 6월 23일 금산이 왜군에게 점령당하게 되었다. 금산을 점령한 왜군은 용담·진안을 친 다음 웅치(熊峙)를 넘어 전주로 들어가려고 하였다. 그리하여 6월 말에는 이미 용담과 진안이 적의 수중에 들어감으로써 호남 또한 풍전등화의 위기에 처하게 되었다.

2. 웅치(熊峙)·이치전투(梨峙戰鬪)와 전주성의 수성

왜군이 금산으로부터 진안을 점령하여 전주부성이 위협을 느끼자, 도사(都事) 최철견(崔鐵堅) 등 전주부의 관원들은 함께 경기전의 태조 영정과 전주사고의 실록 보존 방안을 강구하는 한편, 전 홍문관 전적 이정란(李廷鸞)을 전주 수성장으로 삼아 전주부성을 지키게 하였다.

그리고 광주목사 권율(權慄)을 도절제사로 삼아 영남과 호남의 경계를 지키게 하는 한편, 방어사 곽영, 동복현감 황진(黃進), 나주판관 이복남(李福男)과 김제군수 정담(鄭湛) 등으로 하여금 웅치와 이치의 험한 곳을 지키게 하였다. 그런데 7월 2일 왜적이 용담으로부터 장수 방면으로 향하게 되는데, 이때 전라감사 이광은 웅치를 지키고 있던 황진을 남원 경계로 옮겨 지키게 하였다.

그리하여 웅치에는 나주판관 이복남, 김제군수 정담 등이 남아 파수하게 되었는데, 그때 전 전주만호 황박(黃樸)도 의병 200명을 모아 웅치에 가서 복병하여 조력하였다. 그런데 7월 5일 진안으로부터 적병이 전주로 향하자, 감사 이광은 남원으로 파견하였던 황진으로 하여금 다시 웅치로 돌아와 막도록 하였다. 그러나 황진이 웅치로 돌아오기 전인 7월 8일에 왜군은 새벽부터 웅치 방면으로 대대적인 공격을 개시하였다. 이날 새벽 이복남 등의 호남 수비군은 결사적으로 싸워 선봉부대를 물리쳤으나, 정오 무렵부터 왜군이 전면적인 공격을 해오자 결사항전을 감행하여 오전오각(伍戰伍却)의 치열한 접전을 전개하였다.

그러나 저녁 무렵 마침내 힘이 다하여 화살이 떨어져 아군이 소란한 틈을 타 왜군은 다시 전면 공격을 가해왔다. 전세가 불리해지자 이복남과 황박 등은 후퇴하여 안덕원에 주둔하고, 웅치에서는 김제군수 정담 휘하의 장정들이 끝까지 사투를 전개하여 김제군수 정담을 위시한 종사관 이봉·강운 등 많은 장정들이 전사하고, 왜군이 웅치를 넘게 되었다. 이때 호남 방어군의 용맹에 감동한 적군은 전사한 아군의 시체를 모아 길가에 묻고 큰 무덤을 만들어 "조선국의 충성스런 넋을 조상한다(弔朝鮮國忠肝義膽)"라는 푯말을 세우고 지나 갔다고 한다.

웅치를 넘은 왜적은 아군이 무너진 틈을 타 7월 9일경 전주 부근 으로 진출하여왔다. 그러나 왜적은 전주부성을 감히 공격하지 못하 고 안덕원 너머에서 아군과 대치하게 되었다. 그들은 이미 웅치에서 큰 타격을 입고 주력부대가 무너짐으로써 전력이 상실된 잔여세력 에 불과하였기 때문이다.

왜군이 웅치를 넘어 전주부성에 다다르자, 전라감사 이광은 이정 란(李廷鸞)을 시켜 전주부의 군사를 거느리고 성을 지키게 하는 동시 에 자신은 각 읍 군졸을 거느리고 만경대 산정으로 올라가 진을 치 고 방어태세를 강화하였다. 그런데 부윤 권수가 7월 2일 병으로 죽

충경사 1993년 | 전주시 서학동 남고산성 자락
전주성을 수호한 이정란의 사당이다.

었기 때문에 전주 수성은 이정란을 중심으로 이루어지게 되었다. 이들이 낮에는 의병(疑兵)을 설치하여 기치(旗幟)를 가득 세우고, 밤에는 거화(炬火)를 늘어뜨려서 서로 응하고 병사를 엄하게 하여 수비태세를 갖추었기 때문에 웅치를 넘어온 왜군이 전주부성을 공격하지 못하였다고 한다.

왜군이 안덕원까지 들어와 전주를 위협하고 있을 때 6천의 호남 의병을 거느린 고경명(高敬命)이 호남을 침공하는 왜군의 근거지가 된 금산성을 공격하고 있었다. 고경명은 7월 9일 전라방어사 곽영의 관군과 연합하여 금산성 공격을 개시하였다. 그러나 10일 왜군의 역습을 받아 패하여 의병장 고경명, 종사관 유팽로(柳彭老)·안영(安瑛) 그리고 고경명의 차남인 고인후(高仁厚) 등이 전사하였다.

이와 같이 웅치를 넘은 왜군이 안덕원까지 진출하였으나 전주성을 점령하지 못한 상황에서 그들의 배후 근거지인 금산성이 호남 의병의 공격을 받고 있을 때, 감사 이광의 명으로 남원으로부터 군사를 이끌고 웅치로 가던 황진이 전주에 도착하여 안덕원 너머에서 왜군과 접전하였다. 안덕원에서 황진의 반격으로 밀린 왜군은 소양평으로 도주하기 시작하였고, 황진은 왜군을 대승리 골짝으로 밀어붙여 크게 무찔렀다. 이때 전주부성을 지키던 이정란도 안덕원 너머까지 나가 왜군을 무찌르는 데 가세하였다고 한다. 이 싸움을 '안덕원 싸움'이라고 하는데, 웅치전의 연장이라고 볼 수 있다. 이로서 임란 초기 극도의 위기상황 속에서 전주부성이 수호되어 호남이 일단 위기상황에서 벗어나게 되었다.

이 웅치전이 얼마나 중요한 전투였는가 하는 것은 당시의 인물들의 증언을 통해서도 알 수 있다. 행주대첩의 주장인 권율도 후일 그

웅치전적비 1979년 I 완주군 소양면 신촌리
웅치는 진안에서 전주로 들어오는 길목으로
비록 웅치전에서 조선군이 패했지만, 왜군
전력에 막대한 손실을 입혀 전주성을 보존할
수 있었다. 김제군수 정담을 비롯해 수많은
조선군들이 순절하였다.

창렬사 2012년 I 진안군 부귀면 세동마을
세동마을 인근의 웅치전 격전지로, 2012년 여기서 웅치전 영령을 모시는 사당을 건립하였다.

의 사위인 백사 이항복(李恒福)에게 "전란 중에 거둔 전공인 웅치의 공이 행주의 공보다 위"라고 말하였다고 전한다. 또한, 임란 당시 조정의 중추인물이었던 유성룡(柳成龍)은 『징비록(懲毖錄)』에서 이 싸움으로 인하여 전라도를 보전할 수 있었다고 평하였다. 뿐만 아니라, 일본인도 자신들이 전쟁 중에 가장 크게 패한 곳으로 웅치가 첫째라는 말을 했다고 한다. 그것은 이 전투로 인하여 전라도를 장악하지 못하였고, 결국 조선 정복에 실패하였기 때문이라고 생각된다. 따라서 웅치전투는 임란 초기 전황이 가장 어려운 상황에서 전라도로 침공해 들어오는 왜적을 막아 호남을 지킨 전투일 뿐만 아니라, 나아가 조선을 구한 전투라고 할 것이다.

안덕원에서 황진 등에 의해 격퇴당하고 금산성으로 물러난 왜군은 주변 지역에서 약탈행위를 계속하면서 진산을 공격하고 이치(梨峙)를 통하여 전주를 공격하려는 움직임을 보이고 있었다. 이에 전라도순찰사 이광은 남원 장수 지역에서 활동하던 광주목사 권율에게 군사를 나누어 진산 이치로 가서 동복현감 황진과 더불어 험한 곳에 복병을 설치하도록 하는 등 전라도 각지의 관군을 동원하여 금산 주변에 배치하고 왜군을 막고 나아가 금산성의 왜군을 공격할 준비를 갖추고 있었다.

이러한 상황에서 금산의 왜군이 동복현감 황진이 주둔하고 있던 이치를 공격해왔다. 이에 맞서 황진이 선두에서 편장(偏將) 위대기(魏大器)·공시억(孔時億) 등과 함께 필사적으로 싸웠으나 전투의 막판에 황진이 탄환을 맞고 쓰러지자, 도절제사인 광주목사 권율이 독전하여 마침내 왜군을 물리쳤다. 이치에서 패배한 왜군은 금산성으로 철수하고 마침내 전라도 침공을 단념하였다.

이치전적비 1993년 l 완주군 운주면 산북리

이치는 금산에서 전주성으로 들어오는 길목으로, 이치전에서 권율과 황진이 이끄는 조선군이 대승을 거두었다.
의병장 황박이 이 전투에서 순절하였다.

황진 장군 이치대첩비 1999년 l 완주군 운주면 산북리

이치대첩의 주역 황진 장군을 기리는 비이다. 황진 장군은 남원 출신으로 2차 진주성전투에서 순절하였다.

그런데 이치전투가 벌어진 시기에 대해서는 정확한 기록이 없다. 대체로 조경남(趙慶男)의 『난중잡록(亂中雜錄)』의 기록에 의하여 7월 10일 또는 7월 20일경에 있었던 것으로 이해하고 있지만, 오희문(吳希文)의 『쇄미록(鎖尾錄)』에는 8월 17일에 있었던 것으로 기록되어 있다.

이치전투는 임란 초기 전라도로 침공하는 왜군을 막아 호남을 지키는 데 또 하나의 결정적인 계기가 되었다. 백사 이항복은 권율의 이치 전공에 대하여 "적이 다시 호남을 엿보지 못하게 하고, 여기를 근본으로 삼아서 나라를 위하여 수년지간을 보장하게 하였으며, 동서로 비만(飛輓)하여 군수가 한 번도 부족됨이 없다."고 평가하였다. 또한 『선조수정실록』에 의하면 "왜적이 조선의 3대 전투를 일컬을 때 이치의 전투를 첫째로 쳤다."고 기록되어 있다.

따라서 이치전은 웅치에서 패퇴한 왜군과 금산에 잔류하고 있던 왜군이 합류하여 호남 지배를 위하여 재침한 것을 격퇴함으로써 앞에 있었던 웅치전투와 함께 임란 초기 호남을 방어하게 된 결정적인 계기가 된 전투이다.

3. 왜군의 금산성 철수와 호남 방어의 의의

이치전투에서 패퇴한 왜군은 금산성으로 철수한 후 더 이상의 호남 침공을 단념한 채 금산성 고수에 급급하고 있었다. 전날 고경명의 금산성 공격 때 금산성을 같이 공격하려다가 약속을 지키지 못하였던 의병장 조헌(趙憲)은 칠백 의사를 거느리고 8월 17일 금산성을 공격하다가 다음날인 18일 순절하였다.

이후에도 전라도의 관군과 금산에 주둔한 왜군 사이에 공방전이 계속되었다. 조헌과 함께 금산성을 치기로 하였다가 약속을 지키지 못한 해남현감 변응정(邊應井)이 열흘 뒤인 8월 27일 금산성을 공격하였으나, 왜군의 급습을 받아 변응정·어득준(魚得浚) 및 전봉사 황환(黃環), 의병장 소행진(蘇行進)과 전봉사 최호(崔湖) 등 다섯 장수가 전사하는 피해를 입었다.

이와 같이 6월 23일 왜군이 금산성에 들어온 이후 8월 말까지 극도로 불리한 전황 속에서도 호남이 버티어주고 있을 때, 조선의 관군이 대열을 정비하고 각지에서 의병이 일어나 전열을 가다듬을 수 있는 시간적 여유를 갖게 되었고, 이어서 명군이 움직이기 시작함으로써 9월 이후 점차 전황이 조선에 유리하게 되었다.

이에 왜군은 서울에 주둔하고 있던 주력부대를 제외하고 평안도로 북상하였던 병력을 경상도로 철수하게 되었다. 이에 금산의 왜군도 바로 그해 9월 17일 경상도로 철수하였다. 이로써 초기에 극도로 불리하던 상황에서 마지막 보루인 전라도를 공격하던 왜군은 호남 점령에 실패하여 물러나게 되었다. 물론 다음해인 1593년 6월 제2차 진주성전투의 고비가 또 한 번 있었지만, 마침내 전라도는 임란 5년 동안 적의 수중에 들어가지 않고 지켜지게 되었다.

이와 같이 임진왜란 초기 전라도에서는 왜군의 호남 침공에 대항하여 전 홍문관 전적 이정란의 전주부성 수성, 김제군수 정담·나주판관 이복남·의병장 황박 등의 웅치혈투, 그리고 동복현감 황진의 안덕원 승리, 호남 의병 고경명의 금산성 순절, 황진과 권율의 이치전투 승리, 금산성에 남아 있는 왜적에 대한 전라도 관군과 의병의 지속적인 공격과 압박 등이 어우러져 초기의 극도로 불리한 상황 속

호남절의록 1799년(정조 23) | 전주역사박물관 소장
임진왜란, 이괄의 난, 정묘호란, 병자호란, 이인좌의 난 때 활약한 호남지역 의병들의 행적을 수록한 문헌이다.

에도 전주부성과 호남을 지켜 국가의 보장으로 만들었다.

　이리하여 호남 곡창이 임진왜란 5년 동안 적의 수중에 들어가지 않음으로써 조선은 이곳을 발판으로 임란 극복의 인적 · 물적 자원을 확보할 수 있었다. 이러한 호남 방어가 있었기에 전라도는 임진 5년 전쟁을 승리로 이끌 수 있었던 중추적 구실을 할 수 있었다. 이순신의 "호남은 국가의 보장이니 만약 호남이 없으면 국가도 없다(湖南國家之保障 若無湖南是無國家)."라는 말도 여기에서 나온 것이다. 이러한 호남의 역할 때문에 정유재란 때에는 전라도가 왜군의 집중공격을 받아 유린당하는 참상을 겪기도 하였다.

[참고문헌]

金祥起, 「壬辰倭亂期 權慄의 梨峙大捷」, 『忠南史學』 12.

『宣祖實錄』, 『宣祖修正實錄』, 『亂中雜錄』, 『瑣尾錄』, 『懲毖錄』, 『湖南節義錄』, 『李忠武公全書』, 『浦渚集』, 『白沙集』

李炯錫, 『壬辰戰亂史』, 1976.

趙湲來, 「壬亂初期 두 차례의 금산전투와 그 戰略的 의의」, 『忠南史學』 12, 2000.

河泰奎, 「高敬命 湖南義兵의 性格과 錦山戰鬪의 意義」, 『神學과 社會』, 1995.

_____, 「'若無湖南 是無國家'와 전주」, 『전주학연구』 4, 2010.

_____, 「임란에 있어서 웅치전의 위상에 대하여」, 『전라문화논총』, 1990.

_____, 「임진왜란기 호남지역 의병운동의 추이」, 『전북사학』 32, 2008.

_____, 「임진왜란 초기 전라도 관군의 동향과 호남방어」, 『한일관계사연구』 26, 2007.

_____, 「임진왜란 초 호남지방의 실정과 관군의 동원실태」, 『지방사와 지방문화』 16-2, 2013.

『한국사』 29, 국사편찬위원회, 1995.

5장

『조선왕조실록』을 지켜라!
2천 리 여정

홍성덕(전주대학교 교수)

1. 역사를 지키는 첫걸음, 사고 관리

임진왜란이 일어났을 때, 전주사고에는 조선을 건국한 태조부터 명종까지의 실록을 포함하여 총 1,322책이 60개의 궤(실록 47궤, 기타 13궤)에 보관되어 있었다. 『조선왕조실록』은 물론 『고려사』·『고려사절요』 같은 국가의 주요 서적을 여러 곳에 나누어 보관한 것은 화재나 전란 같은 유사시에도 역사가 후대에 전해지기를 바라는 염원 때문이었다. 조선 정부는 국가 주요 사적을 보관하기 위해 서울 춘추관을 비롯하여 충주, 성주, 전주에 사고(史庫)를 설치하여 각기 동일한 사적을 보관하였다.

『태조실록』부터 『명종실록』까지 전주사고에 보관된 실록을 '전주사고본'이라 한다. 전주사고본 중 태조~태종 때까지의 실록은 필사본이며, 『세종실록』 이후에는 금속활자본이다. 이는 전주에 실록을 보관한 것이 춘추관이나 충주사고와 달리 1445년 이후로 1439년 사헌부가 충주사고는 민가들에 둘러싸여 있어 화재 등으로 소실

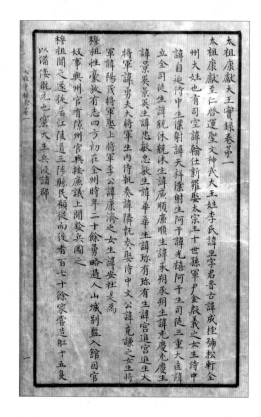

태조실록(전주사고본) 1445년(세종 27) | 서울대학교 규장각 소장 『태조실록』은 1413년(태종 13) 처음 편찬되었으며, 세종 대에 이르러 개수되었다.

될 우려가 있었으므로 성주와 전주에 외사고 건립을 요청하였기 때문이다. 1445년 실록이 전주에 봉안될 당시만 해도 전주사고가 건립되지는 않았다. 처음 봉안된 『태조실록』~『태종실록』은 전주 성내에 있는 승의사(僧義寺)에 보관되어 있다가 1464년 가을 전주객사 북쪽에 있는 진남루(鎭南樓)로 옮겨졌다. 1472년(성종 3) 『세조실록』과 『예종실록』이 완성됨에 따라 전주에 양성지(梁誠之)를 봉안사로 파견하였고, 이를 계기로 경기전 동편에 실록각을 건립하기에 이르렀다. 인근 포구의 선군(船軍) 300명이 역군으로 동원되어 그해 12월에 착

전주사고 1991년 복원 | 전주시 풍남동
경기전 동편에 위치하고 있으며, 1991년 복원하였다.

공한 뒤 이듬해 5월 공사를 마쳤다. 실록은 그로부터 3개월 뒤인 8월에 선대 실록과 함께 봉안되었다. 이후 선조 때 임진왜란이 일어날 때까지 각 왕대의 실록이 순차적으로 봉안되었다.

　실록을 제대로 보관한다는 것은 쉬운 일이 아니었다. 성주사고에서는 사고 누각 위에 날아든 산비둘기를 잡으려 불을 들고 그물을 치다가 불이 나 실록이 모두 전소되기도 하였다. 보존 관리의 효율성을 높이고, 원본성을 유지하기 위해 조선 정부는 3년마다 포쇄를 시행하여 실록의 묵은 먼지를 털어냄과 아울러 사고에 보존된 실록이 훼손되거나 없어지지 않았는지를 조사하여 기록으로 남겼다. 실록의 입 · 출입을 통제하고 사고 건물의 개 · 보수를 하는 등 사고 관리를 철저히 한 것은 국왕도 마음대로 열람할 수 없었던 실록의 역사적 위계 때문이었다.

역사를 지키려는 조선 정부의 노력이 이어지는 가운데 조선 역사를 수호함에 있어 절체절명의 위기가 닥쳤다. 도요토미 히데요시의 야망으로 시작된 임진왜란은 한순간 200여 년의 조선 역사와 고려 시대 역사까지 사라져버릴 수도 있는 위기의 전쟁이었다. 방방곡곡 네 곳에 나누어 보관하던 실록 중 전주사고에 보관한 실록을 제외한 세 곳의 실록이 일거에 소실되어버렸기 때문이다. 만일 전주사고 실록마저 없어져버렸다면 우리 역사에서 기억에 의존하는 시대가 수백 년은 상회했을 것이다.

2. 역사를 옮겨 수호하라 — 실록 이안(移案)

1592년 일본이 조선을 침략하여 파죽지세로 쳐올라오자, 경기전 참봉 오희길(吳希吉)은 전라감사 이광(李洸), 전주부윤 권수(權燧) 등과 함께 전주 경기전(慶基殿)에 모셔져 있던 태조 이성계의 어용(御容, 초상화)과 『조선왕조실록』을 옮길 대책을 논의하였다.

처음에는 충주사고·성주사고와 같이 땅에 묻으려 했으나, 방어사 곽영으로부터 경상도 금산현에서 잡힌 왜적에게 성주사고에서 약탈한 실록이 나왔다는 말을 듣고, 방법을 바꾸어 깊은 산중으로 옮기기로 하였다. 그리하여 참봉 오희길은 무사 김홍무(金弘武), 수복(守僕) 한춘(韓春)과 함께 밤낮으로 은닉처를 찾아다니다가 정읍 내장산으로 정하였다.

그해 6월 왜군이 전주로 통하는 관문인 금산을 점령하고, 이어 웅치와 이치에서 대접전을 전개하게 되자 전주성이 위험에 놓이게 되었다. 상황이 급박해지자 전라감사 이광은 실록과 어용을 은닉시키기로 하였다. 이에 태인의 선비 손홍록(孫弘祿)·안의(安義)가 가솔들을 데리고 경기전으로 급히 달려왔다. 당시 안의는 64세, 손홍록은 56세의 노구였다.

6월 하순경 경기전 참봉 오희길과 유인(柳訒), 안의, 손홍록, 김홍무, 한춘 등이 어용과 실록을 정읍 내장산 용굴암으로 옮겼고, 7월경 실록을 은적암(隱寂庵)을 거쳐 더 깊숙한 비래암(飛來庵)으로 옮겼다. 9월에는 어용을 비래암에 모셔 함께 지키었다.

내장산에서 수직 책임자는 오희길과 안의, 손홍록이었다. 이들과 함께 영은사(현 내장사) 승려 희묵(熙默)과 무사 김홍무 등 의병 100

내장산 용굴암 정읍시 내장동
임진왜란 때 전주사고본 실록을 내장산
용굴암, 은적암, 비래암에서 1년간
수호하였다.

여 명이 이를 지켰다. 실록과 태조어진이 용굴암, 은적암, 비래암으로 옮겨졌지만, 이를 지키는 관리들과 선비, 승려들은 실록과 어진을 최종 보관한 비래암뿐만 아니라 용굴암 등을 비롯한 주변에 흩어져 요새를 구축하고 혹시라도 쳐들어올지도 모르는 왜군을 경계하였다.

내장산에 실록이 임시 보관된 기간은 실록을 옮긴 1592년 6월 22일부터 1593년 7월 9일 아산으로 출발할 때까지 총 1년 18일 동안이었다. 실록과 어진을 지키는 일은 손홍록과 안의 등이 주로 담당하였다. 『수직상체일기』에 의하면 손홍록과 안의가 함께 수직한 날은 53일이었으며, 각각 홀로 지킨 것은 안의 174일, 손홍록 143일이었다. 두 사람이 내장산에서 실록을 지킨 날은 370일에 달한다.

한편, 경기전 참봉 오희길과 유인은 실록을 옮긴 후 전주를 오가면서 실록을 지켰다. 왜군이 웅치를 넘어 전주로 향하고 있었기 때문에 내장산의 수직을 손홍록과 안의에게 맡기고 전주를 왕래하면서 전라감사의 지휘를 받아 실록 보존을 위한 동향을 살피었던 듯하다. 오희길은 10월 28일 집으로 돌아갔으며, 그의 뒤를 이어 경기전 참봉이 된 유인은 11월 12일 내장산에 들어와 거처하였다. 실록과 어진을 보존하는 것은 왕실의 위엄을 지키는 일일 뿐 아니라 조선의 정체성을 보존하는 일이었기 때문에 중앙에서도 관심을 갖지 않을 수 없었다. 12월 20일 좌랑 신흠이 내장산 수직처를 방문하여 실록과 어진을 살펴보았으며, 1593년 5월 28일에는 봉교 조존성이 선릉(宣陵)과 정릉(靖陵) 두 능침(陵寢)을 개장할 때 필요한 지석(誌石)과 옥책(玉冊)을 등서하기 위해 실록 수직처에 내려와 실록을 열람하기도 하였다.

1593년(선조 26) 진주성이 함락된 후, 7월 9일 실록과 어용은 정읍 내장산에서 아산으로 옮겨졌다. 이때에도 안의와 손홍록은 식량과 말을 마련하여 수행하였다. 그 후 어용은 아산에 모셔두고, 실록은 다시 해주로 옮겼다. 1595년 실록은 다시 강화도로 옮겨졌으며, 어용 역시 강화도로 옮겨 모셨다. 안의는 이때 병을 얻어 집으로 돌아와 사망하였다. 1597년 실록과 어용은 안주를 거쳐 평안도 안변의 묘향산 보현사 별전으로 옮겨져 임진왜란이 끝날 때까지 보존되었다.

손홍록, 김홍무, 한춘, 사복(寺僕) 강수(姜守)·박야금(朴也金)·김순복(金順卜) 등은 전주에서 묘향산으로 실록과 어용이 옮겨지는 5~6년 기간 동안 줄곧 배행하였다. 실록은 임진왜란이 끝난 후 영변부 객사를 거쳐 1603년(선조 36) 강화도로 옮겨졌다.

3. 민이 이끌고 관이 받치는 거버넌스

실록을 지킬 수 있었던 것은 손홍록·안의 같은 선비들의 자발적인 참여와 왜적의 침입을 경계하면서 이안을 결정하고, 수시로 동향을 점검한 관리들의 노력이 맞물려 이루어낸 성과였다. 민관이 협력하여 역할을 분담한 노력의 결실이 역사를 지켜낸 것이다.

실록을 옮기고 1년 넘게 지키는 동안 필요한 경비 조달은 어떻게 하였을까? 자료 한계로 인해 자세한 내용은 알 수 없지만 손홍록과 안의는 전쟁이 일어나자 양곡과 재물 수집에 적극적으로 활동하여 백미 300석, 목화 400근, 가는 무명 1필, 흰 명주 1필, 장지 30권을 모으고 백미 2석 2두, 목화 100근을 출연하여 국왕이 있는 의주 행재소로 보내고, 고경명·최경회·민여운 등 의병장에게도 보냈다. 임진왜란이 일어나자 자발적으로 구국 활동을 전개한 것이다. 이들이 실록을 지키기 위해 달려온 것 역시 이러한 행동과 무관하지 않다. 실록과 어진을 옮기고 지키는 경비 역시 손홍록과 안의가 모은 의연금과 사재를 출연하여 충당하였을 것이며, 전라감영의 비용도 일부 사용되었을 것이다.

내장산으로 실록과 어진을 옮긴 뒤 지키는 것은 언제 닥칠지 모르는 왜군에 대한 경계였다. 비래암만 지키지 않고 그 주변에 요새처를 만들어 흩어져 경계한 것도 실록과 어진을 보관한 구체적인 장소를 드러내지 않도록 하는 것이었을 뿐 아니라 어느 곳에서 쳐들어올지 모르는 왜군에 대한 철통같은 태세를 갖추는 것이기도 하였다. 경기전 참봉이 전주를 왕래하면서 전라감사의 지휘를 받고, 왜적의 동향을 수시로 점검하여 유사시 실록과 어진을 다시 옮기거나 방어태세를 갖추려는 위기관리시스템이 구축되었던 것이다.

다음으로, 실록 보존은 전주 방어전투와 밀접한 관계를 맺고 있다. 임진왜란이 발발한 1592년 4월부터 정유재란이 일어난 1597년 7월까지 전국이 전쟁의 참화에 빠졌지만, 전라도는 왜침을 받지 않았기 때문에 내장산으로 피난한 실록이 안전하게 보존될 수 있는 계기가 조성되어 있었던 것이다. 1592년 7월 7일 웅치전투에서 승리를 거둔 왜장 안코쿠지 군대가 9일 안덕원을 지나 10일 전주성 동문 밖까지 다다른 전황을 생각한다면 실록의 안전은 바람 앞에 놓인 등불 같은 것이었다. 금산, 이치, 웅치전투에서 왜군의 승세를 계속 무디게 만든 조선 관군과 의병들의 분투에 이어 전주성을 철통같이 지킨 이정란 등의 노력이 없었다면 전주성은 함락되었을 것이고, 전라도 역시 왜적의 손에 들어갔을 것이다. 비록 내장산으로 피했다 해도 왜군이 전주성을 점령한 상황에서 실록과 어진의 안전을 확답하기 어려웠을 것이다.

4. 역사를 다시 보존하다 - 실록 복간

일본의 침략으로부터 지켜낸 『조선왕조실록』은 유일본이 되어버렸다. 조선에서는 전쟁기간 중에 필사하는 계획을 수립하는 등 필사적인 역사 수호에 나섰다. 그렇지만 그 양이 방대해서 필사본을 만들어 각 지역에 나누어 보관하는 것은 중대하고 힘든 일이었다.

당시 춘추관의 분석에 의하면, 총 577책의 글줄과 글자수를 계산할 때 글씨를 잘 쓰면서도 빨리 쓰는 사람이더라도 20명이 필사할 경우 한 달에 30책을 필사할 수 있으니 2년이 지나야 겨우 1질을 완성할 수 있다고 하였다. 그렇지만 다른 업무를 수행해야 하는 겸춘추로서는 2년에 1질을 끝내기 어려우며 3년은 걸릴 것이라는 계산이 나왔다. 결국, 실록을 필사하려는 계획을 중지하고, 신구활자를 보충해서 인쇄하는 것으로 결정되었다. 병조(兵曹)를 인출하는 곳으로 결정하고, 선조 36년 5월경에 실록을 묘향산에서 강화도로 옮기고 순차적으로 간행에 들어가 선조 36년 7월에 본격적으로 작업을 시작하였다. 선조 39년 4월 실록의 교정과 세보가 끝나게 되었다. 새롭게 제작된 『조선왕조실록』은 총 239책(13대 804권)이었다. 전주사고본이 576책인데, 이처럼 차이가 나는 이유는 새로 만드는 것은 4~5권을 1책으로 묶거나 2~3권을 1책으로 묶었기 때문이다.

조선 후기에는 전체 사고가 다섯 곳(춘추관, 정족산사고, 오대산사고, 태백산사고, 적상산사고)이었지만, 새로 간행된 『태조실록』~『명종실록』은 완성본 3부를 만들고, 거기에 교정본 1부를 더하여 전주사고본과 함께 다섯 곳의 사고에 각각 나누어 보관하였다. 전주사고본은 정족산사고에 보관되었으며, 이후 조선 후기에 편찬된 실록과 합하여 '정족산성사고본 실록'으로 불리고 있다. 현재는 서울대학교 규장각에 소장되어 있다.

조선 후기 실록을 복간한 400년 뒤인 2007년 전주시에서는 전주사고에 보관되어 있던 실록 614책을 포함해 태백산사고에 보관한 조선 후기 실록(선조~철종)의 복본화 사업을 추진하였다. 복본화 사업이란 내용 전달 중심의 영인(影印) 인쇄가 아니라 기록 종이 자체의 물성을 재현하고, 현대 첨단 인쇄기술을 접목하여 원본과의 동질성

전주사고 조선왕조실록 포쇄 재현
2013년 전주사고에서 전국 최초로 실록 포쇄를 재현하였다.

을 구현하는 것으로, 1606년 전주사고본을 복인(復印)하는 것과 같은 맥락의 사업이다. 『조선왕조실록』의 복본을 제작하는 이 사업이 완료되면 『조선왕조실록』 전체 복본이 실록을 지켜낸 전주에 보존되게 된다.

꽃 심 을 지 닌 땅, 전 주

제 **5** 편

근대 전주

1장

관민협치, 동학농민혁명과 전주

이병규(동학농민혁명기념재단 연구부장)

1. 들어가며

1894년 동학농민혁명은 한국근대사의 방향을 결정한 역사적 사건으로 그 의미가 대단히 크다. 동학농민혁명은 도도한 한국 역사의 흐름 속에서 아래로부터 촉발된 거대한 변혁운동이었다. 이러한 역사적 사건의 한가운데에 전주가 자리 잡고 있음을 우리는 너무 쉽게 간과하고 있다. 1894년이라는 시간 속 전주라는 공간 위에서 동학농민혁명이 어떻게 전개되었는지 그리고 이때 전주에 살았던 사람들은 동학농민혁명이라는 거대한 역사적 사건에 직면해서 어떻게 대응하고 어떤 활동을 전개했는지 자못 궁금하다.

2. 전주에 동학이 퍼지다

동학이 전라도에 전래된 것은 최제우가 전라도를 방문하면서부터이다. 동학은 창도 직후 경주를 중심으로 하여 경상도 일대로 확대되었다. 동학의 교세가 확장되자 곧바로 관과 지방 유생의 탄압이 시작되었다. 이에 최제우는 1861년 11월 경주를 떠나 남원으로 도피해와 1862년 3월까지 머물렀다. 이것이 동학과 전라도가 처음 접하게 된 계기다. 이 기간 동안 최제우는 전라도 진산, 금산 일대를 왕래하면서 동학을 전파하였고, 동학이 전주에 전래된 것도 이때이다.

이 당시 동학이 전주에 전해진 사실은 "1861년 최제우 대신사께서 포교를 위해 최중의 씨를 거느리고 남원으로부터 전주에 당도하여 풍속을 두루 둘러보신 후 포교를 시작하시다."(천도교 전주종리원 연혁)에서 확인된다. 그러나 동학을 체제를 위협하는 학문으로 지목한 조선 정부가 1863년 최제우를 체포하여 이듬해 3월 처형함에 따라 동학은 더 이상 전라도에서 확산되지 못하였다.

최제우가 처형된 후 동학교단의 실질적 지도자가 된 최시형은 정부의 탄압을 피해가면서 강원도 산간지역을 중심으로 동학 전파에 힘을 기울였다. 전라도의 경우는 "1884년 6월에 최시형 신사가 관으로부터 지목을 받아 익산 사자암에 은거할 때 여산사람 박치경의 주선으로 넉 달을 보냈다."(천도교회사 초고)는 기록에서 보듯이 주로 익산지방을 중심으로 포교가 이루어졌다. 그리고 1880년대 후반 들어 전주에 진출하였는데, 당시 기록들은 동학이 전주에 재차 전래된 사실을 다음과 같이 적고 있다. "1888년 1월에 최시형이 전주 서문 밖 박공일 집에 와서 기도식을 행할 때 각지 두령이 와서 참여했으며 교운을 크게 떨쳤다."(천도교 전주종리원 연혁), "1888년 1월에 최시형이 전주에서 기도식을 행하고 제자 십여 명과 함께 삼례리 이몽노 집에 갔다."(천도교회사 초고), "이병춘, 전주인 1887년 입도하다."(천도교 창건록), "1891년 5월 말 최시형이 부안군 김석윤의 집에 머물고 전주부 최찬규의 집을 거쳐 7월 초순에 돌아오다. 이때 전주의 접주 허내원, 서영도 등이 수행했다."(해월선생 문집)

위 기록들은 1880년대 후반 이래 전주에서 동학 교세가 급속도로 커져갔음을 보여준다. 여기에서 주목되는 것은 동학의 교세가 커져감에 따라 박공일, 이몽노, 허내원, 서영도 등 전주의 동학 지도자들이 등장하고 있다는 사실이다. 1880년대 후반부터 전주는 전라도 동학의 중심지역으로 성장하고 있었던 것이다.

3. 동학공인운동 삼례집회

1890년대 들어 동학교도가 급격하게 증가하였다. 이에 동학교단에서는 서장옥이 주도하여 동학공인운동, 즉 교조 최제우의 신원을 통해 조선정부로부터 공식적으로 동학을 인정받을 수 있는 교조신원운동을 전개하였다. 1892년 10월 충청도 공주에서 교조신원을 위한 공주집회가 개최되었다. 이들은 교조의 신원과 포교의 자유, 동학교도에 대한 침탈 금지 등을 요구하였다. 이어 11월 3일 동학교단 측에서는 전라감사에게도 교조의 신원과 포교의 자유를 요구하기 위하여 동학교도들을 삼례에 집결시켰다. 이때 동학교도들이 모인 장소가 바로 삼례역이었다. 10월 27일 동학교주 최시형은 동학교도들에게 삼례역으로 모이도록 명령하였다. 이에 따라 수천 명의 동학교도들이 삼례역에 모였다. 삼례집회에 모인 동학교도들은 공주집회 때와 유사한 요구를 한 후 교조의 신원과 포교의 자유에 대한 확답은 받을 수 없었지만, 교도들에 대한 부당한 침탈을 방지하겠다는 약속을 받고 물러났다.

동학지도부는 삼례집회의 성과를 높이 평가하면서 신원운동을 지속적으로 전개할 것, 최시형의 지시에 따를 것, 해산할 것 등을 지시하였다. 그러나 삼례에 모인 동학교도들은 이런 명령이 내려진 이후에도 완전히 해산하지 않았다. 그것은 11월 21일자 전라감사가 내린 공문에서 "동학교도들이 아직 고향으로 돌아가지 않고 있다."고 한 데서 알 수 있다. 삼례의 동학교도들은 관은 물론이고 교단의 해산 명령도 따르지 않은 가운데 복합상소 같은 적극적인 대책 수립을 요구하였던 것으로 보인다. 이 같은 강경한 움직임은 동학교단 내부에서도 새로운 흐름으로서, 동학 집회운동의 성격 변화를 예고하는 것이었다.

동학교단은 삼례집회에 이어 서울 광화문 복합상소운동, 보은집회를 전개하였다. 1893년 2월의 복합상소에는 서영도, 허내원, 이병춘, 최상진, 최대봉, 구창근, 유재봉, 박공일, 이몽노, 임상순, 장경화, 조석걸, 이창돈 등 수백 명의 전주 동학교도가 참여하였으며 이들은 전주대접주 남계천과 완산대접주 서영도의 인솔하에 3월에 열린 보은집회에도 참여하였다. 그리고 보은집회가 열리던 시기에 전라도 동학교인들이 전주 인근인 금구 원평에서 집회를 열었는데, 여기에는 더 많은 전주의 동학교도들이 참여했을 것으로 판단된다. 전주는 1890년대 초 동학교단이 전개한 동학공인운동의 중심지 역할을 한 곳이다. 그러나 보다 주목되는 것은 동학공인운동 과정에서 전주 일대 동학교도에 의해 강경한 움직임이 태동하였다는 점이다. 이들 세력은 동학교단 내부의 변화와는 별도로 전주를 기반으로 해서 뒷날 동학농민혁명 최고 지도자들이 되는 이들 간의 접촉이 이루

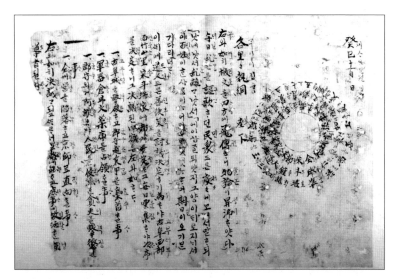

사발통문 1893년(고종 30) | 개인 소장

어졌다는 점이다. 이는 동학농민혁명 직전 전주라는 공간 위에서 거
대한 변혁의 흐름이 형성되고 있었음을 뜻한다.

4. 동학농민군, 전주성을 점령하다

1894년 3월 무장에서 일어난 농민군은 전라도 일대를 석권한 뒤
전주성 함락을 위해 북상하였다. 4월 25일 원평에서 숙영을 한 뒤 4
월 26일 삼천 일대에서 하루를 숙영하였다. 다음날 용머리고개를 거
쳐 전주성 공격에 나선 농민군은 서문, 북문, 남문을 공격하여 정오
무렵에는 전주성을 점령하였다. 농민군이 전주성을 점령한 다음날
경군을 이끌고 전주성에 도착한 초토사 홍계훈은 전주성 남쪽 완산

에 진을 치고 전주성 안을 향해 대포를 쏘아댔다. 이에 대응하여 농민군 수천 명이 서문과 남문을 열고 돌진해나왔다. 이때 풍남문으로 나온 농민군은 흰 천으로 휘장을 만들어 앞을 가리면서 공격하였다. 성내의 농민군도 보루 위에 올라가 일제히 관군을 공격하다가 저녁 무렵 성안으로 물러났다. 다음 기록은 농민군의 전주성 점령과정을 생생하게 보여준다.

4월 27일 사시(오전 9~11시)쯤에 총소리가 벼락처럼 일제히 하늘에 울렸고, 금방 깃발이 촘촘히 늘어서고 용머리고개 아래에서 완산 정상까지 무려 수만 명이 일자로 진을 이루었다. 북소리가 요란하고 일제히 함성을 울리며 바로 서문으로 향하여 성내 백성과 충돌하여 울부짖는 소리가 천지를 흔들었다. (중략) 그리하여 바쁜 걸음으로 경기전을 향하니 함성이 점점 커지고 탄알이 날고 포탄이 쏟아지는데, 가끔은 머리께로 떨어져 거리의 남녀가 모두 정신을 잃고 어지러이 성 아래로 뛰어내리고 있었다. 성을 지키던 수천 명은 이미 하나도 남아 있는 자가 없었다.

즉각 진전으로 들어가 수문장 이우상과 수복들과 더불어 권축의 묶인 끈을 풀고 궤 안에 봉안하고 붉은 노끈으로 밖을 쌌으나 너무 급하여 어찌할 바를 몰랐다. 수복들이 서로 부둥켜안고 울부짖는 소리가 경기전 안에 진동했다. 정신을 수습하고서 어진을 높이 들고 경기전 문밖으로 나갔는데, 수문장은 어깨에 메고 참봉은 옆구리에 끼었다. 동쪽 성문에 이르니 그때 성은 이미 함락되었다. 나가려 다투는 자로 어깨가 비벼지고 배가 눌리며 죽은 자는 서로 포개져 있고 좌우로 서로 부딪치며 숨쉬기도 어려웠다.

이 기록은 『경기전의(慶基殿儀)』의 「경기전 참봉 장교원 실록(갑오 6월 17일)」이다. 경기전 참봉 장교원이 동학농민군이 전주성을 점령하는 과정에서 경기전의 태조어진을 위봉산성으로 옮긴 내용을 정리한 것이다. 여기에는 동학농민군이 전주성을 점령하는 구체적 실상을 자세하게 표현하고 있으며, 태조어진을 위봉산성으로 옮기는 구체적인 상황을 매우 자세하게 기록하고 있다.

동학농민군은 전주성에 무혈입성하였고, 그사이 감사, 판관, 영장 등 전라감영의 관원들은 모두 동문 밖으로 도주하였다. 감사 김문현은 해진 옷과 짚신을 신고 피난민을 따라 나와 공주로 도주하였고, 판관 민영승은 도주하는 도중에 조경묘 참봉 장교원, 박봉래로부터 태조 이성계의 어진을 빼앗아 위봉사 대웅전에 모셨다. 영장 임태두 역시 민영승과 함께 위봉산성으로 도주하였다. 이 영정과 위패는 6

동학농민군 전주입성비 1991년 | 전주시 완산공원 내

월 16일 환안제가 집행되는 가운데 원래의 자리에 봉안되었다.

전주성에 들어선 전봉준은 4대문을 굳게 수비토록 하였다. 이로써 농민군은 조선왕조의 발상지이자 전라도의 수부인 전주성을 완전히 장악하였다. 이는 동학농민혁명 전 기간에 걸쳐 농민군 최대의 승리였으며, 조선 정부에 대한 전면적 저항을 의미하는 것이었다.

5. 농민군의 피로 물든 완산전투

홍계훈의 경군과 농민군은 4월 28일부터 5월 3일까지 전주성을 둘러싸고 거의 매일 크고 작은 전투를 벌였는데, 이를 '완산전투'라 한다. 하루 차이를 두고 농민군의 뒤를 쫓아온 경군은 28일 정오 무렵, 용머리고개를 넘어 완산에 진을 쳤다. 완산은 최고봉이 해발 186m밖에 안 되지만 전주성이 한눈에 내려다보이는 전략적 요충지였다. 이어 홍계훈은 건지산, 기린봉, 오목대, 황학대 등에 1,500여 명의 군사를 나누어 포진하여 길게 포위망을 형성하며 전주성을 에워쌌다. 전주성을 한눈에 내려다볼 수 있는 요충지를 방비하지 않은 것은 농민군의 전략적 실책으로 보인다. 완산전투의 첫 싸움에서 농민군은 패배하였다.

전주성을 둘러싼 농민군과 경군의 최대 격전은 5월 3일에 벌어졌다. 농민군은 이날 아침 10시경부터 서문과 북문으로부터 돌진하여 사마교와 부근 하류를 건너 유연대를 공격하였다. 농민군의 대대적인 공격을 받은 유연대 부근의 경군은 남쪽으로 달아났고, 농민군은 이를 추격하여 다가산을 점령한 후 다시 남진하여 용머리고개를 가로질러 경군 본영이 있는 곳까지 육박하였다. 그러나 농민군은 여기에서 경군 본영으로부터 대포 공격을 집중적으로 받아 용장 김순명, 동장사 이복용을 비롯한 200~500명에 이른 전사자를 내고 전주성 안으로 물러났다. 이때 전봉준은 왼쪽 허벅지에 총상을 입었으며 전투는 오후 6시경에야 막을 내렸다.

4월 28일부터 5월 3일까지 벌어진 완산전투에서 농민군은 커다란 손실을 입었다. 그리하여 농민군의 사기는 크게 꺾였다. 동요한 농민군 사이에서 "전봉준을 묶어서 홍계훈에게 바치고 목숨을 빌자."는 모의가 있었고 전봉준은 점괘를 쳐서 "3일 후 어느 시간을 지나면 좋은 소식이 있을 것이니 여러분은 동요하지 말라. 또한 여러분은 이미 내 말을 듣고 죽을 곳으로 들어왔는데, 어찌 다시 한 번 내 말을 듣고 조금 더 참지 못하는가?" 하며 가까스로 동요를 무마할 정도였다고 한다. 5월 3일 이후로 더 이상 전투는 벌어지지 않았다.

6. 전주화약과 폐정개혁안

완산전투의 결과, 농민군은 큰 위기에 처했다. 이 같은 상황에서 5월 4일 "너희들이 바라는 바를 들어주겠다."는 홍계훈의 격문이 전달되었다. 이에 전봉준은 홍계훈에게 소지를 보내 자신들이 봉기할 수밖에 없었던 당위성을 역설하고, 27개조의 폐정개혁 조목을 적어 중앙에 보고해줄 것을 요구하였다. 탐학한 관리의 제거와 부당한 세금징수의 원천적 철폐로 요약되는 농민군의 개혁 요구는 농민들이 봉기할 수밖에 없었던 이유를 적나라하게 보여준다. 농민군은 "해산

코자 하나 길에서 해를 당할까 두렵다."며 신변보장을 요구하였고, 홍계훈은 "해산하는 자에게는 물침표를 만들어준다."며 신변보장을 약속하였다. 5월 8일 아침 농민군은 전주성의 동 · 북문으로 나와 일부는 김제, 부안, 고부 쪽으로 일부는 금구, 태인 쪽으로 물러났다. 즉, 양측은 "농민군이 전주성을 철수하고 홍계훈은 농민군에 대한 신변보장과 폐정개혁안에 대한 문제를 상주한다."는 조건으로 타협을 맺었던 것이다. 이른바 '전주화약'이 이루어진 것이다. 이때 농민군이 요구한 내용 가운데 14개조가 전봉준 판결문에 있는데, 그 내용은 다음과 같다.

1) 전운소를 혁파할 것
2) 국결을 더하지 말 것
3) 보부상의 작폐를 금할 것
4) 도내 환전은 구 감사가 거두어갔으니 민간에 다시 징수하지 말 것
5) 대동미를 상납한 기간에 각 포구 잠상의 미곡 무역을 금할 것
6) 동포전은 매호 봄가을로 2냥씩 정할 것
7) 탐관오리를 아울러 파면시켜 내쫓을 것
8) 위로 임금을 가리고 관직을 팔아 국권을 조롱하는 자들을 아울러 축출할 것
9) 수령이 된 자는 해당 경내에 입장할 수 없으며, 또 논을 거래하지 말 것
10) 전세는 전례를 따를 것
11) 연호잡역을 줄여 없앨 것
12) 포구의 어염세는 혁파할 것

13) 보세와 궁답을 시행하지 말 것

14) 각 고을에 수령이 내려와 백성의 산지에 늑표하거나 투장하지
   말 것

7. 관민협치, 집강소의 총본부 전주대도소

일본군의 궁궐 점령이란 농민군의 전주성 철수, 즉 내정이 안정
되었다는 사실을 들어 조선 정부가 일본군의 철병을 요구하자, 군대
주둔의 명분이 옹색해진 일본이 조선의 내정개혁을 협박하던 끝에
비상수단으로서 궁궐을 점령한 사건을 말한다. 이 소식을 접한 전라
감사 김학진은 민족적 위기를 명분으로 삼아 농민군 지도부에 회담
을 제의하였고, 전봉준은 이를 수락하였다. 그리하여 전라감사 김학
진과 전봉준은 7월 6일 전주에서 회담을 가졌다. 이 회담에서 두 사
람은 관민상화의 원칙에 따라 정부와 농민군이 협력하여 전라도 내
의 안정과 치안질서를 바로잡기로 약속하고, 그 구체적인 실행방법
으로서 군현 단위로 집강소를 전면적으로 설치 · 운영하기로 합의하
였다. 곧 김학진은 농민군의 지배력을 합법적인 수준에서 인정했을
뿐 아니라, 일정한 치안권과 자치권을 전봉준에게 위임하여 이를 통
해 전라도 내 안정을 꾀하고자 하였다.

김학진과의 합의에 따라 전주성 내에 전라좌우도 대도소를 설치
한 전봉준은 송희옥을 도집강으로 임명하고, 각 군현에 글을 보내
회담 결과를 알려 "평민 침학을 금지하고 치안을 유지하라."고 지시
함과 동시에 군현 단위로 집강을 두도록 하였다. 전라도 일대에 집

강소가 전면적으로 설치·운영되기에 이르렀던 것이다. 이로써 전라도는 전주감영을 중심으로 한 행정체제가 있었지만 실질적으로는 전주대도소를 중심으로 한 농민군의 집강소체제가 중심적 역할을 하였다.

8. 삼례에서 시작된 동학농민혁명 2차 봉기

일본군의 경복궁 점령과 청일전쟁의 발발 등으로 국가적 위기가 고조되자 전봉준은 전라감사 김학진과 관민상화를 맺고 정국 동향과 청일전쟁의 추이를 예의주시하였다. 1894년 9월 초 대원군 측의 밀사와 접촉하여 정국 현황과 청일전쟁의 귀추에 대한 정보를 입수한 전봉준은 9월 10일경부터 제2차 기포를 준비하기 시작하였다. 재기포를 결심한 전봉준은 삼례에 대도소를 설치하고 기병 준비에 착수하였다. 이어 전봉준은 각 관아에도 재기병을 알리는 통문을 보내 군수품 조달에 협조할 것을 촉구하는 한편, 인근 지역의 관아를 직접 공격하여 무기를 탈취하기도 하였다. 반외세를 지향한 동학농민혁명 2차 봉기의 중심지 역시 삼례를 포함한 전주지역이었다.

9. 나오며

1894년이라는 시간과 전주라는 공간에서 이루어진 동학농민혁명은 전봉준과 동학농민군을 중심으로 설명된다. 그러나 '당시 전주에 살았던 사람들은 어떠했을까?'하는 관점에서 접근해볼 필요가 있다. 우리는 전주지역 접주였던 서영도라는 인물에 관심을 가져볼 수 있다. 그는 전주 지역민들의 추대에 의해 동학농민혁명에 참여하였다. 동학농민군이 전주성을 점령하고 있을 때 그는 외부세력인 농민군과 내부의 전주지역민 사이에 가교 역할을 했던 것으로 보인다. 서영도는 주로 농민군에게 필요한 물품을 전주 지역민들로부터 조달하는 역할을 하였다. 그러나 농민군이 물러나고 관군이 들어오자 서영도는 바로 체포되었다. 전주 지역민들이 풀어줄 것을 청원하였으나 끝내 풀려나지 못하고 1895년 3월 16일 남문 밖 곤지산 아래 강가에서 처형되었다. 동학농민혁명이라는 거대한 역사적 물줄기 속에서 서영도라는 인물은 전주라는 한 줄기를 부여잡고 그 역할에 충실했던 인물이었다. 우리는 서영도라는 인물을 통해 전주의 동학농민혁명을 다시 한 번 생각해볼 수 있을 것이다.

[참고문헌]

김은정 · 문경민 · 김원용, 『동학농민혁명 100년』, 나남출판, 1995.

신순철 · 이진영, 『실록 동학농민혁명사』, 서경출판사, 1998.

이진영, 「동학농민혁명과 전주」, 『전주의 역사와문화』, 전북전통문화연구소, 2004.

이희권 · 이동희 역주, 『국역 경기전의』, 전주시 · 전주역사박물관, 2008.

전주시 · 전주부사편찬위원회, 『국역 전주부사』, 2009.

전주시, 『전주시사』, 1997.

2장

천주교의 성지 전주

서종태(전주대학교 교수)

1. 천주교 수용과 박해

1) 천주교 수용과 신앙 공동체의 형성

전라도 지방에 천주교 신앙이 처음 전해진 것은 한국천주교회가 창설된 직후인 1784년(정조 8) 겨울이다. 전주 초남이(현 전북 완주군 이서면 남계리 초남마을)에 살던 유항검은 1784년 겨울에 경기도 양근의 권철신 집을 찾아가 그의 동생 권일신에게 교리를 배우고 그를 대부로 하여 이승훈에게 세례를 받았다.

유항검은 고향으로 돌아와 우선 가족, 친척, 친지, 집안의 많은 노비 등을 입교시켜 신앙 공동체를 형성하고, 이어 여러 지방에 산재해 있는 자신의 광활한 토지를 관리하던 마름, 소작인, 문전식객 등을 입교시켜 전주, 김제, 금구, 영광 등에 천주교를 널리 전파하였다. 그리하여 그는 전라도의 사도가 되고, 초남마을은 전라도 지방 신앙 공동체의 요람이 되었다.

윤지충을 통해서도 전라도에 천주교가 널리 전파되었다. 그는

1784년 겨울 서울에 갔다가 정약전에게서 『천주실의』와 『칠극』을 빌려와 깊이 연구한 뒤 부족한 교리를 정약전에게 배우고, 1787년 그를 대부로 하여 이승훈에게 세례를 받았다. 윤지충은 고향으로 돌아와 어머니 권씨 부인, 동생 윤지헌, 외사촌 권상연 등 가족과 친척들에게 복음을 전하였다. 이어 그의 명성을 듣고 무장(현 고창), 무안, 고산, 홍주(현 홍성) 등에서 찾아온 사람들에게 교리를 가르쳐 복음을 널리 전파하였다.

최여겸(마티아)도 전라도에 천주교를 널리 전파하는 데 크게 기여하였다. 무장에 살던 그는 유항검에게 교리를 배우고 1788년 세례를 받은 뒤 무장, 홍덕, 함평 등에 복음을 전하여 많은 사람들을 입교시켰다.

조선교회의 지도자들은 교우들의 신앙 지도와 효율적인 선교를 위해 1786년 봄에 교회의 교계제도를 본떠 가성직제도(假聖職制度)를 만들었는데, 이때 유항검은 신부로 임명되어 전주에서 고해성사와 미사성제를 집전하였다. 그러던 중 교회서적을 탐구하다가 가성직자들의 성사 집전이 독성죄(瀆聖罪)를 범한다는 사실을 발견하고, 1787년 봄에 이승훈에게 성사 집전을 중단토록 요구하고, 이어 밀사를 북경교회에 파견해서 선교사들의 지시를 받도록 강력히 촉구하였다.

조선교회의 지도자들은 유항검의 요청을 수용하여 1789년 10월 북경교회에 윤유일을 밀사로 파견하였다. 그러자 북경교회의 구베아 주교는 1790년 봄 귀국하는 윤유일에게 조선교회에 보내는 사목교서를 주어 윤유일이 가져왔다. 조선교회는 구베아 주교의 사목교서에서 지시한 성사에 참여할 수 있는 방법을 강구하기 위해 마침내

성직자의 영입을 추진하였는데, 유항검은 밀사를 파견하는 데 드는 비용을 지원하였다.

구베아 주교는 조선교회의 거듭된 요청에 따라 1794년 중국인 주문모 신부를 조선에 파견하여, 1795년 1월 주문모 신부가 서울에 도착하였다. 이때에도 유항검은 주문모 신부의 사택 구입비로 300냥을 내놓았다.

주문모 신부는 4월 5일 부활축일에 조선천주교 설립 이래 처음으로 감격적인 미사를 봉헌하였고, 이어 유항검의 초청으로 유관검과 이존창의 안내를 받아 고산 저구리(현 전북 완주군 운주면 저구리) 이존창의 집을 방문하여 여러 날 머물면서 성사를 집전하였다. 그런 다음 전주 초남이 유항검의 집을 방문하여 6, 7일 머물며 성사를 집전하고 강론을 하였다.

이때 어려서부터 동정생활을 마음속에 그려온 유항검의 장남 유중철이 주문모 신부에게 첫 영성체를 하였는데, 성체의 효과를 보존하고 믿음·희망·사랑의 삼덕 정신에 따라 동정을 지키기로 마음을 정하고 그러한 뜻을 주문모 신부에게 밝혔다. 그러자 주문모 신부는 부활대축일 전날 첫 영성체를 한 뒤 예수께 자신의 동정을 바치기로 결심한 이윤하의 딸 이순이와의 동정부부 혼배를 주선하여 두 사람은 오누이처럼 동정부부 신앙생활을 하였다.

1795년 5월 12일 신부를 영입하고 숨긴 죄목으로 윤유일·최인길·지황이 처형되자, 조선교회는 신교의 자유를 얻을 목적으로 북경주교에게 선교사를 태운 서양의 큰 선박을 조선에 파견해주도록 요청하는 계획을 추진하였다. 이 '대박청래운동(大舶請來運動)'은 주문모 신부의 요청에 따라 전라도 지방 신도들이 주축이 되어 1795년 8

월부터 1801년 신유박해 직전까지 꾸준히 추진하였는데, 유항검 · 유관검 형제와 윤지헌 등은 재정적 지원과 밀사 파견을 주도하였다.

2) 박해와 순교

윤유일이 가져온 구베아 주교의 사목교서 안에는 성사에 관한 내용뿐만 아니라 유교식 제사를 금지하는 내용도 들어 있었다. 이 때문에 보유론적 입장에서 천주교를 믿던 양반층 신자들이 대거 교회를 떠났다. 그러나 전라도의 유항검 · 윤지충 · 권상연 등은 구베아 주교의 사목교서를 충실히 따라 신주를 폐기하였다.

윤지충은 1791년 5월 어머니가 세상을 떠나자 8월에 장례를 치르면서 교회의 명령과 어머니의 유언에 따라 권상연과 함께 유교의 제사 의례를 거부하였다. 조정은 그들의 행위를 효를 반대한 패륜행위로 단정해 처벌하여, 두 사람 다 1791년 12월 8일 전주 남문 밖 현 전동 본당 터에서 참수형을 받아 한국교회 최초의 순교자가 되었다.

1800년 정조가 세상을 떠나고 순조가 11세의 어린 나이로 왕위에 오르자, 영조의 계비인 대왕대비 김씨가 수렴청정을 하면서 노론 벽파와 더불어 정치적 반대세력인 남인 시파와 노론 시파를 제거하고 정권을 장악하고자 1801년 1월 10일 신유박해를 단행하였다. 3월 말부터는 박해의 손길이 전라도에도 미쳐 전주 · 고산 · 금구 · 김제 · 무장 · 흥덕 · 함평 · 무안 · 영광 등에서 200여 명의 신자들이 체포되었다.

의금부에서 '대박청래운동'을 무력개교(武力開敎)의 음모로 몰아, 그 일을 주도한 유항검 · 윤지헌 등 5명이 역적죄로 전주 남문 밖 현 전동 본당 터에서 처형되었다. 이어 유항검의 노비인 김천애와 유항검의 가족인 이순이·유중철 등 모두 7명이 전주 숲정이와 옥에서 처형되었다. 전라도에서 체포된 200여 명 가운데 20여 명이 처형되고 42명이 귀양을 갔다.

1827년에 정해박해가 전라도 곡성에서 시작되어 2~4월에 장성·순창·임실·용담·금산·고산·전주로 번져 240여 명이 체포되어 전주 옥에 갇혔다. 이들 중 이경언 등 5명은 옥사하고, 신태보 등 5명은 13년 동안 옥살이 한 끝에 1839년 전주 장터에서 처형되었다.

1839년에 벽파인 풍양 조씨가 시파인 안동 김씨의 세도를 빼앗기 위해 일으킨 기해박해로 전라도에서 8월까지 진산·금산·용담·고산·광주에서 100여 명이 체포되어 전주 옥에 갇혔다. 이들 중 신요한 등 5명은 매맞아 죽고, 홍재영 등 4명은 전주 숲정이에서 처형되고, 심조이 등 2명은 옥사하고, 김조이 등 3명은 옥에서 처형되었다. 이 밖에 이춘화가 나주 옥에서 병사하고, 박바르바라와 어린 세 자녀가 고산 옥에서 화재가 일어나 불타 죽었다.

1866년 시작되어 여러 해 지속된 병인박해 때는 손선지·김사집·조윤호·남명희 등 17명이 전주 숲정이, 옥, 서천교, 초록바위에서 처형되거나 옥사하거나 매 맞아 죽었다. 이 밖에 여산에서 장윤경 등 24명이 처형되거나 옥사하거나 매맞아 죽고, 나주에서도 유문보 등 3명이 매맞아 죽었다.

2. 신앙의 자유 획득과 본당의 설정

1882년 5월 22일 조미수호통상조약의 체결로 서양인에 대한 치외법권과 최혜국 국민의 대우를 인정함에 따라 서양 오랑캐라 배척을 받아오던 서양인이 조선 정부의 보호를 받으며 이 땅에 공공연하게 활보할 수 있게 되었다. 이어 1866년 6월 4일 조불수호조약의 체결로 프랑스 선교사들은 호조(護照)를 지니고 전국을 여행하면서 선교할 수 있게 되었다.

또한 1899년 교민조약(敎民條約)의 체결로 비로소 신도들에게도 신앙의 자유가 인정되었을 뿐 아니라 천주교인이 더 이상 금수 취급을 받지 않고 조선 국민으로 인정받고 평민과 동등한 국민의 권리를 누릴 수 있게 되었다. 이어 1904년 선교조약(宣敎條約)의 체결로 프랑스 선교사가 한국 내지에서 토지와 가옥을 매입하고 또 건축할 수 있는 권리를 획득함으로써 성당 건설을 위한 토지를 구입하고 건축할 수 있게 되었다.

이러한 잇따른 조약 체결로 신앙의 자유를 누릴 수 있게 되자, 전라도 지역에 본당이 차례로 설립되었다. 1889년 봄에 전주 본당이 설립되어 보두네 신부가 부임하고, 같은 때에 금구 배재 본당(현 완주군 구이면 안덕리)이 설립되어 베르모렐 신부가 부임하였다가 라크루 신부가 새로 부임하여 1895년 10월 초 현재의 수류 본당 터를 매입하여 이사하였다. 1891년 고산 본당이 설립되어 우도 신부가 차독배기(白石) 공소로 부임하였다가 1893년 4월 22일 비에모 신부가 새로 부임하여 되재에 성당 신축 부지를 마련해 이사하였다. 또한 1900년에 진안 어은동 본당, 1903년에 정읍 신성리 본당 등이 설립되었다.

전주 본당의 설정은 교회 지도자들의 사목 행정방침에 의해 이루어진 것이 아니라 전주 지방 신도들의 열화와 같은 요청과 노력에 의해서였다. 전주 지방 교우들은 주교에게 본당 신부를 임명하면 신부의 거처를 마련해주겠다고 약속하였다.

그러나 당시 전주는 사회 분위기로 보아 전주 부중(府中)에 신부의 거처를 마련하기에는 아직 일렀다. 조불조약에 의하여 개항지가 아닌 지역에서는 선교사의 토지 매입이나 교회 건축이 금지되어 있었다. 게다가 전주 부중에는 교우가 한 사람도 없었다.

이에 완주군 소양면 대성동(일명 대승리)에 우선 숙소를 마련하였다. 보두네 신부가 거처할 숙소는 초라한 초가의 단칸방으로 누워서 발을 뻗기에도 불편하였다. 그곳이 집무실 겸 침실 겸 미사방이었다. 그러나 그는 신도들 가운데 살고 있다는 것만으로도 행복하였다.

전주 본당의 관할구역과 공소는 1889~1890년에 진안 14곳, 남원 2곳, 안위 1곳, 장수 5곳, 용담 4곳, 진산 6곳, 고산 19곳, 전주 1곳 등 52곳이었고, 1890~1891년에는 진안 14곳, 남원 3곳, 장수 5곳, 무주 1곳, 용담 3곳, 진산 6곳, 고산 26곳, 전주 2곳 등 60곳이었다.

보두네 신부는 본당을 전주 부중으로 옮길 계획을 세워 노력한 끝에 전주 남문 밖에 있는 구례 영저리(營邸吏) 집을 매입하여 마침내 1891년 6월 23일부터 전주 신앙 공동체가 그렇게도 고대하던 전주 부중에서 본당을 시작하였다. 영저리의 집은 'ㅁ' 자 집이었는데, 안방은 신부의 침실로, 맞은편 방은 개조하여 여자 교우청으로 사용하고, 방과 방 사이의 마루인 어간에는 제대를 설치하였다.

보두네 신부가 전주 부중에 정착하자, 보수적인 성향을 가진 사람들은 천주교에 대해 험한 욕설을 하는가 하면, 보두네 신부가 전주 주민들을 몰살하러 왔다는 등 허무맹랑한 비방을 일삼았다. 얼굴을 마주치며 살아가야 하는 주민들의 적대감도 견디기 어려웠다. 아직도 천주교는 으레 박해를 받아 마땅한 것으로 여기는 인습이 남아 있었고, 천주교를 서양 제국주의자들의 주구로 단정한 나머지 외세에 저항하는 배타성이 수그러들지 않고 있었다.

보두네 신부는 천주교에 대한 악성 소문을 잠재우는 방법으로 천주교가 어떠한 종교인지 알리는 것이 최상책이라 여겼다. 그래서 1892년 4월 초순에 여자들의 예비신자 교리 학습장으로 쓰이게 될 집을 한 채 구입하여 교리반을 시작하였다. 아울러 교리서적의 보급을 통하여 천주교를 알리는 문서선교도 펼쳤다. 이러한 노력이 결실을 맺어 전주 사회에서 인정받고 명망 있는 사람들이 상당수 입교함으로써 천주교를 바라보는 전주 사회의 인식이 달라졌다.

또한 보두네 신부는 연령회의 활동을 통해서도 전주 사회의 천주교에 대한 부정적인 인식을 바꾸어나갔다. 연령회 사업은 전주 지방에서 1891년경부터 전개되었는데, 교우의 장례식이라면 부유한 사람이건 가난한 사람이건 구분하지 않고 서로 합심해서 훌륭하게 장례를 치러주었다. 박해시기에 천주교가 유교식 제사를 거부한다며 천주교에 대해 좋지 못한 선입견을 가졌는데, 1893년 전주에서 처음으로 장엄한 천주교식 장례의식이 공공연하게 거행되었을 때, 죽은 이를 공경하고 정성껏 모시는 광경을 목격한 사람들은 천주교에 대한 편견을 바꾸었다.

신자들이 나날이 급증하여 전주성당이 너무 비좁게 되자, 보두네 신부는 1908년 아름답고 큰 성당 건축에 착수하였다. 그런데 보두네 신부와 전주 교우들은 성당 터를 물색하면서 오목대에 성당을 지으면 좋겠다고 의견을 모았다. 그러나 이 말이 밖으로 누설되어 관청과 지방민들 사이에 "이 대웅부(大雄府) 주룡(主龍)에 천주당을 짓는 것은 절대로 안 될 일이다."라고 하는 여론이 분분하였다. 그 뒤 이완용(李完用)이 관찰사로 왔을 때 그 기색을 알고서 오목대 당중(堂中)에 정각을 지었다.

1896년 12월 3일 전주에 사목 방문을 왔던 뮈텔 주교가 오목대에 올라가 보았는데, 전주 부중이 한눈에 내려다보이고 부중 어디에서나 볼 수 있는 곳이어서 위치로는 더할 나위 없었다. 그러나 뮈텔 주교는 "굳이 여기에 지을 것이 아니라 지금의 기지에 짓는 것이 좋겠다."라고 하여 오늘날의 전동성당 터에 성당을 지었는데, 그곳은 나중에 1791년 신해박해 때 윤지충과 권상연이, 1801년 신유박해 때 유항검, 윤지헌, 김유산 등이 순교한 터로 밝혀졌다.

보두네 신부는 17년 동안 매입한 5,000평의 대지에 교우들의 신공전(信功錢)과 자신이 근검절약한 돈 등으로 공사를 시작하였다. 설계는 명동성당 건축 공사를 감독했던 푸아넬 신부가 하였다. 성당 공사가 한창 진행되던 중인 1907년부터 일제의 신작로 신설에 따라 전주의 성벽을 철거하게 되자, 보두네 신부는 정부의 허가를 받아 1909년 7월 남문의 성벽 흙과 돌을 성전의 주초로 사용하였다. 공사 도중 자금난을 겪었으나 신자들의 헌신적인 협조에 힘입어 1914년 외형적인 완공을 보게 되었다. 그러나 아직 제대, 종각, 14처 등은 완전히 갖추지 못했는데, 보두네 신부가 1915년 5월 27일 선종하였다.

이에 라크루 신부가 2대 주임으로 부임하여 종각을 완공해 1915

（影絵堂拝禮主天州全）　堂拝禮敎主天州全（所名州全）
THE ROMAN CATHOLIC CHURCH AT ZENSHU

전동성당 사적 288호 ┃ 전주시 전동 ┃
전주역사박물관 소장 사진엽서
일제강점기 전동성당의 모습이다.

년 8월 24일 드망즈 주교의 주례로 종 축성식을 거행하고, 성당 내·
외부의 미화작업, 사제관 신축 등을 추진하여 본당의 면모를 갖추었
다. 이어 1931년 5월 10일 전라도 감목 대리구가 설정되면서 전주
본당 주임과 감목대리직을 겸임하게 된 3대 주임 김양홍 신부가 6월
18일 제대를 마련한 후 드망주 주교의 집전으로 성당과 제대, 사제
관 등의 봉헌식을 거행하였다.

　성당은 정면 중앙 종탑부와 양쪽 계단에 비잔틴풍의 총화형(葱華
形) 뾰족 돔을 올린 로마네스크 양식의 건물이다. 선교사들은 "이 성
당은 전국의 두 개 교구를 통틀어 지방에 있는 성당 중에 가장 아

름다운 성당이다."라고 기록하였고, 『전라도 전교약기』에는 "보두네 신부께서 성당 경영에게 노심초사하신고로 큰 성당이 준공되었는데, 그 장려하고 조밀한 제도는 조선에서 제일이라 하여도 과언이 아니다."라고 하였다. 성당과 사제관은 사적 제288호(1981.9.25.)와 문화재자료 제178호(2002.4.6.)로 지정되어 오늘날 전주를 대표하는 종교 건축물로 널리 사랑받고 있다.

1937년 전라도 감목 대리구가 전주교구로 승격되어 김양홍 신부가 초대 교구장에 임명되자 전주 본당은 전주교구의 주교좌 본당으로 승격되었다. 1957년 전주 지목구가 대목구로 승격되어 김현배 주교가 중앙 본당을 주교좌 본당으로 삼음에 따라 주교좌 본당이 중앙 본당으로 바뀌었지만, 이후에도 전동 본당(옛 전주 본당)은 교구의 중추적 역할을 계속하였다.

3. 교육활동

전라도 천주교회는 1889년부터 기초적인 교육을 위해 본당과 공소에 서당식 학교를 세워 신자와 비신자를 가리지 않고 교육의 기회를 제공하였다. 1890년부터 보두네 신부는 전주 부중에 학교 설립을 추진하여 1891년 개교하기로 하고, 이 학교에서 가르칠 한문, 양문(洋文), 산법(算法), 격치(格致), 화학(畵學) 등 교과목들까지 정하였다. 그러나 학교 설립 기금과 운영비를 남에게 맡겼다가 횡령당하여 수포로 돌아갔다.

전주 본당의 2대 주임인 라크루 신부는 1926년 문맹 퇴치와 교리 교육을 위해 어린이를 대상으로 성당 구내에 교리와 일반 학교의 교과목 중 일부를 가르치는 강습소를 시작하였다. 그 뒤 3대 주임인 김양홍 신부는 1930년 교우 어린이들의 교육을 목적으로 주야 강습소를 설립하였다. 또한 교리교육은 물론 일반 학교교육 과정을 교육하며 정식 교육기관을 설립할 채비를 하였는데, 교사를 신축하여 어느 정도 학교 규모를 갖추게 되자, 전주 본당에서는 1933년 해성보통학교 인가 신청서를 제출하였다. 하지만 인가를 받지 못하다가 1938년 해성심상소학교로 인가를 받아 개교하였고, 1941년 해성국민학교로 이름을 바꾸었다. 그러나 1945년 전시교육령에 의해 강제 폐교되고 '저금 관리소'로 징발당했다.

해방 후 전주 본당 청년회가 주축이 되어 1946년 성심여학원을 설립한 뒤 이를 발전시켜 1948년 성심여자중학교 설립 인가를 받아 개교하였고, 이어 1952년 성심여자고등학교 설립 인가를 받아 개교하였다. 1960년 숲정이 순교터에 성심여자중·고등학교와 남매격인 해성중학교 설립 인가를 받아 개교하였고, 이어 1962년 해성고등학교 설립 인가를 받아 1963년 개교하여 현재에 이르고 있다. 이들 학교는 하느님의 뜻에 따라 이웃을 사랑하고, 나라와 민족을 위하여 봉사하는 성실하고 실력 있는 인재를 양성하는 것을 교육 이념으로 삼고 있다.

4. 의료 활동

의료기관의 운영을 숙원사업으로 생각하던 김원배 교구장이

1948년 군산 비행장 미군종 하이트 신부의 도움으로 군산 비행장에서 약을 구하여 전동 본당 보좌신부 방을 개조한 뒤 샬트르 성바오로 수녀회 수녀들을 초빙해 시약소의 문을 열었다. 그 뒤 교황청의 보조와 대구 서병조의 도움으로 전동성당 앞 골목에 있는 평안의원을 매입하여 이전하였다. 그런 다음 1949년 '성모의원'으로 진료소 개설 인가를 받아 개원하였다. 병원은 유럽 각국의 무상 원조로 좋은 약을 사용하여 운영이 잘되었다.

해방 직후 어려운 시기와 한국전쟁의 비극을 겪으면서도 병원은 운영되었고 또한 성장하였으며, 나환자들도 진료를 받을 수 있도록 편의를 도모하였다. 1965년에는 오스트리아 부인회의 원조를 받아 병원 건물을 증설하여 5개과(내과·외과·소아과·산부인과·피부과)에 병상 16석, 병실 16실의 정식 병원으로 개설하였고, 1968년에는 병상 수 40석, 병실 수 32실로 증설하여 종합병원의 면모를 갖추었다. 그러나 늘어나는 적자로 1979년부터 병원을 축소 운영하다가 사회가 돌보지 않아 소외받는 병자들에게 적극적으로 사랑을 실천하는 특수 사목활동으로 방향을 전환하고자 1981년 폐원하였다.

5. 순교자들의 시복시성과 성지

조선시대에 전주는 전라도 지방 전체에 대한 경찰권·사법권 등을 행사하는 관찰사가 머무는 감영이 있던 곳이다. 이 때문에 1791년 신해박해부터 고종 때의 병인박해에 이르기까지 박해기 내내 많은 천주교도들이 전주로 붙잡혀 와 신문을 받고 순교하였다. 이와 같이 전주에서 순교한 천주교도들 가운데 1866년 병인박해 때 전주에서 순교한 손선지·한재권·조화서·이명서·정문호·정원지와 서천교에서 순교한 조윤호 7위는 1968년 10월 6일 시복되어 복자품에 오르고, 다시 1984년 5월 6일 시성되어 성인품에 올랐다.

이어 신해·신유·정해·기해박해 순교자들에 대한 시복시성을 추진하여 전주에서 신해박해 때 순교한 윤지충·권상연 2위, 신유박해 때 순교한 김천애·유항검·윤지헌·유중철·유문석·이순이·유중성 7위, 정해박해 때 순교한 이경언·이일언·신태보·이태권·정태봉·김대권 6위, 기해박해 때 순교한 김조이·심조이·이봉금·홍재영·최조이·이조이·오종례 7위 등 모두 22위가 2014년 시복되어 복자품에 오른 뒤 시성될 날을 기다리고 있다. 또한 신유박해 때 순교한 유항검의 부인 신희와 유관검의 부인 이육희가 2014년에 시복시성 대상자로 선정되어 시복시성될 날을 기다리고 있다.

아울러 순교자들의 순교 정신을 기리고 순례객들의 성지순례 편의를 도모하기 위하여 손선지·한재권 등 성인들과 이순이·이경언·홍재영 등 복자들이 순교한 전주 숲정이 순교 터와 윤지충·유항검 등 복자들이 순교한 남문 밖 현 전동성당 터를 성지로 가꾸었다. 조윤호 성인이 순교한 서천교 순교 터와 남종삼 성인의 아들 남명희와 홍봉주의 아들이 순교한 초록바위 순교 터에도 그들의 순교 정신을 기리는 기념물을 설치하고, 유항검 복자 일가의 순교자들이 살았던 초남이 생가 터도 그들의 자취를 더듬어보며 묵상할 수 있도록 가꾸었다.

또한 유항검 복자 일가 일곱 순교자 합장묘가 있는 치명자산도 성지로 조성하였다. 그들의 유해는 본래 초남이 근처의 재남리 바우배기에 모셔져 있었는데, 1914년 봄에 이 땅 주인이 이장을 요구함에 따라 발굴하여 4월 19일 치명자산 정상에 안장하였다. 이처럼 높은 곳에 모신 것은 그들의 거룩한 정신을 높이 받들고 땀 흘리며 순교적 체험을 하고자 한 것이다. 이들 성지 가운데 전주 숲정이 순교 터는 시도기념물 제71호(1984.9.20.)로, 치명자산의 유항검 복자 일가 일곱 순교자 합장묘는 시도기념물 제68호(1984.9.20.)로 지정되었다.

6. 사회복음화를 향한 발걸음

전주 남노송동에 교구청을 두고 있는 전주교구는 1937년 한국 최초 자치교구로 설정되어 성장을 거듭해오고 있다. 그 활동 중에서도 주목되는 것은 사회복음화의 발걸음이다. 전주 신앙 공동체는 처음 설립될 때부터 천주교를 단순히 미래의 영생만을 보장하는 종교가 아니라 사회 현실의 개혁을 이룰 수 있는 사회복음으로까지 생각하였다.

이러한 전통이 면면히 계승되어 전주 본당에서는 일제의 한글 말살정책에 저항해 청년들이 중심이 되어 한글 보급 운동에 앞장섰고, 1935년 서정수 신부는 조선어학회에서 간행한 「한글」 잡지 보급에 힘썼다. 1941년 나바위 본당 김영호 신부는 일제가 신사참배를 강요하며 교회의 성체 감실을 철거하고 가마다나(神朋)를 설치하도록 강요하자 이를 거부하고 강론 시간에 일제의 패망을 공공연하게 말하였다가 그와 본당 청년들이 옥고를 치렀다.

또한 1970년대 유신독재에 맞서 전주교구는 교구장을 구심점으로 모든 사제단이 일치하여 교회의 예언자적 사명에 온 힘을 기울여 반독재, 민주화, 사회정의 구현에 앞장섰다. 이러한 가운데 1976년 문정현 신부가 3.1절 명동기도회사건으로 옥고를 치렀고, 1978년 7월 6일 박종상(가브리엘) 신부가 경찰에게 구타를 당하고 유기되기도 하였다. 아울러 1980년 5.18 광주민주항쟁이 발생하자 5월 23일 교구의 정의평화위원회는 긴급회의를 소집하고 서울을 비롯한 전국에 광주 시민에 대한 학살 만행을 알리는 유인물을 보내고, 모든 도민에게 광주 학살 만행을 여러 가지 방법으로 폭로하였다.

1987년 6월 23일 교구 사제단 주최로 전동 본당에서 나라와 민주화를 위한 기도회를 거행하고 중앙 본당까지 촛불 행진을 펼쳤다. 또한 1988년 2월 24일 전동 본당에서 개최된 부정 조작 대통령 취임 반대 집회에서 21대 주임 이수현 신부와 김진화 보좌신부가 경찰들로부터 구타당하는 사건이 벌어지기도 하였으며, 같은 해 10월 10일에는 괴한에 의해 성전이 화염에 휩싸이는 수난을 당하였다. 지금도 정확한 화인은 밝혀지지 않았으나, 1980년대 중반 이후 전동 본당이 전북 지역에서 민주화 기지로서의 역할을 하고 민주화에 절대적 지지를 보낸 것과 무관하지 않다.

전주의 신앙 공동체는 이러한 사회복음화를 향한 발걸음을 멈추지 않고 오늘날도 계속 이어가고 있다.

7. 본당의 분립과 교세

1889년 봄에 설립된 이후로 전주지역의 사목을 담당해온 전동 본당은 해방 이후 교세가 확대됨에 따라 1947년에 비석거리 본당을 분리하여 신설하고 전주 본당의 이름을 전동 본당으로 바꾸었다. 비석거리 본당의 위치는 지금의 전주초등학교 앞 천변 쪽 방향이었다. 그 뒤 교세가 늘어나 비석거리성당이 비좁게 되자 본당을 대동으로 옮기고 명칭을 대동 본당으로 바꾼 뒤, 1956년 새로 성당을 건축하고 1957년 명칭을 다시 중앙 본당으로 바꾸어 주교좌 본당으로 삼았다.

이후에도 교세가 지속적으로 크게 늘어나 1964년 덕진 본당, 1965년 복자 본당, 1968년 노송동 본당, 1969년 서학동 본당, 1976년 숲정이 본당, 1978년 효자동 본당, 1984년 동산동 본당, 1985년 금암동 본당, 1987년 송천동 · 인후동 · 평화동 본당, 1988년 서신동 · 우전 본당, 1989년 용머리 · 호송동 본당, 1990년 화산동 본당, 1994년 삼천동 본당, 1999년 솔내 · 아중 본당, 2001년 서일 · 문정 본당, 2002년 우림 · 우아동 본당, 2003년 서곡 본당, 2007년 금산동 본당, 2008년 팔복동 본당, 2010년 효자4동 본당, 2012년 중산 · 호성만수 본당이 차례로 분리되어 설립되었다.

전주교구에서 조사한 통계에 의하면, 2014년 현재 전주지역에는 4개 지구에 총 31개의 본당이 있고, 총 신자 수는 10만 1,745명이다.

[참고문헌]

김진소, 『전주교구사』 I · II, 도서출판 빅벨, 1998.

_____, 「전주교구」, 『한국가톨릭대사전』 10, 2004.

서종태, 「순교 일번지로서의 전동성당」, 『한국 최초의 순교자』, 흐름출판사, 2010.

전병구, 「일제강점 이전 전라도 천주교의 교육현황과 활동」, 『전북사학』 46, 2015.

주명준, 「전라도의 천주교 수용 – 1784에서 1801년까지」, 『전북사학』 3, 1979.

_____, 『천주교의 전라도 전래』, 탐구당, 1998.

3장

전주에서 꽃핀 개신교

서종태(전주대학교 교수)

1. 전라도 지방과 개신교의 만남

1) 미국 남장로교 7인의 선교사

1885년 한국의 초대 선교사로 입국하여 활동하던 언더우드(H. G. Underwood, 元杜尤) 선교사는 1891년 안식년을 맞아 본국에 돌아가 미국 각 지역을 순회하며 한국 선교 보고에 여념이 없었다. 마침 1891년 9월 시카고에 있는 맥코믹신학교에서 한국 선교에 관한 강연회를 가졌는데, 이때 이 신학교의 테이트(L. B. Tate, 崔義德) 신학생이 큰 은혜를 받았다. 또한 1891년 10월에 테네시 주 내시빌에 모인 미국 신학생 해외선교회에서 언더우드 선교사와 벤더빌트대학 유학생인 윤치호의 한국 선교에 관한 강연을 들은 테이트와 리치몬드 유니온 신학교의 학생 존슨(C. Johnson), 레이놀즈(W. D. Raynolds, 李訥瑞), 전킨(W. M. Junkin, 全緯廉) 네 사람은 큰 감동을 받았다.

이때 테이트는 곧바로 선교사로 가기로 결심하고 남장로교 해외 선교부 실행위원회를 방문하여 한국 선교사로 나갈 것을 신청하였다. 그러나 실행위원회에서는 한국과 같이 전혀 알려지지 않은 나라에 파송할 만한 인적·물적 자원이 없다며 정중하게 거절하였다.

존슨과 레이놀즈는 절친한 친구로서 한국 선교에 관한 열정을 갖고 유니온신학교로 돌아왔다. 마침 존슨은 한국 역사에 관한 책 몇 권을 발견하고 절친한 친구인 전킨에게 소개하였다. 그 뒤 전킨·존슨·레이놀즈 세 명의 신학생은 한국 선교를 위해 헌신하기로 다짐하고 남장로교 해외 선교부 실행위원회에 찾아가 한국 선교사로 나갈 것을 신청하였다. 그러나 이들도 테이트와 같은 이유로 거절당하였다.

하지만 그들은 물러서지 않았다. 기숙사에서 문을 걸어 잠그고 한국 선교사로 나갈 수 있게 해달라고 하나님께 호소도 하고, 언더우드 선교사에게 가는 곳마다 한국 선교의 중요성을 역설해 달라고 요청하였다. 그러자 언더우드 선교사는 이들의 요구대로 가는 곳마다 사람들에게 한국 선교의 긴박성을 알렸다. 또한 이들 신학생들은 1892년 2월 선교 잡지인 『The Missionary』에 "왜 우리는 한국에 가기를 원하는가"라는 글을 발표하였다.

이러한 그들의 노력이 결실을 맺어 마침내 한국에 선교사로 나갈 수 있는 길이 열렸다. 원래 미국 남장로교에서는 그리스에 선교사를 파송할 계획이었는데, 그리스 정부가 이를 거절하자 한국 선교로 관심을 돌렸다. 또한 언더우드 선교사의 형인 언더우드 장로가 미국 북장로교 해외 선교부 실행위원으로 있으면서 한국 선교 파송의 어려움이 재정적인 데 있음을 알고 한국 선교를 위해 2,000달러를 헌금하고, 언더우드 선교사가 500달러를, 언더우드 동역자들이 500달러를 헌금하여 총 3,000달러를 한국 선교를 위한 기금으로 미국 남장로교에 전달하였다.

이렇게 인적 · 물적 자원이 모두 확보되자 미국 남장로교 해외 선교부에서는 테이트 · 레이놀즈 · 전킨 등 3명의 남자 선교사와 이미 동참하기로 결심하고 지원한 레이놀즈의 부인 볼링, 전킨의 부인 레이번(Mary Leyburn Junkin), 테이트의 여동생 매티 테이트(Mattie Samuel Tate), 데이비스(L. Davis) 등 4명의 여자 선교사를 파송하였다. 이 7명의 선교사를 '7인의 선발대'라고 일컫는다. 이 7인의 선발대 중 남자 선교사인 테이트, 레이놀즈, 전킨은 정규 신학교를 졸업한 후 목사안수를 받아 선교사로서의 모든 준비를 마쳤다.

7명의 선교사는 1892년 9월 7일 미국 남장로교 해외 선교부에서 마련한 한국 선교사 파송예배를 드렸다. 예배가 끝나자 테이트 남매와 데이비스 등 3명의 선교사들은 곧바로 출국하였다. 그러나 전킨 선교사가 후두염으로 입원하자 레이놀즈 부부와 전킨 부부는 그 후에 출국하였다.

먼저 출국했던 데이비스 일행은 일본 요코하마에 도착하였다. 이때 테이트 남매는 요코하마에서 기다렸다가 늦게 출국한 일행과 같이 한국에 오기로 하였다. 그리하여 데이비스 선교사 혼자서 1892년 10월 17일 먼저 인천항에 상륙하였다. 그 뒤 일행은 일본 요코하마에서 모두 만나 6명이 함께 1892년 11월 3일 인천항에 도착하였다.

2) 장로교 선교사공의회 조직과 선교정책 수립

서울에 도착한 남장로교 선교사들은 먼저 들어와 자리를 잡은 북장로교 선교사들의 도움으로 우선 그들과 함께 기거하였다. 그렇게 얼마 동안 더부살이하다가 독일 공사의 저택으로 사용되던 서대문 근처의 한식 기와집 한 채를 1,500달러에 구입해 개조하여 신혼부부인 레이놀즈 선교사 부부와 전킨 선교사 부부, 그리고 독신인 데이비스 선교사가 거처하였다. 또 그 집 울 안에 집 한 채를 따로 지어 테이트 선교사 남매가 함께 생활하였다.

이들 남장로교 선교사들이 입국한 다음해인 1893년 1월 28일 북장로교 선교사 빈턴(Dr. Vinton) 집에서 남·북장로교회 선교사들이 참석하여 장로교 선교사공의회를 조직하였다. 이 공의회의 설립 목적은 한국에서의 개신교 신경(信經)을 제정하는 일과 각 선교회가 교회를 각기 세우되 연합해 하나의 장로교회를 설립하는 일이었다.

이 공의회는 소속 선교회에 대해 치리권은 없고 권고권만 있으며, 장로회의 통상 규칙대로 노회가 조직될 때까지 전국 교회에 대해 치리업무를 담당하는 기구의 역할을 하게 되었다. 레이놀즈 목사는 이 회의에서 의장으로 선출되어 회의를 주재했는데, 여기서 한국 장로교회에 큰 영향을 미칠 두 개의 안건이 채택되었다.

첫째는 각 선교회가 선교사업의 중복과 지역의 이중점거 등 불필요한 경쟁을 피하고 능률적인 선교를 펼치기 위해 예양협정(禮讓協定, Commity Agreements)을 맺은 것이다. 이 협정으로 남장로교 선교회는 아직 선교사의 발길이 닿지 않은 호남 지방과 충청남도의 일부인 장항·서천·보령·부여 지방을 선교 구역으로 할당받았다. 남장로교와 호남의 인연은 여기서 시작되었다.

둘째는 먼저 한국에 진출한 북장로교 선교회에서 이미 정한 바 있는 한국에서의 선교정책을 더욱 보완해 연합된 장로교 선교사공의회로서의 선교정책을 수립했는데, 이 정책은 자치·자전·자립을 기본 바탕으로 삼았다. 그 10가지 선교정책을 요약하면 다음과 같다.

① 선교의 대상은 상류계층보다는 근로계층을 우선적으로 한다.

② 2세 교육은 부인들의 영향이 크므로 부녀전도와 소년들을 교육하는 데 주력한다.

③ 군소재지에 초등교육기관을 설립하고 교사 양성에 힘을 기울인다.

④ 장차 한국 교회의 목회자들은 이와 같은 교육기관에서 교육을 받은 사람 중에서 배출되도록 한다.

⑤ 사람을 변화시켜 회개하게 하는 것은 하느님의 말씀인 성경에 두어야 한다. 그러므로 좋은 성경 번역이 가장 긴요하다.

⑥ 모든 기독교 서적과 출판물은 한글을 전용해야 한다.

⑦ 발전적인 교회는 자립하는 교회이다. 자립하기 위해 선교사의 도움은 가급적 줄이고 헌금하는 교인이 늘어나도록 한다.

⑧ 한국의 대중은 한국 사람의 전도에 의해 믿게 되어야 한다. 그러므로 선교사들이 대중에게 설교하는 일보다는 한국인 전도자 양성에 힘을 기울여야 한다.

⑨ 의료 선교사들은 환자들과 오래 사귀고 친밀할 때 더욱 효과적인 전도를 할 수 있다. 즉 성경을 가르칠 기회도 얻게 된다. 의사는 모범이 되어야 하며, 환자의 마음에 감동을 주는 기회를 갖도록 한다. 의술적인 치료만으로는 전도의 효과를 얻기 어렵다.

⑩ 지방에서 입원해 장기간 치료받고 퇴원해 귀가한 환자들에게 그 주소지로 심방해 퇴원 후의 생활을 돌보며 병원에서 베푼 온정을 계속함으로써 전도의 아름다운 기회로 삼아야 한다.

이상의 선교정책들 중에서 새로이 보완된 점들은 선교의 대상을 상류계층이 아닌 노동계층에 둔 점, 부녀자와 청소년 교육을 중시한 점, 기독교 교육의 효과를 높이고 미래 교역자 양성을 위해 각 군마다 초등학교를 설립 운영토록 한 점, 성서의 조속한 번역, 모든 문서 사업을 순 한글로 사용토록 한 점, 의료 선교사들의 투철한 선교정신 발휘 요청 등이다.

2. 전주 선교부의 설치와 전주교회의 설립

서울에 머물면서 한국어를 배우던 남장로교 선교사들은 1893년 1월 선교 구역을 배정받자 당시 호남 지방의 중심지인 전주에 상설 선교부를 설치할 것을 계획하고, 우선 레이놀즈 선교사의 어학 교사이면서 조사(助使)였던 정해원을 전주에 파견하였다. 전주에 도착한 정해원은 6월에 성문 밖 완산칠봉 아래인 은송리(현 완산동)에 있는 초가집 한 채를 26달러를 주고 매입하였다.

아직 선교사들이 이주하지 않았지만, 정해원을 중심으로 전주교회가 출발하게 되었다. 정해원은 전주에 선교사들이 거주할 집을 준비하였을 뿐만 아니라 자신이 구원받은 귀한 사실을 모든 사람들에게 알기기 위해 전도하였으며, 그때 얻은 새 신자들을 모아놓고 예배를 드리기 시작하였다. 오늘날 서문교회는 바로 여기서 출발하였다.

남장로교 선교사들은 정해원이 준비해놓은 집과 선교 가능성을 확인하기 위하여 1893년 9월에 테이트와 전킨 선교사를 전주에 파견하였다. 테이트와 전킨 선교사는 전주에서 2주 동안 머물며 선교

가능성을 탐색한 뒤 서울로 돌아와 답사한 내용을 보고하자, 남장로교 선교회에서 전주에 선교사를 파송해 활동할 수 있다고 진단하였다.

다시 1893년 11월에 테이트 선교사가 전주에 내려와 2주간 머물며 어떻게 선교하고 정착할 것인가를 탐색한 뒤 서울로 돌아가 보고하자, 1894년 2월에 남장로교 제2차 선교사 월례회에서 테이트 선교사와 그의 여동생 매티 테이트 선교사를 전주에 상주시키기로 결정하였다. 이에 따라 그들 남매는 3월 19일 서울을 떠나 같은 달 24일 전주에 도착하였다.

테이트 선교사 남매는 은송리의 초가집에 머물면서 전도를 시작하였다. 매티 테이트 선교사는 전주에 온 최초의 서양 여성인 자신을 구경하려고 매일 수백 명씩 몰려온 여성들과 어린이들을 상대로 집안에서 전도하였다. 테이트 선교사는 조사를 대동하고 전주 시내까지 진출하여 전도했는데, 주일에 6명이 예배에 출석하게 되었다. 이때 그들은 구원의 확신이 있어서 세례를 요구하였지만, 테이트 선교사는 공부를 더 해야 한다며 세례를 미루었다.

그런데 1894년에 전주에서 그리 멀리 않은 고부에서 동학농민운동이 일어났다. 5월에 접어들어 서울의 미국 공사로부터 "선교사들은 서울로 돌아오라."는 내용의 전문이 오고, 또 5월 말을 기해 동학농민군이 전주를 향해 돌진해오자, 은송리에 계속 남아 전도하고자 하던 테이트 선교사 남매는 전주를 떠나 서울로 철수하였다. 이 일로 전주 선교는 일시 중단되었다.

동학농민운동이 진정되자, 1895년 2월 레이놀즈와 테이트 선교사가 전주에 내려와 상황을 점검하고 기존의 집보다 높은 곳의 초가

집 두 채를 매입하고 상경하였다. 그리고 그해 11월에 테이트 선교사 남매가 다시 전주로 내려와 상주하며 선교활동을 재개하였다. 그러나 지난날에 세례를 받겠다고 했던 사람들은 찾아볼 수 없었다. 하지만 두 선교사 남매는 낙심하지 않고 다시 전교에 힘을 쏟았다. 아울러 1896년 11월에는 해리슨(W. B. Harison, 河緯廉) 선교사가, 1897년 6월에는 성서번역위원으로 위촉되어 상경했던 레이놀즈 선교사가 전주에 도착하여 테이트 선교사 남매의 선교활동에 가담하였다.

이러한 테이트 선교사 남매의 선교활동이 결실을 맺어 새로운 신자가 생겨나기 시작하였다. 그러자 선교사 남매는 새로 생겨난 신자들에게 세례를 베풀기 위해 기독교의 기초 교리를 가르치고, 한글을 모르는 사람에게는 반드시 어학 교사를 통해 한글을 배우게 한 다음 세례를 받도록 하였다.

그동안 세례를 받기 위해 준비해온 6명 중 5명이 1897년 7월 17일 예배 시간에 참여하였는데, 레이놀즈 선교사는 설교 후에 세례 서약을 하고서 그들에게 역사적인 세례식을 거행하였다. 이때 세례를 받고 전주 최초의 세례 교인이 된 사람은 남자 2명과 여자 3명 등 모두 5명이었다. 이때부터 1893년에 구입했던 은송리의 집을 예배당으로 전용하면서 '전주교회'라고 불렀다.

그런데 1899년에 접어들어 당시 전라도 감사인 이완용(李完用)이 완산은 전주의 주산(主山)일 뿐 아니라 전주 이씨 시조 이한(李翰)의 발상지이고 중시조 이안사(李安社)의 본향이라는 이유로 은송리에 자리 잡고 있는 전주교회와 선교사 주택을 이전하도록 명령하였다. 이에 선교사들은 그 땅을 양보하고 1900년에 선교사들의 주택과 선교부를 화산(華山)으로 옮겼다. 그리고 예배당은 1905년에 전주 성문

밖 서문 쪽 780평의 땅을 구입하여 한식기와를 얹은 건평 57평의 벽
돌집을 신축하고, 이때부터 '전주서문밖교회'라고 불렀다. 현재 서
문교회가 자리하고 있는 전주시 완산구 다가동3가 123번지의 땅이
바로 그곳이다.

서문밖교회는 1905년 남문밖교회를 분립시켰고, 교인들이 계속
증가하여 1911년 예배당을 'ㄱ'자 모양으로 30평 증축하여 남녀 좌
석을 구분하였다. 1935년에는 연건평 230평의 현대식 2층 벽돌 건
물로 신축하였으며, 1955년에 교회 이름을 '전주서문교회'로 바꾸었
다. 또한 1971년에 교육관을 지하실과 지상 3층 연건평 320평의 규
모로 건축하여 1974년 완공하였고, 1981년에 예배당을 지하 1층 지
상 2층 연건평 790평의 규모로 다시 신축하였다. 아울러 1990년에
교회 설립 100주년을 맞아 교육관을 지하 1층 지상 5층 연건평 750
평의 규모로 신축하여 1992년에 완공한 뒤 '100주년 기념관'으로 명
명하였고, 1997년에 '100주년 기념탑'을 세웠으며, 1999년에 『전주
서문교회 100년사(1893~1993)』를 발간하였다.

3. 의료선교 활동

1896년 11월에 전주 선교에 합류한 해리슨 선교사는 의과대학에
서 1년간 의술을 수학한 일이 있었으므로 전주 서문 밖 은송리 테이
트 선교사의 사랑채에 약방을 차리고 중하지 않은 일반 환자들을 돌
보는 일을 시작하였다. 오늘날 전주예수병원은 바로 이 전주진료소
에서 출발하였다. 이렇게 시작한 의료선교 활동은 인심을 크게 얻어

예수병원과 선교사 사택 1898년경 | 예수병원 소장
사진 중앙의 한옥건물이 예수병원이고, 그 주변 건물은 선교사 사택이다.

전도에 많은 보탬을 주었다.

　이어 의과대학을 졸업한 여의사 잉골드(M. B. Ingold)가 1897년 11월
에 전주로 파송되어 전주진료소에 부임해 환자들을 돌보게 되자, 해
리슨 선교사는 잉골드에게 환자 진료를 맡기고 자신은 일반 선교 사
역에 전념하였다. 잉골드는 처음에 여성 환자만 치료하였는데, 여자
의사에게 진찰받기를 기피하던 남자들이 자기 아내의 치료를 위해
왔다가 자기 병도 진찰받기를 청원하므로 그들도 치료해주었다. 그
러자 차츰 다른 남자들도 찾아와서 치료를 받았고, 이 소문이 널리
퍼져 나가 많은 환자들이 전주병원을 찾았으며, 1899년에 전주병원
을 화산으로 옮긴 뒤에는 병원 일이 더욱 바빠졌다.

　잉골드의 진료를 받기 위해 양반 천민 할 것 없이 모든 남녀가 전
주병원 문전에 대기하고 있어야 했는데, 그녀는 진찰을 받기 위해

기다리는 외래 환자들이 무료한 시간을 보내지 않도록 한글로 된 전도지와 유아요리문답 등을 나누어주었다. 이러한 배려로 전도의 문이 점점 확장되었고, 전주교회는 교인이 매주 증가 일로에 있었다. 잉골드는 1905년에 테이트 선교사와 결혼한 뒤 남편과 더불어 농촌선교에 진력하는 한편 부녀자 성경교육에 힘을 기울였다. 이에 따라 포사이드(Wiley H. Forsythe, 保衛廉) 의사가 전주병원을 맡아 치료와 선교에 온힘을 쏟았다.

1907년부터는 독일인 버드만(Ferdinand Henry Birdman) 의사가 전주병원에 와서 1909년까지 진료를 담당하다가 함경도에 있는 미국인 광산부속병원으로 떠나자, 군산에 있던 다니엘(T. H. Daniel, 丹義烈) 의사가 1910년에 전주병원으로 옮겨와 병원과 진찰소를 벽돌집으로 확장 건축하고 밀려오는 환자 수천 명을 치료했다. 다니엘이 1916년 3월 서울 세브란스의학교 교수로 자리를 옮기자, 1915년 한국에 들어온 로버트슨(Moor Owen Robertson, 羅培孫) 의사가 1916년부터 1922년까지 전주병원에 부임하여 의료선교 활동을 펼쳤다.

그러나 1937년 중일전쟁이 일어나면서 일제가 기독교계 학교에 대해 본격적으로 신사참배를 강요하자, 신사참배를 정면으로 거부하고 1940년 스스로 문을 닫았다가 8.15광복을 계기로 1947년에 병원의 문을 다시 열어 오늘에 이르고 있다.

4. 교육선교 활동

1) 신흥학교

1900년 9월 9일 레이놀즈 선교사의 사랑채에서 해리슨 선교사가 김창국이라는 학생 1명을 대상으로 근대 교육을 시작한 것이 오늘날 전주 신흥중·고등학교의 출발이다. 해리슨 선교사가 교장을 맡고 그의 부인 데이비스 선교사 등이 교사로 활동하였으며, 1904년에는 해리슨 선교사의 사택으로 학교를 옮겼다. 그리고 1907년 3월에 교육 전문가인 니스벳(Rev. J. S. Nisbet) 선교사 부부가 파송되어오면서 전주 남학교는 학교다운 면모를 갖추는 새로운 전기를 맞게 되었다.

니스벳 선교사는 1908년 9월에 전주 남학교의 2대 교장으로 취임하여 학교의 이름을 '예수학교'에서 '신흥학교(新興學校)'로 바꾸었고, 1909년에 정부로부터 사립 신흥학교로 인가를 받았다. 그리고 같은 해 6월에 5년제 보통과 졸업생 5명을 배출하였다. 또한 같은 해 가을에 한국 교육 선교에 관심이 많은 후원자 그레이엄(C. E. Graham)이 1만 달러를 기부하자 그 돈으로 희현당서원(希顯堂書院)이 있던 자리에 벽돌 양옥 2층으로 80평의 건물을 완공하고 이때부터 4년제 고등과를 신설하여 학생을 모집해 가르쳤는데, 보통과와 고등과의 학생 수는 150명에 달하였다. 이어 1912년에 4년제 고등과 학생 12명이 최초로 졸업하였다.

그러나 1937년 중일전쟁이 일어나면서 일제가 기독교계 학교에 대해 본격적으로 신사참배를 강요하자, 신사참배를 정면으로 거부하고 같은 해 9월 자진 폐교하였다. 이때 보통과는 전주의 공립학교로, 고등과는 고창군에 있는 고창중학교로 편입시켰다. 이때까지 졸업생은 보통과 883명, 고등과 244명이었다.

8.15광복을 계기로 1946년에 학교의 문을 다시 열었으며, 1950년에 중학교 3년제, 고등학교 3년제로 분리하여 오늘에 이르고 있다. 개교 150주년인 2015년 2월 현재 총 2만 1,891명의 졸업생을 배출하였다.

2) 기전여학교

매티 테이트 선교사가 1900년 4월 화산의 자기 집에서 6명의 여자아이들을 모아놓고 근대 교육을 시작한 것이 오늘날 전주 기전중학교와 기전여자고등학교의 출발이다. 매티 테이트 선교사가 교장을 맡아 교육을 실시하다가 1904년에 전킨 선교사가 전주교회로 부임해온 이후 그의 부인이 제2대 교장으로 취임하여 교육을 담당하였다. 그리고 1907년 2월에 교육 전문가인 랭킨(N. Rankin, 엄언화) 여선교사가 파송되어오면서 전주여학교는 학교다운 면모를 갖추는 새로운 전기를 마련하게 되었다.

랭킨은 제3대 교장으로 취임하여 1909년에 고등과를 신설하여 중등교육을 실시하였다. 또한 전주 등지에서 헌신적으로 선교활동을 펼치다가 1908년 1월에 병으로 세상을 떠난 전킨 선교사를 기리기 위하여 학교 이름을 '전주여학교'에서 '전킨을 기념하는 여학교'라는 뜻의 '기전여학교(紀全女學校)'로 바꾸었다. 그리고 지금의 예수병원 자리에 2층짜리 서양식 붉은 벽돌 건물을 신축하여 1910년 10월 이전을 완료하였다.

1913년에 고등과 졸업생 6명을 처음으로 배출하였으며, 1919년 보통과와 고등과의 수업연한을 각각 4년으로 개편하였다. 1920년대에 이르러 학생 수가 점차 증가하면서 성장기에 접어들었다.

그러나 1937년 중일전쟁이 일어나면서 일제가 기독교계 학교에 대해 본격적으로 신사참배를 강요하자, 신사참배를 정면으로 거부하고 같은 해 10월 자진 폐교하였다. 이때 기전여학교 학생들을 전주여자고등보통학교로 편입시켰다.

8.15광복을 계기로 1946년에 학교의 문을 다시 열었으며, 1950년에 3년제 전주기전여자중학교와 3년제 전주기전여자고등학교로 분리하였다. 그리고 전주기전여자중학교는 2004년에, 전주기전여자고등학교는 2005년에 효자동 3가 393 서부신시가지로 이전하였는데, 이때 전주기전여자중학교는 교명을 '전주기전중학교(남녀공학)'로 바꾸었다.

4. 3.1운동과 신사참배 거부운동

1) 3.1운동

1919년 서울에서 시작된 3.1운동은 전국으로 번져 나갔다. 전라도 지방에서는 3월 6일 군산에서 처음 만세를 불렀고, 이어 전주에서 3월 13일 만세를 불렀다. 전주의 3.1운동을 주도한 인물은 신흥학교와 기전여학교를 오가면서 교사와 학생들에게 민족의식을 불어넣던 서문밖교회의 김인전 목사였다. 기전여고 출신이자 서문밖교회 출신인 임영신을 통해 독립선언문을 전달받은 김인전 목사는 동생 김가전과 서문밖교회 조사 이수현, 교회 청년교인 김종곤·윤건중·최종삼·신일용을 불러 전주의 독립만세운동을 준비토록 하였다. 그들은 김종곤의 집과 신흥학교의 지하실에서 독립선언문과 태극기를 은밀히 준비한 뒤 신흥학교의 교사와 학생들을 포섭하였다. 임영신도 서문밖교회의 이돈수 장로 댁에 머물며 동창들과 함께 만세운동의 준비를 도왔다.

독립만세를 부르기로 정한 3월 13일 낮 12시 20분경 신흥학교와 기전여학교의 학생들, 개신교회의 교인들, 천도교의 신도들, 장에 나왔던 일반시민 등 수백 명이 태극기를 흔들며 남문광장 이곳저곳에서 대한독립만세를 소리 높여 외쳤다. 다음날인 14일에도 만세시위는 계속되었다. 전날 참여하지 못한 기전여학교 학생들을 비롯하여 신흥학교 교사인 유병민·문병무 등이 학생들을 인솔하고 아침 일찍 완산동 용머리고개에 집결하여 서학동 전주교를 지나 남문에서 다가동 쪽으로 행진하며 만세시위를 계속하였다.

이때 교인들 중 신흥학교 교사 유병민·문병무·조종환·고경진 등과 신흥학교 학생 고형진·남궁현·김병학·김점쇠·이기곤·김경신 등이 옥고를 치렀다. 이들 중 김경신은 혹독한 고문으로 전주형무소에서 옥사하였고, 김병학·이기곤·김점쇠 등은 출감한 지 얼마 안 되어 고문의 후유증으로 병사하였다. 이 밖에 서문밖교회의 최종삼·김가전 등과 기전여학교 동창들도 처벌을 받았다. 그리고 김인전 목사는 신흥학교 교장 에버솔 선교사의 도움으로 예수병원에 은거해 있다가 중국 상해로 망명하여 독립운동에 투신하였다.

2) 신사참배 거부운동

1930년대에 들어와 일제가 대륙침략을 재개하면서 이를 뒷받침할 사상통일을 이룩하기 위해 기독교계 사립학교에까지 다시 신사참배를 강요하기 시작하였다. 특히 총독부가 1935년 11월 평양 기독교계 사립학교장 신사참배 거부사건을 계기로 신사에 참배하지 않을 경우 폐교시키는 강경책을 취하자, 남장로교 선교부는 "그리스도 신앙으로 양육한 학생들을 신사에 참배하게 하기보다는 학교를 폐교하자"는 강경한 방침을 세웠다. 그러자 미국 남장로교 선교본부는 일본 신사 문제에 대해 많은 연구를 해온 미국 남장로교 해외선교부 실행 총무인 풀턴 박사를 파송하여 실정을 조사해 대응하도록 하였다.

풀턴 총무는 1937년 2월 말경까지 한국에 체류하면서 남장로교 선교사들과 진지하게 논의하여 전원 합의로 "한국 선교부가 학교를 폐쇄할 적절한 조치를 취할 것을 지시한다.", "새학기 신입반의 신입학생을 받지 말 것을 선교부에 명령한다.", "그동안 우리 학교가 계속적으로 표명해온 기독교적 태도에 대한 당국의 변형 요구가 있을 경우에 우리는 당국에 항복하거나 더 이상 지체하지 않고 학교를 폐쇄할 것을 명령한다." 등의 입장을 선언하였다. 이러한 강경 입장이 선언된 지 얼마 안 되어 중일전쟁이 일어나면서, 당국이 기독교계 학교에 대해 본격적으로 신사참배를 강요하기 시작하자, 남장로교 선교부의 학교들은 잇따라 신사참배를 정면으로 거부하면서 자진 폐교하였다.

전주의 신흥학교와 기전여학교도 다른 선택의 여지가 없었다.

1937년 9월 6일 학생들이 등교하자마자 일본 경찰이 전교생을 이끌고 다가산 위에 있는 일본 신사로 올라가려고 하는 것을 린턴 교장이 불허하자, 일본 경찰이 "학생들은 황국신민이다. 어찌 미국인인 당신이 학생들의 황국신민의 의무 이행을 막을 수 있느냐?"라고 다그치며 억지로 학생들을 끌고 갔다. 신사 앞에 끌려간 학생들은 신사에 대한 경례의 구령이 떨어졌는데도 허리를 굽히지 않고 지켜만 보고 있었다. 일본 경찰이 다시 경례를 호령하자 신흥학교 학생들은 경례를 묵살하고 퇴장하였고, 기전여학교 학생들은 땅에 주저앉아 울어버렸다. 이 때문에 신사참배는 엉망이 되었다. 결국 두 학교 모두 1937년 9월 22일 자진 폐교하고 말았다.

5. 개신교의 교세

전주 개신교의 모교회인 서문밖교회는 나날이 교세가 확장되어 감에 따라 1905년 남문밖교회, 1907년 중인교회, 1926년 완산교회, 1928년 용흥리(태평리)교회, 1929년 고사정(중앙)교회, 1933년 동부교회와 전룡리(서신동)교회, 1944년 금암교회, 1949년 화산교회와 중산교회, 1950년 태평교회, 1955년 남성교회 등을 분립시켰다. 그리고 나중에 감리교, 침례교, 구세군, 성결교, 성공회, 순복음교회 등 여러 교파들의 교회가 점차 전주에 진출하게 되었다. 그 결과 2005년에 조사한 통계청 자료에 의하면, 전주의 개신교 교회의 숫자는 총 1,179개, 신자의 숫자는 총 16만 2,971명에 달하고 있다.

[참고문헌]

개복교회 역사편찬위원회, 『개복교회 110년사(1894~2004)』, 대한예수교장로회 개복교회, 2004.

김수진 · 한인수, 『한국기독교회사(호남 편)』, 범론사, 1980.

김수진, 『호남기독교 100년사(전북 편)』, 쿰란출판사, 1998.

_____, 「호남지방 교회의 역사 – 호남지방 선교 초기부터 해방 전후까지」, 『한국 기독교와 역사』 3, 1994.

전주서문교회 100년사편찬위원회, 『전주서문교회 100년사(1893~1993)』, 대한예수교장로회 전주 서문교회, 1999.

주명준, 『전북의 기독교 전래』, 전주대학교 출판부, 1998.

4장

간재 전우(田愚),
구한말 지성의 시대적 고뇌와 처신

김기현(전북대학교 교수)

1. 고뇌의 시대

간재(艮齋) 전우(田愚, 1841~1922)는 구한말 전주 출생의 대유학자다. 선생은 율곡(栗谷) 이이(李珥, 1536~1584)와 우암(尤庵) 송시열(宋時烈, 1607~1689)의 학문을 계승하면서 공맹유학의 보전을 필생의 과제로 자임하였다. 선생의 학문은 수많은 제자들에 의해 계승되었는데, 그 영향은 오늘날 전국에 걸쳐 유학을 공부하는 사람들에게까지 미치고 있다. "3천 명의 제자를 둔 사람은 공자 이래 간재 한 분"이라는 속설이 이를 방증한다. 아래에서는 선생의 심오한 학문세계는 논외로 하고, 간단히 삶의 정신을 살펴보고자 한다.

선생은 우리 역사상 미증유의 난세에 처하여 견디기 어려운 고뇌의 삶을 살았다. 그는 당시 삼정(三政)의 문란 등 국내 사회의 극심한 혼란에 더하여 두 차례의 양요(洋擾)와 을사늑약, 경술국치 등 선진 제국주의 국가들의 개항 요구와 침략의 와중에서 끊임없이 지성의 번민을 겪었다. 선생은 의병을 일으켰다가 대마도로 잡혀가 죽음을 당한 면암(勉庵) 최익현(崔益鉉, 1833~1906)의 제문(祭文)에서 그 괴로움을 다음과 같이 토로한다. "(전략) 나 같은 사람은 또 어떻게 해야 합니까. 살고 싶어도 세상이 즐겁지 않고, 죽으려 하나 그 바른 자리를 얻지 못하여 생사의 기로에서 방황만 합니다. 외로운 그림자만 위로를 하니 서책을 끌어안고 통곡합니다." 선생은 국가 존망의 위기에 어떻게 해야 할지 모르는 자신의 무능력을 자책하고 자학하기까지

간재 전우 유기준 作 | 전주역사박물관 소장

하였던 것이다.

　게다가 선생을 고통스럽게 한 것이 또 있었다. 주위 사람들의 오해와 비방이었다. 당시 개화파의 한 사람이었던 박영효(朴泳孝, 1861~1939)가 "전모(田某)는 수구당(守舊黨)의 괴수로서 개화의 걸림돌이므로 그를 죽여야만 개화가 이루어지고 나라가 보전될 수 있다."고 힐난한 것은 차라리 선생의 뜻을 강고하게 해주는 자극이었다.

　문제는 같은 '수구당' 내의 비난이었다. 죽음이 두려워 선생이 구국의 상소(上疏)와 의병 궐기를 하지 않는다는 것이었다. 당시 의병활동과 더불어 독립운동에 앞장섰던 의암(毅庵) 유인석(柳麟錫, 1841~1915)이 선생을 "나라에 무익한 물건"이라 지목하고 "불충불의(不忠不義)한 자"라고 배척한 것이 그 한 예이다. 그러면 선생은 정말 그렇게 비난받아 마땅한 사람이었을까? 선생이 자신의 은둔행적과는 달리 후세 사람들로부터 정당하게 평가받고자 했던 속뜻은 무엇이었을까?

2. 위정척사(衛正斥邪)

　선생은 당시의 시대적 위기상황 속에서 거개의 학자들과 마찬가지로 위정척사, 즉 정도(正道)의 보위와 사도(邪道)의 배격 의식을 강하게 드러내고 제자들에게 그것을 고취하였다. 물론 유학사상사 속에서 살필 때 위정척사 의식이 그에게서 처음 나타난 것은 아니다. 도덕학으로서의 유학은 원래 삶의 '정도'를 지적·실천적으로 추구하는 학문인 만큼 바른 것[正]과 그릇된 것[邪]을 엄밀하게 판단하고 또 엄격히 취사하였다.

그런데 그것은 19세기 일본과 서양의 무력위협과 문화침략에 직면하여 새로운 전개양상을 드러내기 시작하였다. 선생의 말대로 "우리를 회쳐먹고 삶아먹으려는" 사악한 야욕 속에서 우리를 호시탐탐 넘보고 있던 저들의 위협은 선생에게 도덕 이전에 민족보위 의식을 발동하게 만들었던 것이다. 그리하여 선생이 보위하고자 했던 '정도'는 정치·경제·문화·사상 등 삶의 모든 방면에서 우리를 떠받쳐온 민족의 정체를 뜻하였으며, '사도'는 우리 민족의 정체를 위협하는 것으로 여겨진 일본과 서양의 모든 문물을 가리켰다.

선생이 서양의 과학기술까지 거부한 이유도 이러한 위기의식에 연유한다. 선생은 더 나아가 사람들에게 서양문물의 편리성과 이기성(利器性)을 긍정하고 수용하다 보면 우리도 모르는 사이에 그들을 선망하고 추종하게 되어 종당에는 편리지향이 아니라 삶의 의미를 추구하는 우리(유교) 문화를 부정하는 결과를 피치 못할 것임을 경고하였다.

우리는 여기에서 선생이 타 문화 또는 다른 세력의 도전에 대한 창조적 응전력을 결여하고 있다고 비판할 수 있을 것이다. 그런 한편, 열강세력의 도전을 감내하고 소화할 능력을 이미 상실한 사회에서 지식인이 창조적으로 대응할 수 있는 방법이 무엇이었을까? 이 점을 생각하면 선생의 격정적인 반응과 '수구적' 고집을 비난만 하기는 어려워 보인다. 말기적 사회의 지성인이 난세를 구원할 방도를 알지 못하여 겪는 아픔과 고뇌를 선생 역시 전형적으로 보여주고 있는 것이다.

앞서 말한 것처럼 선생은 의병 궐기를 거절했기 때문에 사람들로부터 심한 비난을 들었다. 혹자는 선생을 "썩은 선비"라고까지 타매

간재 전우 편지 1901년(광무 5) | 전주역사박물관 소장
자신을 스승으로 모시려는 상대방의 간곡한 뜻을 어렵게 받아주면서 쓴 편지이다. 간재는 편지에서 스승을 정하는
것이 어려운 것이 아니며, 도(道)에 나아감이 어렵다고 말하고 있다.

하였다. 그러나 우리는 선생이 의병 궐기를 거절한 뜻을 헤아려볼
필요가 있다. 선생은 기본적으로 궐기의 '의리'를 인정하고 있었다.
선생은 면암 최익현의 의병 궐기 소식을 듣고 격려의 편지를 보냈
고, 제자들에게는 의병활동을 폄하하지 말라고 충고하기도 하였다.
선생은 거기에 동참하지 못하는 자신을 다음과 같이 자책하기까지
하였다. "의병을 일으킨 사람들은 나라를 위해 왜적을 토벌하고 민
생을 안정시키느라 여념이 없는데, 우리는 편안히 앉아서 책이나 보
고 있으니 이렇게 부끄러울 데가 어디 있는가?" 이렇게 심하게 자괴
하면서 그리고 주위의 비난을 들으면서도 선생은 어째서 의병 궐기
에 나서지 않았을까?

3. 민족문화의 보전을 위한 학문적 노력

따지고 보면 사람들이 어떤 사태에 임해서 취해야 할 '의리'는 결코 하나만 있는 것이 아니다. 그것은 그 사태가 그들 각자에게 주는 각양의 의미만큼이나 다양할 수밖에 없을 것이다. 다시 말하면 사람들 제각기의 처지와 삶의 목표에 따라 다르게 다가오는 사태의 의미는 역시 그만큼 다각으로 처사의 의리를 현시하기 마련이다. 예컨대 온 국민이 일제의 침략에 저항하고 투쟁해야 하는 것은 어느 누구도 부정할 수 없는 민족의 대의이지만, 저항과 투쟁의 방법은 사람들 각자의 처지에 따라 다를 수밖에 없다. 그 당시로 말하면 임금의 투쟁방법과 대소 관료, 농민, 상인, 학자의 그것이 같지 못한 것이다. 그럼에도 불구하고 각 분야, 각인의 투쟁이 모두 민족적 대의에 수렴되는 것은 물론이다.

선생이 판단하고 선택한 투쟁의 '의리'는 바로 학자로서의 그것이었다. 선생은 자신이 해야 할 일을 인륜강상과 민족정신(문화)을 보전하는 학문과 교육에서 찾았다. 이는 일견 우활한 방법처럼 보이지만, 학자들까지 모두 총칼 들고 싸움터에 나가는 것만이 애국은 아니다. 국가존망의 일선에서 일제에 무력저항했던 학자들의 의병활동이 거룩한 것은 두말할 나위 없지만, 그 후면에서 왜양(倭洋)의 문화침략에 대항하여 학문과 교육을 통해 민족문화의 보전에 삶을 바치려 했던 선생의 뜻 또한 존중되지 않으면 안 된다. 그것 역시 학자의 중차대한 임무인 것이다.

그 가운데에서 어느 길을 택할 것인가 하는 문제는 각 개인의 판단과 결정에 맡길 일이요, 양자를 시비 경중으로 논단하는 것은 옳지 않다. 당시 최익현의 자제 최영조(崔永祚)는 선생의 이와 같은 뜻을 정확하게 헤아리고 있었다. 그는 이렇게 말한다. "간재의 처지는 나의 선친과 다르다. 후학들을 가르쳐서 그들로 하여금 중화와 오랑캐를 구별할 줄 알게 함으로써 그들이 오랑캐가 되지 않도록 하는 것이 그의 직분이다."

선생은 학문과 교육의 자리를 찾아 이리저리 떠돌다가 72세 때 최후로 부안의 계화도에 정착하였다. (당시 계화도는 섬이었지만 지금은 간척되었다.) 선생은 학문과 교육이야말로 정치의 성패, 나아가 국가의 흥망을 넘어서 인류의 밝은 미래를 확실하게 담보해줄 원동력이라고 믿어 그곳에서 강학에 전념하고자 하였다.

이와 같은 행각은 물론 선생이 목숨을 부지하거나 자신의 말대로 "세상을 과감히 잊고서 내 한 몸이나 깨끗이 닦기 위한 것이 아니"었다. 선생은 어디에서나 세상 근심의 뜻을 버리지 못하였다. 선생이 을사늑약 소식을 듣고 한 제자에게 보낸 다음의 편지는 이러한 뜻을 잘 밝혀준다. "지금 나라는 기울고 인류는 멸망하려 하지만, 의리를 밝히는 일, 이기심을 버리는 일, 후진을 양성하는 뜻을 더욱 절실히 가져 조금도 해이해서는 안 됩니다." 그리하여 선생은 혼란한 사회일수록 사람들이 더욱 자신들의 일거일동의 사회적 의미를 깨달아 각자 의롭고 공명한 삶 속에서 희망의 미래사회를 일구어나가도록 그들을 훈도하였다.

선생이 『주역』「박괘(剝卦)」의 뜻을 자주 상념했던 것도 이러한 미래지향적 의식과 맥락을 같이한다. 선생은 "도덕도 성쇠가 있고 나라도 흥망이 있다."는 문명의 이치와 역사의 법칙으로 자신의 시대적 고뇌를 달래면서 아무리 궁핍한 시대 속에서도 시들지 않는 정신생명의 '큰 씨앗'으로 나고자 하였다. 「박괘」의 이른바 "석과불식(碩果不食)", 즉 "먹히지 않는 큰 과일"의 숨은 뜻이 바로 이것이었다. 혹한의 겨울 속에서도 생명력을 잃지 않고 굳게 지키면서 이듬해 봄철에 새 생명을 싹틔우는 과일 말이다. 선생의 학문활동은 그처럼 "먹히지 않는 큰 과일"을 성취하여 미래의 밝은 세상을 기약하려는 뜻을 갖고 있었다.

우리는 이를 학자의 허약한 변명으로만 돌려서는 안 된다. 사실 선생과 주의·노선을 달리하였던 한말의 의병활동은 민족생존과 국권회복의 '대의' 이외에 민족생활의 정신가치를 돌보고 배양할 겨를을 갖지 못하였다. 다시 말하면 의병의 직접적인 목표는 일제로부터의 독립과 생존에 있었을 뿐 우리 민족의 아름다운 문화생활에 있지 않았다. 그러한 전 민족적 생존투쟁의 50여 년이 억울하게도 민족생활의 공백과 파탄을 초래하였음은 우리가 익히 알고, 또 아직까지 실제로 체험하고 있는 그대로다.

이러한 시대상황 속에서 선생의 노선은 의병운동과 함께 서로를 보완해주는 의의를 갖는다. 선생은 국가존망의 와중에 사람들이 추스를 여유를 갖지 못했던 정신가치의 보전과 교육에서 자신의 민족적 임무를 발견하여 학자로서의 책임을 다하려 했던 것이다. 그것은 말하자면 사람들의 심성과 행위 속에 유교정신의 '씨앗'을 뿌려 미래의 밝은 민족문화를 꽃피우고 결실하려는 것이었다.

선생의 3천여 명의 제자들은 그 일차적인 수확이라 할 수 있다. 지금 이 시대에 그나마 유지되고 있는 유교(문화)의 명맥은 선생의 많은 제자들이 뿌려놓은 씨앗들에 힘입은 바가 클 것이다. 물론 선생의 고전주의적 교학(敎學)에는 그 내용상 새로운 시대를 준비하는 수

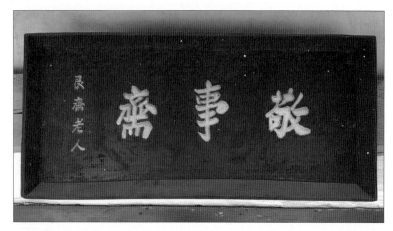

경사재 현판 전주향교 서재
간재 전우가 쓴 편액으로, 전주향교 서재에 걸려 있다.

시변통(隨時變通)의 철학이 부재하다는 점에서 상당한 한계가 있는 것
이 사실이다. 그러나 유학이 21세기 문명의 향방과 관련하여 국내
외에서 주목되고 있는 오늘날, 선생이 수호하고자 했던 유학은 이제
야말로 우리가 새롭게 가꾸고 창조적으로 꽃피워내야 할 이 시대의
'큰 과일의 씨앗'으로 우리 앞에 놓여 있다.

5장

일제강점기 전주의 공간 변화와 발전

홍성덕(전주대학교 교수)

1. 조선시대 전주 공간을 바꾸다

1018년 강남도와 해양도를 합하여 전라도가 된 이래 천 년 동안 전주는 호남지방의 수부(首府)로서 기능하였다. 900년 견훤이 전주에 도읍을 정하고 후백제라 한 때부터라 한다면 고도(古都) 전주의 도시성은 매우 오래전부터 형성된 실체이다. 전주는 남으로 고덕산을 두고 남고산과 승암산을 어깨 삼아서 북으로 포옹하듯 감싼 안쪽에 중심부가 위치하였다. 그 가운데에 전주부성이 있었고, 전주부를 관할한 부윤이 다스리는 곳은 현재의 완주, 김제, 임실 등 폭넓은 지역이었다.

18세기 후반에 편찬된 『전라감영지』에 기록된 전주부 각 면(面)에 거주한 호수(戶數) 중 가장 많은 호수가 분포한 곳은 서부 부서면(府西面)으로 1,765호였다. 다음은 부남면 1,583호, 봉상면 1,541호, 구이동면 1,010호 등으로 주거 비율을 보이고 있다. 권역별로는 전주부성을 중심으로 서부지역에 가장 많은 사람들이 살고 있으며, 북부–남부–동북–서남–서북의 순으로 사람들이 살고 있음을 알 수 있다.

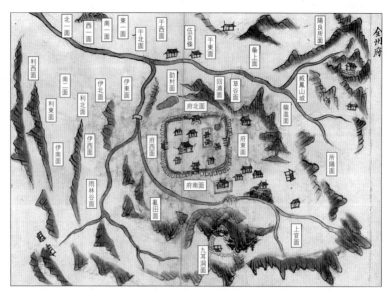

전주부 31개 면 위치도 『호남읍지』 1 전주(1790년대)

　1895년 조선 정부는 조선시대의 전통적인 지방행정구역인 부·
목·군·현제를 폐지하고 전국을 23개의 군으로 나누고, 8도를 23
부로 고쳐 관찰사가 다스리도록 하였다. 당시 전주군은 동·서·남
·북 4개 면과 완주, 김제, 익산, 논산 등지의 27개 면을 합하여 총
31개 면을 거느렸다. 1896년 8도를 23부로 고친 것을 다시 13도로
개편하여 전라도는 전라북도와 전라남도로 분리되었다. 전주는 13
도제 체제에서도 여전히 지방행정 중심도시로서의 위상을 유지하
였다.

2. 근대 도시화 과정의 길을 열다

1910년 9월 조선총독부는 「조선총독부 지방관제」를 공포하여 전국을 13도로 나누고 그 아래 부(府)·군(郡)·도(道)를 두었으며, 그 밑에 읍과 면을 설치하였다. 이에 따라 전주는 전주군에 속하면서 전주면이 설치되었다. 전주면장이 임명되었음에도 여전히 전주는 부내(府內)·부중(府中) 등으로 불리었기 때문에 행정상의 정식 명칭 없이 공문서에는 전주4부면이라 부르고 있었다. 즉 31개 면을 둔 전주군 내에 속하고 있으면서도 전주 도심부를 '전주면'이라 하지 않고 통칭 '전주4부면'으로 부른 것이다.

1914년 4월 1일 조선총독부는 부·군 통폐합에 이어 면의 폐합을 단행하였다. 이로써 31개 면으로 이루어진 전주군은 전주면, 용진면, 이동면, 조촌면, 상관면, 난전면 등으로 나뉘었다. 이는 전통적인 4부면 중 도심부를 전주면으로 단일화한 것이다. 이 과정에서 부

〈전주 4부면 행정구역 분포〉

부동면	1계 · 2계 · 3계 · 4계 · 5계 · 6계 · 인봉(仁峯) · 인후(仁后) · 표석(表石)
부서면	1계 · 2계 · 3계 · 4계 · 5계 · 신화산(新華山) · 각사향청(各舍鄕聽)
부남면	1계 · 2계 · 3계 · 4계 · 방천(防川) · 은송(隱松) · 곤지(坤止) · 사정(射亭) · 반석(盤石) · 구석(九石) · 묘동(廟洞) · 교동(校洞) · 석불(石佛) · 구화(九華) · 대성(大盛) · 병풍(屛風) · 사대(四大) · 원당(院堂) · 객사(客寺) · 색장(色長) · 은석(隱石) · 죽음(竹陰) · 봉황(鳳凰) · 봉산(鳳山) · 장전(長田) · 안적(安廸)
부북면	1리 · 3리 · 4리 · 동정(東井) · 신동(新洞) · 사천(沙川) · 비단(緋緞) · 내명지(內明池) · 외명지(外明池) · 신기(新己) · 백동(栢洞) · 성지(聖地) · 구암(九岩) · 송정(松亭) · 검암(劍岩) · 수리(藪里) · 사평(沙坪) · 두진(斗辰) · 용산(龍山) · 학암(鶴岩) · 건지산

* 밑줄 친 지역은 다른 면으로 편입된 지역

동면·부서면·부남면·부북면 등 4부면 중 계(契)를 제외한 모든 지역이 다른 면으로 편입되기도 하였다. 1917년 지정면 제도가 시행되면서 전주면장에는 당시 전주 학교조합 관리자인 시바타 가네카쓰가 임명되었다.

전주의 근대 도시화 과정은 일본인의 거주지와 식민지 상권의 형성과 연결되어 있다. 일본의 한국 강점이 시작되기 이전, 일본인은 고사동과 다가동(서문 밖) 일대를 중심으로 거주지를 형성하였다. 1908년 이후 전주성벽이 헐리기 시작하면서 일본인의 상권이 혼쵸도오리(本町通り: 현 다가동 우체국에서 북쪽으로 이어지는 차이나타운거리)로부터 다이쇼도오리(大正通り: 현 웨딩거리)로 이어지면서 일본인의 거주지는 본정(本町), 고사정(高砂町), 대정정(大正町) 등으로 확장되었다.

1911년 당시 전주면에서 전주군청에 보고한 내용에 의하면 1911

전주부 다이쇼도오리 일제강점기 | 전주역사박물관 소장 사진엽서
왼쪽 큰 건물이 등록문화재로 지정된 박다옥 건물이다.

년 6월 말 현재 부남면이 1,554호 7,560명(일본인 44호 159명)이며, 부서면은 1,438호 5,198명(일본인 321호 1,047명)으로 부남면의 인구가 부서면을 앞서게 된다. 일본인의 거주 현황에서 알 수 있듯이 개항 이후 서문 밖에 거주하기 시작한 일본인의 비율이 부남면에 비해 8배 가까이 많았음을 알 수 있다. 즉, 근대 도시화 과정은 조선시대 전주부성의 서문에서부터 남문 방향으로 이어지는 상권 형성과 서문에서 동문으로 이어지는 도시상권을 따라 개발되기 시작하였던 것이다.

이러한 도시 공간의 변화는 1914년 전주-이리를 연결한 경편철도의 개통과 맞물리면서 혼쵸도오리와 다이쇼도오리를 북쪽으로 연결하는 유통망이 구축되었다. 경편철도의 전주역(현 태평동 SK뷰 아파트 부근)은 군산, 익산으로부터 물류가 드나드는 통로였다. 이후 1927년 전라선 전주 구간이 완공되면서 물류 축은 전라선 전주역(현 전주시청) 방향으로 변경되어간다. 이는 다이쇼도오리의 동쪽 축이 북쪽으로 확장되어가는 것을 의미한다. 그 배후에 한옥마을이 본격적인 주거단지로 개발을 시작한 것이다.

3. 도시 외연의 확장과 인구 증가

전라선 전주역 개통을 목전에 둔 1926년 11월 전주면장 모리야마는 조선총독부에 행정구역 변경 신청서를 제출하였다. 전주면 협의회 회의록을 보면 전주면에 인접한 이동면 노송리 · 화산리 · 상생리 · 검암리, 상관면 대성리, 난전면 석불리 등 7개 리를 전주면에 편입하는 것이었다. 1930년 7월 1일자로 인접 면협의회의 의견 청취

전주시가지 1928년경 │ 전주역사박물관 소장 사진엽서

를 거쳐 전주면의 행정구역 확장이 결정되었다. 이렇게 늘어난 면적
은 약 52만 8,000평에 달하여 전주의 총 면적은 약 289만 5,000평
이 되었다. 인구는 1929년 2만 2,686명에서 1930년 3만 7,842명으
로 66.8%가 늘어났다. 1차 확장 후 1931년 4월 전주는 읍으로 승격
되었다.

　1차 전주 행정구역 확대와 전주읍 승격은 전주 도시 발전의 계기
가 되었다. 1930년대 당시 전주읍은 총 호수 7,001호 중 공업 종사
자 567호, 상업 및 교통업 종사자 1,831호로 상공업자가 전체 인구
의 34%를 차지하는 상공도시로 발전하고 있었다. 주 생산물은 정
미, 주류, 연초, 생사(生絲), 지류(紙類) 등으로 조선시대 평양, 대구
와 함께 조선의 3대 시장으로 유명한 물류 도시로서 연간 거래액은
360만 엔을 넘었다.

　전통적 행정 중심도시 기반의 전주는 조선시대 3대 시장의 기능

이 확대 강화되면서 상공업 도시로서의 발전 가능성을 확보하게 되었고, 1935년 전주는 광주읍·대전읍과 함께 부(府)로 승격되었다. 3개 읍 모두 도청 소재지로 행정 중심지라는 점, 교통의 요충지로 경제 중심지이고, 인구가 증가하여 시가지를 형성함으로써 향후 발전 가능성이 높으며, 공업발달을 위한 여건이 조성되었다는 점이 부 승격의 주요인이었다. 당시 전주에는 전라선 철도 개통 이후 전매지국이 설치되고, 가타쿠라 제사방적주식회사 등 공장이 설립되었으며, 종연방적주식회사 등도 설립이 예정되어 있었다.

전주군 전주읍이 전주부로 승격됨에 따라 전주군과 명칭이 충돌하는 문제가 발생하였다. 이에 대해 그래도 전주군의 명칭을 존치해야 한다는 의견과 풍패(豊沛)의 고장이기 때문에 풍주(豊州)로 하자는 의견 등이 거론되었다. 완산(完山)을 많이 거론하고 있지만 전주의 어른들이 군명으로 산(山) 자를 사용하면 작은 군[小郡]이 된다 하여 격하하는 사람이 있기 때문에 적합지 않다고 하였다. 결국 전주군은 전주의 옛 지명인 완산의 '완'과 옛 군 명칭인 전주군의 '주'를 뽑아 '완주군'으로 결정되었다.

전주부 승격 이후 1938년 전주는 전국에서 14번째로 시가지 도시계획을 수립하게 된다. 시가지 계획은 30년을 계획기간으로 설정하여 1967년을 목표로 하였다. 목표연도 계획 인구는 10만 명으로 1935년 인구가 4만 593명이었던 점을 감안하면 약 150%의 인구 증가율을 목표로 한 것이었다. 시가지 계획 수립은 1937년 제2차 행정구역 변경 요구로부터 시작되었다. 당시 전주시의 도시 발전 속도를 감안할 경우 7~8년이면 도시가 포화상태에 도달할 것으로 예측한 것이다. 또한 전주를 완주군 이동면 검암리·중산리·서신리 등으로 확대할 경우 공장지대 약 74만 평을 확보할 수 있다는 계획이었다. 이에 따라 1940년 제2차 행정구역 확장이 결정되었다.

1940년 2차 행정구역 확장으로 전주부의 면적은 약 774만 7,000평으로 늘어나 1차 행정구역 확장 이전의 면적에 비해 200% 이상 확대되었다. 완주군 이동면 검암리·인봉리·서신리·중산리와 우전면 석불리1부, 조촌면 상가리 등이 편입 대상지였으며 인구는 7,200명이 늘어나 5만 1,749명이 되었고, 거주 가능 면적은 편입구역 908만 3,985평이 늘어나 1,582만 6,985평으로 1인당 305.84평에 달하게 되었다.

도시의 외연이 확장되면서 전주는 전통적 행정 중심도시에 상공업 중심도시의 기능을 더하여갔다. 1922년 5개에 불과하던 전주 상업회사가 1938년에는 17개로 증가하였고, 조선인 상업회사는 1개에서 12개로 늘어났다. 1935~1939년 동안 보통시장의 거래액은 66만 6,000원에서 94만 9,000원으로 꾸준히 증가하였으며, 거래액 내용은 축류가 60~70%, 농산물과 수산물을 포함하면 1차 생산물이 80% 내외로 주류를 이루고 있었다. 전주지역의 공업화는 전라북도의 공장 추이가 1921년 26개에서 1930년 195개로 늘어난 것에 비하여 크게 늘어나지는 않았다. 전주는 중소기업이 주류를 이루고 있었으며, 면포, 죽제품, 제면, 일식 및 양식 가구류, 벽돌, 주철류 등의 생산이 매년 증가하였다. 전주 단선(團扇)과 선자(扇子), 지우산 등도 생산액이 150만 엔 이상이었다. 대규모 공장으로는 가타쿠라 제사공장, 전북제사 등이 있었다.

한편, 전주지역에서는 공장 유치 활동을 전개하고 있었는데 대표적인 것이 1935년 종연방적의 대마포 공장부지 10만 8,000평을 매수한 것이다. 종연방적의 유치는 원료인 저마(苧麻) 생산지 확보와 공장부지 등 대규모 사업이었다. 1935년 매입한 공장부지의 공사가 공업용수 및 원료 확보 문제로 무기한 연기되고, 군산에서 적극적으로 유치 운동을 벌이는 등 순조롭지 못하였다. 결국 1937년 시국(時局)을 이유로 전주 공장 건립을 취소하게 되었고, 군산 역시 공장 유치에 성공하지 못하였다. 이로써 전주는 북부권 공업단지 조성을 통한 공업도시로의 성장 가능성을 놓치게 되었다.

6장

조선의 3대 시장 전주

소순열(전북대학교 교수)

1. 시장, 사람과 사람을 잇다

사람은 매일 많은 재화와 서비스를 소비하며 생활한다. 소비는 먹을거리나 옷과 같이 직접 필요한 것뿐만 아니라 쾌적한 생활을 위한 재화, 무형의 서비스까지 사람이 생활하는 데 중심을 이루고 있다.

시장은 물건을 사고파는 공간이다. 소비하기 위해서는 먼저 무엇인가를 생산해야 한다. 사람의 다양한 욕구를 만족시키기 위해 상품을 생산하여 소비자에게 제공하여야 한다. 시장이 바로 생산자와 소비자를 이어준다. 사고팔 것이 많아지면 시장은 성장한다. 시장이 성장하기 위해서는 다수의 소비인구, 교통의 발달, 산업경제의 양상, 생활수준 향상 등이 충족되어야 한다. 따라서 시장은 항상 생산과 유통의 최종결과물로서 그 당시의 경제상황을 반영하게 된다. 사회와 경제의 발전에 따라 시장은 확대되거나 흡수·통합되거나 사라져가는 것이다.

시장은 또 다른 사회적 삶의 공간이다. 시장은 사람들이 만나 소식이나 정보를 주고받으며 오락과 유희를 즐기는 장이기도 했으며,

민심을 표출하는 장이기도 하였다.

조선시대 전주는 전라도 행정과 경제의 중심지였다. 예부터 주변의 넉넉한 입지조건으로 농업이 발달하여 물산이 풍부하였다. 각처에서 상인들과 온갖 상품이 모여 시장거래가 활발하게 이루어졌다. 이중환은 『택리지(擇里志)』에서 "전주는 인구가 조밀하고 재화가 쌓여서 한양과 다를 바 없는 큰 도회(都會)와 같은 곳"이라고 기술하였다. 한양의 시전과 비교될 정도로 전주는 대장시(大場市)였다.

2. 전라도 대장시(大場市), 전주

19세기 초 전주 읍내 장은 『만기요람』(1808)에서 전국 15대 시장 가운데 하나로 손꼽혔다. 당시 전주의 상품유통은 전주성의 동문 · 서문 · 남문 · 북문 밖의 4개 장시를 중심으로 이루어졌다. 시장 규모가 큰 남문밖시장과 서문밖시장은 각각 2일장 · 7일장, 북문밖시장 · 동문밖시장은 규모가 작은 4일장과 9일장이었다. 시장마다 개시일이 달랐지만, 취급하는 상품도 분화되고 특화되었다. 남문장은 생활용품과 곡식을 거래하는 중심지였고, 서문장은 소금 · 깨 같은 양념과 어물, 북문장은 비단을 포함한 포목과 잡곡, 동문장에서는 주로 한약재와 특용작물이 거래되었다. 전주성 안쪽에 자리 잡은 상설점포는 주로 유기류를 만들어 파는 주석방(朱錫房), 귀금속을 가공하여 판매하는 은방동(銀房洞), 종이나 부채를 취급하는 지방(紙房)과 선자방(扇子房) 등이 있었다. 종이와 부채는 전주가 명산지였기 때문에 전국적인 지물(紙物) 상인이 전주에 모여들어 거래가 성황을 이루었다. 상설점포는 객사 뒤편과 남문에서 서문으로 이어지는 L자형 골목이었다(장명수, 1994). 타 지역에서 전주에 오는 다리 밑은 비정기적인 시장 역할을 톡톡히 했다. 전주교는 곡물을 주로 팔아 '싸전다리', 담배와 담뱃대를 주로 팔던 매곡교는 '연주다리', 소금을 주로 팔던 완산교는 '염전다리'라고 불렸다.

전주 주변의 장시는 전주라는 대장시(大場市)에 상인과 물품이 집중되었다. 전주 주변에 봉상장, 소양장, 삼례장 등 7개 장시도 있었다. 전주부성 밖 4개 장시를 합치면 대략 10여 개의 장시가 열렸다. 서쪽으로는 김제·금구, 북쪽으로는 고산·익산 등 인접 군현의 장시까지 연계하여 전주를 중심으로 하는 시장권을 이루고 있었다. 전주는 이미 시포가 설치되어 동전 유통이 원활하게 이루어졌던 곳이라서 중국과 일본 상품을 중개하는 교역품이 거래되었다. 무역을 하는 공인과 상인들이 수입품을 들여오고 이를 다시 장시를 통해 다른 조그만 장시까지 물건을 대주었다. 전주는 호남의 국지적 유통뿐만 아니라 원격지 교역을 담당할 정도로 전국적인 시장으로 발전하고 있었다.

『임원경제지』(1830)를 보면 어느 장시보다 전주에는 다양한 물품이 모였다. 거래물품은 쌀·보리 등의 곡물류와 면포·면화·모시 등의 직물류, 수공업품, 약재와 과물류, 어염류 등이 대종을 이루었다. 전주에서는 농산물과 품질 좋은 다양한 종이나 부채 같은 특산물, 그리고 일상적인 물품은 주로 객주나 거간 등에 의해 집하되고 판매되었다. 전주에서 생산되는 생강은 전국을 아우를 정도로 대상인(大商人)들이 이익을 독점했으며, 쌀을 대량으로 매입하여 한양에 공급하며 많은 이득을 얻었다.

남문밖 반석리시장 1900년경 ┃『사진으로 본 서문교회 100년』(1994)
남문밖시장은 전라도에서 가장 큰 시장으로 전국적으로도 유명하였다. 전주는 평양, 대구와 함께 조선의 3대
시장이었다.

남문밖시장 1930년경 ┃『일본지리풍속대계 – 조선 편』(1930)

서문밖시장 1912년 | 전주역사박물관 소장 사진엽서
다가산에서 바라본 서문밖시장으로 오른쪽 앞에 보이는 다리가 완산교이고, 그 뒤의 다리가 서천교이다.

전라도는 전국 최대의 미곡집산지, 물산공급지였다. 내륙에 있는 전주는 서부평야의 물산, 특히 쌀이 유통되는 데 중추적 역할을 하였다. 전주부, 고부읍, 태인읍은 전주부와 해안, 강가에 위치한 포구들을 연결시켜주는 주된 결절점이었다. 만경강과 동진강을 통해 해로와 연결되면서 많은 상인들이 모여들었다. 전주는 전라도에서 가장 컸고, 원격지까지 교역이 이루어진 전국에서 유명한 대장시였다.

3. 전주, 일제의 시장경제체제로 편입되다

1899년 군산개항 이후 개항장의 시장권이 만들어지면서 전주는 지역시장의 주도권을 점점 잃어가게 되었다. 이후 군산이 전주의 전통적인 시장유통체계를 대신해 각지에서 생산된 상품이 집산되고 국내의 각 포구 등을 연계하는 유통거점으로 등장했다. 전주를 정점으로 하는 내륙지향적인 시장유통구조가 군산을 중심으로 한 해안지향적인 유통구조로 서서히 바뀌어갔다.

원래 군산은 세미가 집산되는 포구였으나 오사카와의 직항로 개설, 호남선 군산지선 개통, 일본 상인들의 적극적인 활동과 금융기관 설치로 독자적인 시장권을 확대해갔다. 그 결과 1920년대에 이르러 군산의 상권은 전북과 충남, 영광·함평·광주·담양·나주·장성의 각 군, 영동·보은·청주·진천의 충북, 그리고 경기도 2~3군에 달하게 되었다. 군산이 독자적인 지역유통망의 거점으로 성장한 것이다.

군산은 대외무역을 통해 식민지와 식민모국 일본을 연결하는 중개항 기능을 담당하였다. 수출품은 역시 쌀, 대두, 우피 등 농산물이 주종을 이루었다. 수입자본제 제품은 금건, 목면, 엽연초, 방적사, 비료 등 매우 다양하였다. 쌀 수출이 대일 총 수출액의 무려 90% 이상을 차지하여 군산항의 성쇠는 쌀 가격과 집산량에 달려 있을 정도까지 이르게 되었다. 쌀은 주로 오사카를 중심으로 한 한신(阪神)지방의 하층노동자, 도시잡업층이 주로 소비하였다. 군산에 들어온 수입 면제품 및 잡화품의 주요 생산지는 이 지역이었기 때문에 당연히 전주도 배후지 농촌과 한신공업지대와 구조적으로 연관된 식민지적 분업체제에 편입되었다.

개항장 군산과 연결시키는 획기적인 전기는 도로와 철도의 개설이었다. 전주성곽을 헐고 1908년 전주-군산 간 도로가 개설되었다. 일본인 상인들은 객주나 보부상을 거치지 않고 직접 미곡을 매집하여 더 욱더 많은 양을 개항장 군산으로 운반하게 되었다. 일본인 지주는 소작미를 직접 오사카 등지로 수출하게 되었다. 도로나 철도가 개통됨에 따라 기존의 연안 항구, 포구의 중요성은 훨씬 더 약화되었다.

전주에 철도가 개설된 것은 1914년이다. 전주에서 익산까지 가는 간이철도였다. 1927년 조선총독부 철도국은 협궤로 된 사설철도를 매수하여 1929년에 광궤로 만들어 '경전북부선'이라고 이름을 붙였다. 이로써 전주는 익산과 이어져 1912년 호남선의 지선으로 개설된 군산선으로 군산항과 연결되었다. 전주가 철도로 직접 일본과 구조적 연관을 맺게 된 것이다.

전주는 철도로 상징되는 교통혁명의 혜택을 그다지 느끼지 못했다. 왜냐하면 1930년대 후반에 가서야 동부 내륙과 연결되었기 때문이다. 전주는 1920년대 후반 전주-군산 간 철도가 본격적으로 가동되었으며, 1937년에 가서야 전라선 개통에 따라 여수 · 서울과 연결되었다. 1912년 호남선 개통으로 군산이 확실한 지역시장 유통의 맹주로 자리 잡았던 것에 비해 대조적이다. 호남선 철도 연변에 입지한 익산, 김제, 신태인, 삼례 등도 군산과 함께 급속하게 성장하였다. 이러한 철도에 의한 상품유통은 이전에 육로나 수로를 중심으로 발달한 전통적인 유통경로와 일제강점기 내내 서로 중복되거나 대립하게 되었다.

1939년 전주역의 물품 반 · 출입 내역을 보면 몇 가지 흥미로운 점을 엿볼 수 있다. 전주에 도착한 천 톤 이상의 물품을 큰 순위로 열거하면 목재, 비료, 시멘트, 엽연초, 석탄 등 10개 물품이며 반출물량은 쌀, 제초연초, 시료, 목재 등 9개 물품이다. 반입물품은 대체적으로 원자재용, 반출물품은 대부분 완제품이다. 이를 보면 전주는 외부에서 쌀, 연초를 반입하여 각각 정미공장, 전주전매지국 담배공장을 거쳐 가공·제조하여 이를 외부로 반출하는 도시였다. 반입량이 반출량보다 큰 소비도시였음을 알 수 있다. 이러한 점은 식품공업, 제재 및 목제품 부문 등 소비재 공업이 주가 되는 전주의 제조업에 조응한 것이다.

4. 시장의 통합과 통제

전주는 동학혁명이 일어나던 무렵까지 사문 밖에 모두 4개 시장이 있었는데, 이후 동문밖시장과 북문밖시장은 사라지고 남문밖시장과 서문밖시장만 열렸다. 두 시장에서 거래되는 물품은 주로 쌀 등의 식품류, 금건·면·마포 등 포목류, 연초, 소금, 신탄 등이었다. 이후 서문밖시장이 갑자기 쇠퇴하여 1923년 남문밖시장에 통합되어 음력 2·7일장(1938년부터는 양력)이 있었다. 통합 직전 1922년 공설시장이 설치되었으나 1928년 남문밖시장 부근으로 옮겨와 남문 주변에는 정기시장인 남문밖시장과 상설시장인 공설시장이 공존하게 되었으며, 점차 점포가 늘어감에 따라 남문 주변의 두 시장은 이른바 남문시장으로 상설시장화되어갔다.

이러한 남부시장으로의 통합은 조선총독부의 행정 개편 및 시장 규제와 관련되었다. 전주에서는 읍성과 건물이 철거되면서 도로 형태가 변형되기 시작하였다. 군산과 전주를 연결하는 도로가 서문으로 진입하도록 구획되어 전주 성곽의 서문이 철거된 뒤 일본인 상인들은 서문 밖에서 상설점포를 개점하기 시작하였다. 서문에서 시작된 일본인 상가는 1912년의 시구개정을 계기로 본격적인 성곽 철거와 도로개설로 이어져 동서남북의 십자형 주축도로를 따라 번성해 갔다. 당연히 일본인 상가 확대라는 점에서 서문밖시장의 남문밖시장으로 이전이 이루어졌다.

전주의 시장 변화에 큰 영향을 준 것은 1924년 제정된 조선총독부의 시장규칙이다. 목적은 시장을 통제하기 위한 것인데, 통제의 효율성을 위해 모든 시장을 네 종류로 나누었다. 1호 시장은 경술국치 이전부터 생성·발전한 전통적인 정기시장으로, 조선인이 상거래를 하는 모든 시장을 포괄한다. '5일장', '재래시장', '정기시장'으로도 불린다. 나머지 2, 3, 4호 시장은 각각 공설시장, 도매시장, 현물곡물거래시장으로 1호 시장과 구별하며 '신식시장'으로 불렸다. 전주에는 제1호 보통시장으로 남문밖시장, 2호 시장으로 1922년 객사 부근에 설치된 공설시장이 있었다. 공설시장이 남문 근처에 보통시장 1호로서 남부시장에 통합되었던 것이다.

1935년 전주읍이 전주부로 승격되면서 남부시장 일부 건물에 상주하는 공설시장은 대대적으로 확장되었다. 1936년 8동 36호의 증축을 시작으로 1937년에는 약 6,000평에 53동 36호의 점포를 마련하게 된다. 이해에 다녀간 인원만 190만 명 정도이며, 거래액은 약 70만 원이었다고 한다.

전주 제1호 보통시장에는 특수시장으로서 우시장과 약령시가 있었다. 우시장은 처음에 매곡교를 중심으로 하천부지에서 개최하기 시작하여 1914년까지 자유롭게 매매되었다. 그러나 1915년 전주군 축산조합이 설립되면서 중개수수료를 받았다. 전주 우시장에서 매매된 두수는 대체로 2,000두 내외였다. 1925년 축산조합은 하천부지가 부적당하여 서정(曙町: 교대부속초등학교 남쪽)에 2,700평의 부지를 매수하여 경영 주체인 전주면에 대부하였다. 1933년 조합은 전주군 농회에 합병되어 전주군 농회가 우시장의 사무를 보았다. 1935년 전주읍이 부로 승격됨에 따라 전주군 농회는 완주군 농회로 개칭되어 전주부가 경영주체가 되었다. 이후 전주 우시장은 거래 두수 및 거래액이 증가하여 1938년에는 매매된 우(牛)가 5,335두에 이른다.

전주 약령시는 조선조 효종 때 개설되었다가 공주 약령시가 번창함에 따라 그 시장을 빼앗겨 숙종 대에 폐지되었다. 조선 말기에 이를 부활시키려고 약령시를 재개시(再開市)하였으나 2년 만에 또다시

약령시비 전주시 다가동
약령시가 열렸던 다가동 길가에 건립된 비이다. 좌측 비는 1923년 약령시 복설에 힘을 다했던 박계조를 기념하는 비이며, 우측 비는 약령시를 후원했던 친일 지주 박기순 기념비이다.

폐지되었다. 그러다가 1923년 전주의 한약업자 박계조(朴季祚)라는 사람의 노력으로 다시 개시되었다. 첫 번째 개시기간은 1923년 음력 11월 1일부터 12월 30일간 개최하여 41만 8,500원의 매상을 올렸다. 박계조는 전주 약령시 발달을 위해 사비를 털어 조선 전체에 선전하러 다녔다고 한다. 전주 약령시의 약종(藥種)은 전라북도산이 222종, 타도 또는 중국산 378종, 그리고 일본으로부터 들여온 것까지 합쳐 약 800종 정도를 취급하였다. 관계 약방 수는 약 900여 개였으며 주된 판로는 전라남북도, 충청남도, 경상남도였다. 약령시 개시기간 중 다녀간 판매자만 약 5,000명에 달한다. 전주 약령시는 처음 5~6년 개시기간에는 출시인원(出市人員)이 10만여 명, 거래액도 수십만 원이나 되어 대구 약령시를 능가하였다. 그러나 지리적 관계 및 기타 요인으로 계속 번영하지 못하고 부진하였다.

5. 상설점포의 성장과 확대

전주 시장경제에서 주목할 만한 것은 도심가에서 상설점포의 성장이다. 전주는 조선 후기부터 성내에 지방(紙房) 등 상설점포가 있었으나 경술국치 당시 조선인 점포는 서·남 두 개의 문밖시장에 집중되어 있었다. 일본인 상가는 서문 밖에서 형성되기 시작하여 물자 대부분을 군산이나 강경방면에서 수운, 말 및 지게 등에 의해 반입하였다. 1914년 전주-이리 간 철도가 개통되어 상생정(태평동)에 철도역이 설치되면서 전주상점가의 중심은 본정 4·3정목(다가동 4·3가) 일대에 형성되었다. 이후 서·남문밖시장이 통합되고 1929년 경전북부선의 개통으로 현재 시청 자리에 전주역이 들어서면서 다가동 상가는 쇠퇴하고 대정통(현 중앙로)이 전주 최대 번화가로 번성하게 되었다. 여기에는 조선옷감, 종이류, 포목, 장롱, 고무신 및 기타 일용잡화 등 도·소매점이 즐비했다.

1938년 전주중심가에는 상설점포가 약 200개 있었다. 일본인 소유 점포나 조선인 소유 점포의 숫자는 거의 비슷하고 대개는 소매업이었지만, 규모 면에서는 일본인 점포가 조선인 점포보다 컸다. 또한 민족별 상업공간의 차도 뚜렷하다. 전주 최대 번화가인 대정통에는 일본인 상가, 남문시장 주변에는 조선인 상가 중심으로 형성되었다. 상업활동에도 차이가 있었다. 일본인 상인들은 군산의 무역상 수입품이나 지역 제조품을 취급하는 도·소매상이 주류를 이루었지만, 조선인 상인들은 지역수입상을 통한 일상의 수요품을 취급하는 도·소매상이 주류를 이루고 있었다.

전통적인 남문 정기시장이 매일 열리는 것으로 바뀌고, 상설점포가 성장하면서 전주에 상업회사가 등장하였다. 근대적 회사는 개항기에 출현하였지만 본격적으로 등장한 것은 회사령이 철폐된 1920년대 이후였다. 1922년 5개였던 전주 상업회사는 1938년에 17개로 증가하였다. 같은 기간 자본액은 22만 5,000원에서 56만 6,000원으로 2.5배가 증가하여 조선인 상업회사의 성장은 일본인 상업회사를 능가하였다. 조선인 상인이 기존 일본인 상인의 시장유통부문을 넘어 새롭게 시장범위를 확대하며 성장하였다.

이 시기 조선인 상인의 성장과 시장 확대는 일단의 시장경제 발달을 보여준다. 그러나 다른 한편으로는 성장 자체가 매판화의 가능성을 동시에 내포하고 있었다. 개항 이후 전주의 시장경제는 일제강점

기 내내 일본제국주의 경제체제와 구조적인 연관을 가지면서 전개
되었다.

[참고문헌]

박선희, 「전주의 금융 · 상업공간의 형성과 변화 – 일제강점기를 중심으로」, 『대한지리학회지』 38-5,
     2003.3.

福島士朗 編, 『李朝の全州』, 1909.

소순열, 「근대 전주경제의 구조와 변화」, 『전주학연구』 7, 2013.

소순열 · 원용찬, 『전북의 시장경제사』, 신아, 2003.

장명수, 『성곽발달과 도시계획 연구 – 전주부성을 중심으로』, 학연문화사, 1994.

전주문화재단, 『제1권 일제식민시대 구술실록(1907~1945)』, 2007.

全州府, 『全州府勢一斑』, 1941.

全州商工會議所, 『商工の全州』, 1938.

전주상공회의소, 『전주상공60년사』, 1995.

전주시사편찬위원회, 『전주시사』, 1964.

帝國公民敎育協會 編, 『市町村別日本國勢總攬』下卷, 帝國公民敎育協會, 1936.

朝鮮總督府, 『市街地の商圈』, 1925.

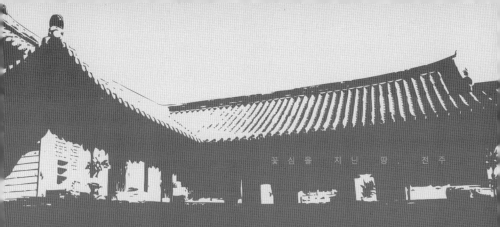

꽃 심 을   지 난   땅 ,   전 주

제**6**편

문화예술

1장

음식창의도시 전주

함한희(전북대학교 교수)

전주는 예부터 음식의 맛으로 유명한 고장이다. 전주 인근에는 너른 평야가 펼쳐져 있고, 가까이에 산과 바다 그리고 강이 고르게 둘러쳐져 있기에 풍부하고 다양한 식재료를 구하는 데 유리한 곳이었다. 천혜의 자연환경과 더불어 멋을 추구해온 선조들의 발달된 미감 덕택에 조리 솜씨가 여느 지방보다 뛰어났다. 오늘날 유명세를 타고 있는 전주의 음식 맛은 다양한 자연과 인문환경이 고르게 작동되면서 누대에 걸쳐 전승되어온 것이지, 어느 날 갑자기 만들어진 것이 아니다. 이러한 이유에서 전주 음식은 역사적이고 문화적인 맥락에서 이해하려는 노력이 필요하다.

1. 음식문화 발달의 배경

특정한 지역의 음식문화가 발달하기 위해 필요한 몇 가지 전제조건이 있다. 세계적인 명성을 얻고 있는 음식의 고장이 가지고 있는 공통된 특징으로 미루어 짐작해볼 수도 있다. 무엇보다 식재료를 풍

부하게 얻을 수 있고, 인구와 물자 유통이 활발한 곳에서 음식문화
가 꽃피운다. 뿐만 아니라 느림의 미학으로 조리된 음식의 종류가
많은 곳이 음식의 메카라고 불린다. 오래된 생활의 지혜가 듬뿍 담
긴 음식들이 지역의 문화적 위상을 드러내게 된다.

전주도 음식문화가 발달할 수 있는 자연적·사회적 환경을 가지
고 있었기에 한국 전통음식의 중심에 서게 된 것이다. 전주는 산, 평
야, 바다, 강을 모두 끼고 있어서 다양한 식재료를 구할 수 있는 좋
은 지리적 여건을 가지고 있다. 국내에서는 가장 넓은 호남평야의
곡물과 소채류, 노령산맥의 명산에서 나오는 임산물, 서해의 해산
물, 만경강과 동진강의 민물고기 등에서 나오는 다양한 식재료로 산
해진미가 만들어질 수 있었다. 농업국가 시대였던 조선시대로 거슬
러 올라가면, 전주 주변의 평야지대가 국내 농업생산을 주도하는 곳
이었으며, 서울과 평양에 이어 사람들이 많이 사는 도시였다. 그래
서 의주 및 충주와 더불어 전주는 조선의 5대 도시로 꼽혔다. 고대
에는 '완산(完山)'이라고 불렸으나 754년에 전주로 개칭되어 오늘에
이른다. '완(完)'과 '전(全)'은 모두 '온전하다'는 의미이므로 사람들이
살기에 편안한 곳이라는 뜻으로도 풀이된다.

음식문화가 발달하기 위한 두 번째 조건인 지역의 인문환경이 어
떠했는지도 살펴볼 필요가 있다. 전주는 10세기경 후백제의 왕도이
기도 했으며, 조선왕조를 개창한 전주 이씨의 근거지로서 왕조의 뿌
리라는 지역적 특징을 가진 도시이다. 이러한 사실은 전주의 문화적
위상과도 무관하지 않다. 전라도 양반들만이 아니라 일반인들도 격
조 있는 문화를 자랑거리로 삼아왔기에 전주는 예부터 양반도시라
는 이름을 얻어왔다. 양반이 많아서라기보다는 전주 사람들이 누리

는 문화를 그렇게 평가해온 것이다. 예(禮)와 예(藝)를 중히 여기는 전주 사람들이 양반처럼 생활한다고 본 것이다. 이 두 가지를 누리고 살았던 전주 사람들이 이 고장을 예향(藝鄕)으로 만들기도 했다.

음식도 예향을 이루는 데 중요한 자리를 차지하고 있었다. 사람들이 모여서 예의를 갖추고 예술을 즐기려면, 술과 음식의 격도 자연스럽게 높아지게 마련이다. 이러한 분위기 아래 전주 사람들의 미각이 발달되었고, 미식이 나오게 된 것이다. 그래서 "전주에 가면 수령보다 아전이 낫고, 아전보다는 기생이 낫고, 기생보다는 소리가 낫고, 소리보다는 음식이 좋다."는 말도 전해지고 있다.[1]

전주는 오랫동안 호남 일대의 정치, 경제 그리고 문화의 중심지였다. 전라도 감영은 호남 일대를 다스리는 지방정치의 중심지였다. 뿐만 아니라 전주에는 큰 시장이 형성되어 있어 인근에서 생산되는 산물의 집산지로 경제 활동도 활발했다. 비근한 예로 조선 후기 남밖장(현 남부시장)이 전국의 6대 시장 중 하나로 꼽혔다.[2] 조선왕조 내내 정치, 경제, 문화의 중심지를 누려온 전주에서 음식문화가 발달한 것은 당연한 결과이기도 하다. 여기에 더하여 위에서도 설명한 바와 같이 천혜의 자연지리적 환경이 제공하는 풍부한 식재료 덕분에 전주의 음식은 전국적으로 명성을 얻을 수 있었다.

2. 전주 음식의 특징

지금까지 전주 음식의 특징을 설명한 여러 자료를 검토해서 간결하게 정리한 글에 따르면, "전주로 대표되는 전라도 음식은 흔히 다양한 농수산물의 공급으로 식재료가 풍부하고, 상차림에 음식의 가짓수가 많으며 사치스럽고, 기후가 따뜻하여 음식의 간이 센 편이고, 고춧가루도 많이 쓰므로 맵고 자극적인 것이 특징"이라고 한다.[3] 또 전주 음식을 설명할 때 빠뜨리지 않고 소개되는 것이 비빔밥과 콩나물국밥이며, 전주의 팔미(八味, 여덟 가지 미식) 또는 십미(十味, 열 가지 미식)를 거론하기도 한다. 이처럼 전주 음식의 특징을 설명하는 데 있어서 식재료, 조리방법, 맛 등에 초점을 맞추거나, 지역의 대표적인 음식을 중심으로 설명하는 것이 일반적이다. 여기에 더하여 이 책에서는 음식과 관련된 문화를 종합적으로 분석해서 그 특징을 열거해 보고자 한다.

1) 예(禮)와 예(藝)를 갖춘 전주 음식

우리나라는 전통적으로 예절을 소중히 여겨왔다. 유학사상에 기대어 굳이 어렵게 설명하지 않더라도 사람들이 더불어 살아가기 위해 가장 필요한 덕목이 예절이기 때문이다. 가족과 사회 그리고 국가를 유지하기 위해 필수적으로 지켜야 하는 것이 예(禮)였다. 그 일환으로 반가(班家)에서는 '봉제사 접빈객(奉祭祀 接賓客)'을 중시했다. 이러한 전통은 반가에서만이 아니라 다른 계층으로도 확산되어 제사를 모시는 일과 손님을 극진하게 대접하는 일은 사회 전체가 지켜야 하는 규범으로 자리하고 있었다. 손님들의 식사와 주안상을 차리는 일은 집안 여성들의 몫이었는데, 과거에는 오늘날처럼 음식점에서 대접하는 일이 가능하지 않았기 때문이다. 각 집안마다 여성들의 손맛이 좋은 전주에서 음식이 유명해진 것은 외부에서 온 손님들의 입담을 통해서였을 것이다. 예의를 갖추어서 정성껏 대접하던 솜씨가 널리 알려지면서 전주의 음식이 이름을 얻었다고 본다.

음식은 준비에서부터 상차림, 대접할 때, 먹을 때, 나눌 때 모두 예절을 필요로 한다. 전주의 전통음식은 예로 시작해서 예로 마무리 짓는 음식이었다고 해도 과언이 아니다. 좋은 식재료를 가지고 정성을 쏟아 조리한다는 것이 바로 음식 예절의 기본이었다. 먹는 사람들을 생각해서 몸에 좋은 음식을 준비하고, 푸짐하면서도 맛깔스럽게 만들어내는 일이 바로 전주 여성들의 손맛에서 나왔다. 음식을 예술의 경지로 이끈 것도 남을 배려하는 마음과 예의에서 나온 것이라고 볼 수 있다. 여성들의 솜씨가 먹는 이들의 미각과 시각을 모두 충족시키면서 감동까지 선사한 것이 바로 전주 음식이었다.

2) 향토적 특색을 충분히 이용한 전주 음식

지역의 특산물을 이용하여 전승 비법으로 조리하는 음식을 향토음식이라고 부를 수 있다. 전주에는 오래전부터 전주의 팔미 또는 십미라고 꼽히는 음식들이 있다. 오랜 세월 구전되어온 이야기를 가람 이병기 선생은 『근음삼수(近吟三首)』에서 언급하였고(1950년대 초), 이어서 이철수도 『전주야사』(1967)에서 콩나물과 미나리를 더하여 십미를 소개하였다.[4] 사람들마다 다소 차이는 있는데, 최근 많이 인용되고 있는 전주 팔미는 기린봉 열무, 신풍리(현 송천동) 호박, 한내 무, 상관 게, 전주 남천 모자(모래무지), 선왕골 파라시, 대흥리 서초, 오목대 황포묵이다.[5] 이러한 향토음식들이 이제는 노인들의 기억 속에만 남아 있다. 전주 사람들이 그리워하는 추억의 음식들을 몇 가지 간추려서 소개하면 다음과 같다.

- 삼례게장: 만경강 지류인 삼례 한내에서 잡은 민물 게로 만들어서 맛이 독특하다.
- 황포묵: 원래는 녹두로 만드는 청포묵인데, 전주에서는 황포묵으로 불린다. 전주의 특수한 생태환경 아래서 키운 녹두와 철분이 많은 물 때문에 노란색을 띠고 있다고 해서 붙여진 이름이다.
- 모래무지찜: 모래무지찜은 전주천에서 잡은 것으로 만들어야 제맛이라고 한다. 모래무지는 진흙에서는 살 수 없는데, 전주천은 사질의 토양을 가지고 있어서 모래무지가 서식하기 좋은 환경이었다.
- 토하젓: 전주 십미에서는 빠졌지만, 민물새우를 몇 년 삭혀서 만든 것이 토하젓이다. '젓갈의 꽃'이라고 한다. 보성강 상류에서 잡은 민물새우로 만든 것이 제일 맛있었다고 한다.

타 지역에서도 생산되는 평범한 식재료들로 만든 음식이라도 전주에서는 색다른 맛으로 다시 태어난다는 것이 전주 미식가들의 주장이다. 황포묵과 토하젓 그리고 게장 등이 그러한데, 메밀로 만든 평범한 청포묵이 전주에서는 황포묵이 되며, 보성강에서 잡은 민물새우도 전주에서 만들어야 토하젓의 독특한 맛을 낸다는 것이다.[6]

3) 발효음식, 묵힌 음식, 기다림의 음식

음식의 맛을 말로 표현하기는 매우 어려운 일이다. 그만큼 맛이 가지고 있는 다양하고 복합적인 것을 언어가 따라가지 못하기 때문

이다. 또한 환경, 계절, 날씨, 개인적인 감정에 따라 음식 맛은 천차
만별로 느껴지기 때문에 더더욱 음식 맛을 말로 구사하기 어려울 때
가 많다. 전라도에서는 맛을 표현하는 독특한 말이 있는데, 이 말의
정확한 뜻은 음식을 앞에 두고서야 표현과 설명이 가능하다. "음~
이 음식은 '게미'가 있네."라고 할 때, 음식상을 마주하고 앉은 상대
방에게는 그 뜻이 전달된다. '게미'는 깊고 은근한 음식 맛이라는 뜻
을 가지고 있는 것 같기도 하고, 입에 딱 맞는 맛이라는 뜻 같기도
하다. 전라도 방언이기 때문에 글자 표현에 있어서는 '게미', '개미'
그리고 말투에 따라 '갱미', '겟미' 등 다양하게 발음되기도 한다.[7]

게미가 있는 맛을 내기 위해 음식 전문가들이 공통되게 지적하는
것은 장류(된장, 고추장, 청국장)와 젓갈의 사용이 중요하다고 한다. 장류
나 젓갈은 발효음식의 대명사이고, 묵히고 기다려야 제맛을 내기 마
련이다. 즉 자연의 이치를 따르되, 정성을 다해 만들어야 제대로 된
맛을 기대할 수 있다는 것이다. 과거에는 장을 담글 때 택일이나 고
사를 지내기도 했을 정도로 온갖 정성을 다했다. 최근에는 집집마다
장을 담그는 일도 줄었으니 이러한 풍속도 사라졌다.

발효음식은 묵히고 기다리는 '정성어린 음식'임에는 틀림없다. 음
식을 만드는 사람의 마음가짐과 솜씨가 어우러져 독특한 맛을 내며
건강에도 좋은 발효음식이 전주 음식의 기둥이 되어왔다.

3. 전주의 대표 음식

1) 비빔밥

전주비빔밥의 특징은 유독 나물을 많이 넣어서 맛과 영양을 고루 취할 수 있도록 한다. 채식 선호도가 높은 요즈음 인기를 얻고 있을 뿐더러 건강식이라는 이미지를 갖게 되었다. 전주비빔밥의 특징을 한마디로 말하기는 어렵지만, 전주에서 생산된 콩나물을 사용한다는 점과 오색·오미 등 계절에 따른 신선한 채소 30여 가지를 넣어서 만든다는 점 등을 들 수 있다. 고명으로는 은행, 잣, 밤, 호두 등을 사용하면서 색을 맞추는 한편, 영양학적으로도 완전식품이 되도록 한다. 비빔밥의 어원은 '골동지반(汨董之飯)'인데, 순조 재위 시 홍성모가 지은 『동국세시기(東國歲時記)』(1849년)에 나오는 이름이다. 여러 가지 음식을 넣고 비볐다는 뜻으로 해석한다. '부빔밥'이라는 기록도 있는데, 이는 19세기 말에 지은 것으로 알려진 작자미상의 『시의전서(是議全書)』 및 1913년에 나온 『조선요리제법(방신영 저술)』에도 비빔밥의 옛 명칭이 나타나고 있다.[8] 조선시대에도 비빔밥을 먹기는 했다는 점은 분명하지만, 유래를 알고 싶어 하는 사람들에게 들려줄 수 있는 명쾌한 답은 없다. 유래에 대한 여러 가지 설이 있는데, 다음의 네 가지를 추려보았다.[9]

- 궁중음식설: 임금님이 드시는 수라는 크게 네 가지(흰수라, 팥수라, 오곡수라 그리고 비빔수라)가 기본이었다. 그중 비빔수라는 점심때나 종친을 대접할 때 주로 내놓는 밥이었다고 하는데, 그것이 민가에 전

해졌다는 설이 있다.

- 음복설: 제사 때 조상신께 바친 음식을 의식이 끝난 후 함께 나누어 먹었다는 데서 비빔밥이 유래되었다.

- 공동체 음식설: 농번기에는 노동의 강도가 심해서 여러 끼니를 먹으면서 일을 하게 된다. 이때 구색을 갖춘 상차림을 준비하기 어려워서 간편하게 먹을 수 있도록 고안된 식단이라는 설이다.

- 섣달그믐날 묵은해의 남은 음식을 없애기 위해 남은 음식을 밥에다 비벼먹었다는 설이 있다.

평양, 해주, 진주의 비빔밥도 잘 알려져 있다. 비빔밥으로 유명한 도시들의 공통점으로 각종 의식이 많았다는 주장도 있다. 의식이 끝나고 나서 참여한 사람이 함께 모여서 나누어 먹었던 비빔밥이 그 도시의 대표적인 음식이 되었다는 것이다. 전주에서도 경기전에서 종묘행사가 있었는데, 종묘제례가 끝나고 나서 관리들과 참여한 사람들이 함께 제사음식을 나누어 먹는 일이 잦았다는 것이다. 결국 비빔밥이 발달하게 된 이유가 여러 사람들이 함께 간편하게 먹을 수 있다는 점을 든다.[10]

전주비빔밥에는 다채로운 재료가 들어간다. 콩나물을 비롯한 각종 계절 나물, 황포묵, 쇠고기, 고추장 등을 넣어 만든다. 밥을 지을 때도 육수를 부어서 짓는데, 이는 밥알이 서로 달라붙지 않고 나물들과 잘 섞일 수 있도록 하기 위함이다. 좋은 식재료를 쓰는 것이 비빔밥의 맛을 내는 데 필수적이며, 각종 나물의 간도 잘 맞추어야 맛이 어우러진다. 전주비빔밥에는 콩나물과 함께 황포묵이 꼭 들어간다. 현재는 치자 물을 들여서 노랗게 만들지만, 예전에는 전주 땅에

서 자란 녹두와 물을 사용하게 되면 자연스럽게 황포묵이 되었다고
한다.

오색의 나물과 고명을 섞는데, 이때 녹색(미나리, 호박, 오이 등), 붉은
색(당근, 고추장, 대추, 육회 등), 황색(콩나물, 달걀, 황포묵, 호두 등), 백색(무, 도라지,
밤, 잣 등), 흑색(표고, 다시마, 고사리 등)의 재료가 어우러지면 완벽한 영양
식이 된다. 오색을 통해 오감을 자극해주는 효과도 있고, 음식은 미
각과 시각을 동시에 작동시킬 때 더 맛있게 느끼게 마련이다. 이러
한 사실을 일찍이 깨달은 사람들이 바로 전주 사람들이다.

2) 전주의 콩나물국밥

전주의 콩나물은 고소하면서도 맛있다. 한국인은 콩을 단백질 공
급원으로 여겨 오래전부터 많이 먹어왔다. 여러 가지 콩을 사용해서
식재료 및 식품으로 다양하게 개발했는데, 콩나물만큼 대중적인 것
은 없다.[11] 콩나물은 손쉽게 키워서 다양한 방법으로 조리해서 먹을
수 있어서 서민들이 가장 애용하는 식품이다. 유독 전주의 콩나물은
맛있기로 유명해서 이를 이용한 콩나물국밥 또한 맛이 있다. 타 지
역에서 흉내 낼 수 없는 것이 콩나물국밥이라고도 한다.

일제강점기에는 콩나물국밥을 '탁백이국'이라고도 불렀다. 뚝배
기에 끓여 나온다고 해서 붙여진 이름인데, 그 맛이 일품이었다고
한다. 맛을 내는 고기가 전혀 들어가지 않고, 콩나물과 소금만을 사
용해서 만들었는데도 맛이 뛰어나다는 잡지 기사도 남아 있다.[12] 전
주의 물로만 기른 콩나물이 그 맛을 좌우하는데, 자연환경, 식재료,
만드는 사람들의 솜씨가 어우러지는 별미임에 틀림없다.

오방색 고명을 얹은 전주비빔밥   콩나물국밥

콩나물국밥은 원래 가격이 저렴해서 서민들이 즐겨 먹던 음식이다. 특히 장날 장에 모인 사람들이 손쉽게 먹을 수 있으면서도 당시 부유한 사람들도 즐겨먹었다고 한다. 콩나물국밥의 유래와 관련해서도 여러 가지 설이 있는데, 이 가운데 남부시장에 나무를 짊어지고 온 나무꾼을 비롯해서 새벽부터 집을 나선 장날의 객들을 위해 저렴한 가격으로 따뜻하게 먹을 수 있는 국밥에서 시작되었다고 한다.

4. 맺는말

이 장에서는 전주 음식이 명성을 얻게 된 배경에서부터 특징에 이르기까지 간략하게 검토해보았다. 전주 음식이 유명해진 것은 단지 음식의 맛뿐만 아니라 문화적인 특성 때문이라는 점에 주목해보았다. 한 지역의 음식이 발달하게 된 배경에는 자연과 인문사회적 요건이 충족되어야 하는데, 전주를 둘러싸고 있는 자연환경이 어떻게 유리하게 작용했는지도 약술했다. 한편, 전주 음식문화의 특징으로는 예(禮)와 예(藝)를 갖춘 완전한 음식이라는 점을 강조했다. 특히 기다림의 미학으로 완성하는 발효식품이 근간이 되어 전주 음식이 '게미'를 가지게 된다는 점도 새삼스레 들추어보았다.

전주의 비빔밥과 콩나물국밥은 전주 음식의 대명사가 되었지만, 아쉬운 것은 전주 지역 여성들의 손맛과 정성이 깃든 다채로운 음식들이 점차 빛을 잃어가고 있다. 전주가 유네스코 음식창의도시로 지정된 것은 지속 가능한 음식문화의 발전을 기대하고 있기 때문이다. 전주가 명실공히 국제적인 음식도시로 거듭나기 위해서는 전주 사람들이 가지고 있는 손맛과 음식에 대한 각별한 관심 그리고 전통에 바탕을 둔 창의성을 발굴하는 데 더욱 힘을 기울여야 할 것이다. 그렇지 않으면 유네스코 음식부문 창의도시의 맥이 끊어질까 두렵다.

전주 음식은 전주 시민의 자긍심의 원천이며 정체성의 일부이기에 그 전통을 이어갈 수 있도록 시민적 차원의 노력과 관·학계로부터 지속적인 뒷받침도 필요하다.

---

1   속칭 '사불여설(四不如說)'이라고 하는 말의 어원은 분명하지 않다. 속설로 전해지면서 세태에 따라 내용도 조금씩 달라진 것이 아닐까 한다. 조선 후기 문인화가인 이하곤이 쓴 『남유록』에는 '삼불여설(三不如說)'이 언급되어 있다. 즉 여자가 남자만 못하고(女不如男), 배가 무만 못하고(梨不如菁), 꿩이 닭만 못하다(稚不如鷄)는 뜻이다. 이하원은 1722년 10월부터 12월까지 호남 일대를 답사하면서 일기 형식의 글을 쓰면서 이 말을 남겼다 [「전북일보」, 2006년 11월 30일, [오목대] 전주 사불여설(四不如說)].

2   남밖장은 풍남문 밖에 있었다고 붙여진 명칭이다. 한때 서문 밖에 있던 선밖장도 번창했으나, 1923년에 남밖장에 병합되었다(조병희, 『완산고을의 맥박』, 2001, 신아출판사, 337-338쪽).

3 조숙정, 『콩에서 발견한 전북의 음식문화』, 전라북도 · 국립민속박물관, 2008, 11쪽.

4 조숙정, 위의 책, 171쪽; 전북대학교, 2001, 12-13쪽.

5 전주시청 홈페이지 http://food.jeonju.go.kr

6 전북대학교 고고문화인류학과 BK21사업단, 2009, 전주 한정식 원형구축 및 스토리개발, 34-55쪽.

7 '게미'는 '깊고 은근한 음식 맛'을 의미하는 전라도 방언이다. 『전남방언사전』, 이기갑 외 4인 공저, 태학사, 1998.

8 우리민속문화연구소, 2008, 「전주음식 스토리개발 사업보고서」; 전주시청, 2011, 『한국인이 가장 사랑하는 음식 참 맛있는 전주의 한식이야기』 I 참고함.

9 전주시청 홈페이지 http://tour.jeonju.go.kr/index.sko?menuCd=AA04001000000

10 우리민속문화연구소, 위의 보고서.

11 전북 지역의 콩과 콩으로 만드는 식품에 대한 상세한 글은 조숙정, 위의 책을 참고한다.

12 전주명물 탁백이국, 「전주음식 스토리개발 사업」, 2008, (사)우리민속문화연구소. 최종보고서, 90쪽.

[참고문헌]

우리민속문화연구소, 「전주음식 스토리개발 사업」, 보고서, 2008.

이기갑 외, 『전남방언사전』, 태학사, 1998.

전북대학교 고고문화인류학과 BK21사업단, 「전주 한정식 원형구축 및 스토리개발」, 2009.

전북대학교, 「전주 8미 및 장류 발굴 조사보고서」, 2001.

전북일보, [오목대] 전주 사불여설(四不如說), 2006년 11월 30일자.

전주시청, 『한국인이 가장 사랑하는 음식 참 맛있는 전주의 한식이야기』 I, 2011.

전주시청 홈페이지.

조병희, 『완산고을의 맥박』, 신아출판사, 2001.

조숙정, 『콩에서 발견한 전북의 음식문화』, 전라북도 · 국립민속박물관, 2008.

2장

귀명창의 동네 전주

이상규(전주교육대학교 교수)

전주는 소리의 고장이라고 한다. 전주 사람들은 노래 부르기를 좋아하는데, 일반시민도 단가와 판소리 한 대목은 어느 장소에서건 너끈히 부를 줄 알고, 판소리 공연장에서 '얼씨구', '잘한다' 같은 추임새가 자연스럽게 나오는 등 판소리에 대한 높은 선호도와 수준을 자랑한다. 특히 전문 소리꾼의 소리를 평가하고 분석할 수 있는 이른바 귀명창이 많은 지역으로도 알려져 있어 타 지역의 명창들은 전주에서의 판소리 공연을 한편으로는 좋아하면서도 다른 한편으로는 부담스러워한다고 한다. 이런 까닭에 지금도 전주에는 판소리 명창이 많고, 판소리를 공부하는 학생들도 많으며, 판소리 애호가는 물론, 판소리 공연도 상당히 많은 편이다.

일반적으로 소리는 '음성'이나 '음향'이라는 뜻으로 쓰이고 있지만, 국악계에서는 예전부터 김매기소리, 방아소리, 선소리, 상엿소리, 판소리 등의 예에서 보듯이 '노래'라는 의미로 사용되었다. 김매기소리는 김을 매면서 부르는 노래이고, 방아소리는 방아를 찧으면서 부르는 노래이고, 선소리는 여러 사람이 서서 소고라는 작은 북

을 치고 춤을 추면서 부르는 노래이며, 상엿소리는 상여를 메고 나
가면서 부르는 노래이다. 이 중 판소리는 옛날에 창우, 광대 또는 가
객이라 불리던 가수들이 노래판에서 긴 이야기로 판을 짜서 부르
던 노래인데, 노래뿐 아니라 노래 사이에 대사를 하는 아니리와 함
께 발림 또는 너름새라는 몸짓까지 곁들인다는 점에서 무용과 연극
의 요소도 고루 갖추고 있다. 이처럼 판소리는 노래로 나타내는 장
르 중 고도의 예술성과 전문성이 요구된다는 점에서 소리 중 으뜸의
지위를 획득하게 되었다. 전통적인 노래의 또 다른 표현으로 사용된
소리는 차츰 전문성과 예술성이 높은 성악 갈래를 지칭하게 되었으
며, 판소리는 그런 평가에 어울리는 가장 대표적인 예술이었다.

　전주는 삼한시대에는 마한에 속하였고, 백제 때는 완산주로 부르
다가 통일신라 때는 전주로 이름이 바뀌었다. 그 후 후백제의 도읍
이 되었다가 고려 태조에 의해 안남으로 고쳐졌으나 태조 23년 다시
전주로 고쳐졌다. 조선조 태종 때 전주는 경기전에 이태조의 영정을
봉안하고 전주부윤을 두었으며, 이후 조선 말까지 변동이 없었다.
전주는 일제강점기 때에도 도청 소재지가 되었고, 1935년에 완주
군과 분리하여 전주부로 승격되었으며, 광복 후 1949년에 전주시가
되었다. 이러한 역사를 지니고 있는 전주는 전라도 지역을 대표하는
도시로서 오랫동안 호남지역의 정치, 경제, 사회, 문화, 예술의 중심
지로서의 역할을 충실히 수행해왔다. 그런 점에서 전주가 남도의 가
장 대표적인 예술인 판소리 고장으로서의 명성을 누리는 것은 자연
스럽다.

1. 전주와 전주대사습

전주대사습은 전주가 판소리의 고장이자 전승지로 인정받는 데 가장 큰 공헌을 하였다. 전주대사습은 전라도를 대표하는 전주와 전라도 지역의 가장 대표적인 판소리가 어우러진 축제로, 오랜 역사와 정통성이 더해진 최고의 행사이자 상징이다.

전주대사습놀이는 해마다 단오 무렵 전주에서 벌어지는 판소리를 중심으로 한 민속음악경연대회이다. 판소리명창부 · 농악부 · 무용부 · 기악부 · 시조부 · 민요부 · 가야금병창부 · 판소리일반부 · 궁도부 · 명고수부 등 총 10개 부문으로 나뉘어 열리는 전주대사습놀이는 매년 최고의 판소리 명창을 배출하며 판소리의 맥을 이어왔을 뿐 아니라, 우리의 소중한 전통문화유산을 현대의 문화 속에 살아 숨쉬게 하는 국악 축제마당으로서의 큰 의미를 지니고 있다.

전주대사습놀이의 최초 발생 시기는 조선 철종과 고종 대인 19세기 초이고, 전주대사습놀이의 관장 부서는 통인놀음이며, 전주대사습놀이의 성격은 판소리를 위한 순수한 축제였다. 대사습은 동짓날 한 달 전부터 시작된다. 현재의 도청에 해당하는 영문통인청과 현재의 시청에 해당하는 본부통인청에서는 각기 전국의 명창과 광대를 수소문하여 실력 있는 사람을 초청한다. 초청된 광대들은 극진한 대접을 받으며 목을 풀고 발성연습을 하는 등 한 달여 동안 수련에 힘쓰는데, 행사일인 동짓날에 영문광대와 본부광대는 서로 기량을 발휘하여 관중의 갈채를 받으며 승부를 결정한다.

전주대사습은 전국에서 모여든 엄청나게 많은 판소리 애호가와 귀명창들이 청중으로 참가하기 때문에 일부 소리꾼은 그 위세에 눌려 제 실력을 발휘하지 못하기도 하였다. 실제로 후기 8명창 중 한 사람으로 인정받는 정창업은 그의 나이 22세 때 처음 참가한 전주대사습에서 「춘향가」 중 '이도령이 광한루 구경 차 나가려고 방자를 불러 나귀안장을 지으라고 분부하는 대목'을 부르다가 너무 긴장해서 "저 방자 분부 듣고 나귀안장 짓는다. 나귀안장 지을 적에 나귀 등에 솔질 솰솰렁렁렁" 하다가 그만 말문이 막히고 말았다. 당황한 정창업은 다음 사설이 기억나지 않아 "나귀 솔질 솰솰" 부분만 반복하였는데, 어떤 관객이 "저 혹독한 솔질에 나귀는 죽고 말 테니 차마 볼 수가 없구나."라고 야유를 퍼부었다. 그러자 소리판은 웃음바다로 변했고, 정창업은 더 이상 소리를 하지 못하였다고 한다. 물론 정창업은 더욱더 소리공부에 정진하여 3년 후 다시 참가한 전주대사습에서 「심청가」를 불러 명창으로서의 명성을 얻게 되었다. 이를 계

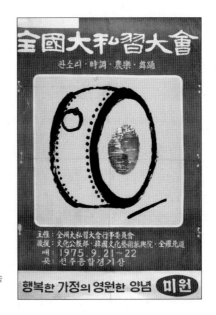

제1회 전주대사습놀이 포스터 1975년 | 전주대사습
놀이보존회 소장

기로 정창업은 흥선대원군 앞에서 소리를 하게 되었고, 고종임금으로부터 통정대부라는 벼슬도 제수받게 된다.

정창업 명창의 경우처럼 전주대사습에서 소리를 가장 잘한 명창은 상경하여 어전에서 소리를 하였고, 무과 선달 등의 직계를 제수받는 경우가 많았다. 그들은 1년간 운현궁에서 명창 혹은 국창으로서의 명예를 얻고, 상당한 부를 축적하였으며, 운현궁에서 나와 고향으로 돌아와서도 대부분 국창으로서의 대우와 함께 대원군의 지속적인 비호를 받아 소리꾼들에게 선망의 대상이 되었다고 한다. 이렇게 명창, 나아가 국창으로서의 명예와 경제적인 부를 제공하는 효과로 전주대사습의 위상은 점점 더 높아졌다.

이렇게 전국의 소리꾼들과 판소리 애호가들이 모여 즐기는 판소리 축제는 며칠 동안 계속되었는데, 축제가 거듭되면서 참가자들의 수준은 점점 높아졌고, 관객의 큰 호응을 받은 광대는 전국적으로 그 명성을 떨치게 되었다. 그에 따라 전주대사습은 전국의 뛰어난 광대들이 모여들었고, 그 결과 전주는 판소리명창 등용문의 고장이라는 위치를 차지할 수 있게 되었다. 전주대사습이 배출한 명창들로 김세종, 박만순, 박유전, 이날치, 장자백, 정창업, 박기홍 등이 알려져 있다.

이러한 전주대사습은 구한말 이후 중단되었다가 1975년 전주 지역의 뜻있는 인사들의 의기투합으로 1975년 부활된다. 경연대회 형태로 바뀐 전주대사습놀이전국대회는 1975년 판소리명창부와 농악, 시조, 무용, 궁도의 다섯 종목으로 시작하여 1978년 제4회 대회에는 기악을 추가하였고, 1979년 제5회 대회에는 민요를, 1980년 제6회 대회에는 판소리 일반부를, 1984년 제10회 대회에는 가야금 병창부를, 그리고 2010년 제30회 대회 때에는 명고수부가 추가되어 현행과 같은 10개 분야로 운영하게 되었다. 이와는 별도로 1983년 제9회 대회부터 전주대사습놀이 학생전국대회를 신설하여 현재까지 운영하여오고 있다.

2. 전주의 명창

1403년(태종 3)에 전주부의 명칭을 갖게 된 전주는 조선조 말까지 지속되다가 1914년 고산군의 통합으로 전주군이 설치되었으며, 1935년 전주읍이 전주부로 승격됨에 따라 완주군으로 개칭되어 현재에 이르고 있다. 그런 점에서 현재 행정 명칭으로 사용하는 전주시와 완주군의 분리는 1935년 이후이지만, 판소리의 역사적 흐름으로 보면 전주와 완주는 하나의 지역권으로 파악하는 것이 적절하다.

1940년 발간된『조선창극사』에는 익산 출신의 권삼득, 전주 혹은 경기도 진위군 또는 죽산에서 출생하였다는 모흥갑, 전남 창평 혹은 전주에서 출생하였다는 주덕기와 함께 전주 출생의 명창으로 송재현, 장수철, 염덕준, 송업봉이 기록되었다. 이 중 초기 명창인 권삼득은 전라감사의 비호 아래 활동한 지역이 전주이고, 모흥갑 역시 말년을 전주에서 후진양성을 하며 보냈기 때문에 전주가 주요 활동지라고 할 수 있다. 또한 1980년대 이후로 이 지역이 동초제 소리의 중심이 되면서 오정숙 명창이 주목을 받게 되었다.

권삼득은 최초의 양반 소리꾼으로 더 잘 알려진 명창으로, 판소리가 한창 대중적 기반을 잡아가던 1771년(영조 47)에 안동 권씨 승지공

심중과 권내언의 둘째아들로 태어났다. 그는 양반이었음에도 어려서부터 글공부보다는 천시받던 광대의 소리공부에 매진하였다. 그 결과 권삼득은 열심히 소리공부를 하여 득음했고, 전주감사의 비호를 받으며 전주 지역에서 활동했는데, 양반 출신 광대를 일컫는 비가비 광대로서 초기 판소리명창으로 평가받게 된다. 권삼득은 1841년 70세를 일기로 소리 인생을 마감했는데, 전북 완주군 용진면 구억리에 그가 소리공부를 했다는 소리굴과 묘가 있다.

판소리는 음악이나 사설 내용이 고정되어 있지 않기 때문에 뛰어난 소리꾼에 의해 새롭게 구성되어 대목이 추가되는 경우가 있다. 이를 '더늠'이라 하는데, 더늠은 특정 소리꾼이 특별히 잘 부르는 대목 또는 유파에 따라 특징적인 대목이나 음악스타일을 포함한 개념으로 사용된다. 그런 점에서 더늠은 작곡자의 개념이 거의 없는 판소리에 작곡이나 편곡 또는 특별히 장기라는 의미가 부여된다.

권삼득의 더늠으로 「흥보가」 중 '놀부 제비 후리는 대목'이 잘 알려져 있는데, 이 대목은 '설렁제'라고 불렀다. 덜렁제, 권제, 권마성조, 드렁조라고도 하는 설렁제는 중중모리 장단으로 되어 있는데, 높은 음이 계속되다가 낮은 음으로 뚝 떨어지거나 낮은 음에서 높은 음으로 갑자기 치솟는 선율방식이 특징이다. 또한 매우 경쾌하고 씩씩한 느낌을 주기 때문에 경박한 인물이 거드럭거리며 외치고 나가는 대목에 주로 쓰인다. 이러한 설렁제는 지금도 「춘향가」에서 군로사령이 춘향을 잡으러 가는 대목이나 「심청가」에서 남경장사 선인들이 처녀를 사려고 외치는 대목 등에서 쓰인다. 권삼득의 설렁제는 현행 판소리에 전해진 최초의 더늠으로, 판소리의 표현영역을 확대했을 뿐 아니라, 다양한 더늠의 등장을 촉발시킨 계기를 마련하였다

권삼득 기적비 전주시 덕진동 전북도립국악원 내

는 평가를 받는다.

　모흥갑은 소리꾼 최초로 벼슬을 받은 광대로 유명하다. 경기도 진위 혹은 죽산, 전주 출생설로 알려진 그는 순조, 헌종, 철종 시대의 인물이다. 그는 헌종 앞에서 소리를 하였으며, 헌종으로부터 명예직이기는 하지만 종2품인 동지 벼슬을 받았는데, 임금에게 최초로 벼슬을 제수받은 소리꾼으로 알려져 있다. 특히 어전광대로 서울에 머물러 있던 모흥갑은 평양감사 김병학의 초청으로 평양 대동강가의 연광정에서 소리를 하게 되었는데, 10폭짜리 「평양도」에 모흥갑의 공연 장면과 함께 '명창 모흥갑'이라는 글자가 기록되어 있어 눈길을 끈다. 이 병풍은 판소리 연구에 귀중한 자료로 활용되고 있다. 그는 말년에 전주에서 후진을 양성하며 80세까지 장수하였다고 한다. 모흥갑의 더늠으로는 「춘향가」 중 이별가가 전하는데, 당시 연로하여 앞니가 다 빠진 상태에서 순음, 즉 입술소리로 불렀음에도 관객을 감동시킨 것으로 유명하다.

오정숙은 동초제 소리의 맥을 이어간 명창으로 알려져 있다. 경남 진주에서 태어난 오정숙은 세 살 때 아버지 오삼룡을 따라 전주에서 성장했다. 오정숙은 김연수 명창의 문하에서 10여 년 동안 판소리 다섯 바탕을 배우고, 1972년부터「춘향가」를 시작으로「흥보가」,「심청가」,「수궁가」,「적벽가」완창발표회를 갖는다. 1975년 전주대사습전국대회에서 대통령상을 수상하고, 1991년 국가지정 무형문화재 제5호 판소리「수궁가」보유자로 지정받았다. 동초 김연수 명창의 유일한 제자인 오정숙은 1974년 김연수 명창이 타계하자 동초제 소리의 맥을 잇기 위해 많은 노력을 한 것으로 잘 알려져 있다. 특히 1980년대 초에 완주 동상면에 동초제 소리 전수관인 동초각을 건립하고 후진 양성에 힘썼으며, 2008년 향년 73세를 일기로 타계하였다. 그는 이일주, 조소녀, 민소완, 은희진 등의 명창들을 배출하였는데, 그들의 활발한 활동 덕분에 동초제는 판소리 양대 산맥 중의 하나가 되었고, 전주는 여전히 소리의 고장이라는 명성을 이어가고 있다.

전주는 역사와 전통을 자랑하는 전주대사습, 수많은 명창과 귀명창이 만든 판소리의 고장이다. 한옥마을이나 덕진공원, 전주천 둔치 어디에서건 판소리 한 대목이 울려 퍼져도 전혀 어색하지 않은 곳이 바로 전주이다. 전주는 소리의 고장이다.

[참고문헌]

국립민속국악원,『명창을 알면 판소리가 보인다』, 국립민속국악원, 2000.

김경식 외 11인,『무지개추억』, 신아출판사, 2014.

김종철,『판소리사 연구』, 역사비평사, 1996.

이상규, "전주대사습놀이의 명인 명창",『전주학연구』8, 전주시 · 전주역사박물관, 2014.

전라북도,『전라북도마을지킴이 · 정악』, 2004.

_____,『전라북도의 민속예술』, 1997.

한국정신문화연구원,『한국민족문화대백과사전』, 1999.

황미연,『전북국악사』, 신아출판사, 1998.

3장

한지의 본가 전주

이동희(전주역사박물관 관장)

우리 종이 한지는 닥나무로 만들어 질기고 단단한 특성을 지니고 있다. 이런 특성으로 인하여 우리 종이 한지는 글씨를 쓰고 그림을 그리는 서화용만이 아니라 다양한 생활용품을 만드는 소재로 널리 활용되었다.

조선 말의 러시아정책보고서에 의하면 중국에서 종이를 발명했지만 종이를 만드는 제지술과 종이의 다양한 쓰임새는 조선이 으뜸이라고 하였다. 그리고 이러한 조선의 종이 생산을 대표하는 곳이 전라도라고 했다.

전주는 이러한 전라도의 수부로, 한지 생산을 대표하는 곳이었다. 조선의 기본법전인 『경국대전』에 전주가 남원과 함께 종이를 뜨는 장인인 지장(紙匠)의 수가 23명으로 단일 군현 중에서 가장 많다. 전주부채가 조선시대 임금에게 올리는 진상품으로 유명한 것도 질 좋은 전주한지를 바탕으로 한 것이다.

전주한지의 빼어남은 영남 안동의 풍습에서도 찾을 수 있다. 안동에서는 며느리를 친정에 보낼 때 담뱃잎 한두 근을 전주장지(全州障紙)에다 깔끔하게 싸서 보내는 것이 최고의 선물이었다고 한다. 한지의 본가로서 전주의 전통은 현재도 이어지고 있다.

1. 전주한지의 역사

1) 삼국시대~고려시대의 전주한지

우리나라에 종이와 제지기술이 전래된 것은 삼국시대부터이다. 중국으로부터 육로를 통해 2~4세기에 마(麻)를 원료로 한 제지법이 고구려에 가장 먼저 전래되었다. 백제는 중국 강남 남조(南朝)에서 해상을 통해 3~4세기에 닥을 원료로 한 저지법(楮紙法)이 전래되었다. 신라는 가장 늦어 백제로부터 4세기경 저지법이 전래되었을 것으로 추정하고 있다.

삼국 중에서 제지사에 가장 큰 역할을 한 것은 백제이다. 백제는 닥나무[楮]로 만든 닥종이를 처음으로 중국 강남에서 들여와 고구려 · 신라 · 일본 등에 전파하였다. 따라서 닥나무 재배에 적절한 토양을 갖추고 있던 전주는 삼국시대에 이미 대표적인 종이 산지로 자리했을 가능성이 크다.

우리나라의 제지기술이 비약적으로 발전한 것은 통일신라를 거쳐 고려시대에 이르러서라고 할 수 있다. 중국인이 최고의 종이로 선호하는 고려지는 이때 형성된 것으로 보인다. 고려는 닥나무 재배를 국가적으로 권장하는 등 한지 생산을 국가산업으로 발전시켜갔다.

후백제 견훤이 고려 왕건에게 부채를 선물하였음은 널리 알려진 사실이다. 견훤은 918년 고려 왕으로 즉위한 왕건에게 공작선(孔雀

색실상자 조선 후기 | 전주역사박물관 소장
한지로 만든 생활공예품으로, 색색이 수실을 넣어두고 쓰던
것이다.

扇)과 지리산 대나무로 만든 화살을 선사하였다. 견훤이 왕건에게 부
채를 선물하였다는 사실은 당시 이곳에서 생산된 부채가 특산품이
었으며, 부채를 만드는 종이의 질이 뛰어났음을 보여주는 것으로 생
각된다. 조선시대의 일이지만 부채는 국왕에게 올린 전주의 진상품
이었고, 전라도에 화살을 만드는 장인이 가장 많았다.

『고려사』「정가신 열전」에 보면, 고려 충렬왕 6년(1280) 정가신이
임금과 종이에 대해 논하면서 자신이 전주 지방관으로 있어봐서 종
이 만드는 것이 얼마나 힘든 일인지 안다고 말하고 있다. 전주한지
의 우수성을 직접 언급한 것은 아니지만, 전주가 한지의 주요 산지
였음을 엿볼 수 있다.

또 고려 말 목은 이색은 전주 사람 이백유의 효성을 높이 산 시에
서 "완산엔 종이가 있어 넓고 또한 길거니, 내 그 종이 다 쓰련다 어
찌 그만둘 쏜가(完山有紙闊且長 我欲盡涅烏可已)."라고 하여 서화지로서
전주한지의 우수성을 예찬하고 있다. 이 시는 목은 이색이 이백유가

부친이 벼슬에 오르지 못한 것을 안타깝게 여겨 자기 대신 부친에게 벼슬을 내려줄 것을 상소해 부친이 벼슬에 오른 것을 치하한 것이다.

2) 조선시대의 전주한지

전주지역이 대표적인 한지 생산지였음은 조선시대의 기록들에서 확실히 알 수 있다. 『세종실록지리지』에 조선 초 전주는 남원과 함께 중국과의 외교문서에 쓰이는 당대 최고 품질의 종이를 생산하는 곳이라고 하였다. 또 전라도는 한지가 특산품이었으며, 그중에서도 전주와 남원에서 가장 질 좋은 종이들이 생산된다고 하였다. 조선 초 『신증동국여지승람』에는 전주한지를 상품(上品)으로 표기해놓고 있다.

조선 초에 반포된 『경국대전』에 '외공장(外工匠)'이라고 하여 지방의 장인들이 수록되어 있는데, 8도 전체의 외공장 수가 총 27개 종목에 3,656명이다. 이 중 종이를 뜨는 장인 지장(紙匠)들이 가장 많아 692명으로 전체 외공장의 18.9%에 이른다. 외공장 중에서 지장들이 가장 많다는 것은 제지업이 조선 수공업의 대표적인 산업이며, 종이가 일상생활에 그만큼 널리 쓰였음을 말해준다.

『경국대전』에 수록된 이들 지장을 군현별로 나누어보면 전주와 남원이 각각 23명으로 전국에서 가장 많다. 경상도는 가장 많은 지장을 둔 곳이 밀양으로 17명이다. 충청도는 가장 많은 지장을 배치한 곳이 청주, 공주, 홍주로 각각 6명이다. 강원도는 2명, 황해도는 4명이 지장이 가장 많은 군현이다. 전주와 남원의 지장 수가 압도적으로 많다는 것은 조선 초 이 두 지역이 한지 생산을 대표하는 곳이었음을 보여준다.

조선 후기에도 전주한지의 품질을 최고로 꼽았다. 18세기 서명응 (徐命膺)은 『고사신서(攷事新書)』에서 우리 종이 중에서 조지서의 자문 지와 평강의 설화지, 전주와 남원의 선자지·간장지·주유지·유둔 지·죽청지 등이 가장 빼어나다고 하였다.

19세기 전반 서유구(徐有榘)도 『임원경제지(林園經濟志)』에서 조지서 의 자문지, 강원도 평강의 설화지, 전주와 남원의 선자지·간장지· 주유지·유둔지 등이 조선의 특산 종이이며, 이외에 태지·죽청지 도 빼어난 명품이라고 평하고 있다.

19세기 말 이유원(李裕元)은 『임하필기(林下筆記)』에서 종이는 우리 나라가 해내에서 으뜸이며, 그중에서도 호남이 제일이라고 말하고, 호남의 대표적 산지로 전주, 순창, 남평, 남원 등을 꼽고 있다. 또 이 들 지역에서 생산된 종이의 특질을 평하고 있는데, 수질과 관련이 있다고 말한다.

구한말 제정 러시아가 조선의 제반 문물을 조사 정리한 정책자료 집 『한국지』(1900)에는 중국이나 일본보다 조선에서 종이를 다방면에 걸쳐 가장 널리 사용하고 있고, 조선의 제지술이 종이를 발명한 중 국보다 앞섰다고 수록되어 있다. 그리고 이런 조선종이의 절대다수 가 전라도에서 생산되고 있다고 하였다. 전주는 이런 전라도 한지 생산의 중심이었다.

조선 멸망 후 일제강점기에도 전주는 제지업을 대표하는 곳이었 다. 1944년에 간행된 『조선지(朝鮮紙)』에 한지업에 종사하는 호수들 이 조사되어 있는데, 먼저 도별로 보면 전라북도가 1,772호로 가 장 많다. 전라북도 1,772호를 군별로 나누어보면 완주가 가장 많아

475호가 한지제조업에 종사하고 있다. 완주는 1935년 전주에서 분리된 전주의 외곽으로, 실질적으로 한지가 많이 생산되었던 곳이다. 완주군에 이어 두 번째가 고창 311호, 세 번째가 진안 303호, 네 번째가 임실군 290호, 다섯 번째가 남원 143호, 여섯 번째가 순창 107호, 일곱 번째가 무주 91호이다. 전주는 이처럼 일제강점기 말에도 한지 생산을 대표하는 곳이었으며, 광복 이후에도 이런 전통은 그대로 이어졌다.

2. 전주 일원의 지소

1) 전주고지도에 등재된 조선시대 지소

전주에는 병풍형의 대형 고지도 「4폭병풍 전주부지도」(전북대박물관)와 「완산십곡병풍도」(국립전주박물관) 2점이 전해온다. 이들 고지도는 19세기에 제작된 것으로 당시의 전주 모습이 상세히 그려져 있는데, 전주성 안팎에 종이를 뜨던 지소(紙所)가 표기되어 있다.

전주부성 안에 보면 전라감영 내에 지소가 있다. 감영 서북편으로 책을 찍는 인출방 양옆에 내지소 건물이 있다. 지소 밑으로 내려오면 부채를 만드는 선자청이 매우 큰 규모로 있다. 지소 건물에는 '지소'라고 표기된 건물과 '지침(紙砧)'이라고 표기된 건물이 있다. 지침은 고해(叩解)가 이루어지는 곳으로 생각된다. 고해는 닥나무 백피를 닥돌 위에 올려놓고 방망이로 두들겨 닥섬유를 잘게 부수는 것을 말한다. 지소 위에는 '도침방(搗砧房)'이라고 표기된 건물이 있는데, 도

전주한지 뜨기 『일본지리대계 – 조선 편』(1930)

전주부채 제작과정 『일본지리대계 – 조선 편』(1930)

침은 디딜방아를 찧어 종이를 단단하고 평평하게 다듬는 것이다.

전주천 밖 도토리골에는 외지소가 설치되어 있다. 사직단 북쪽 도토리골 천변가로 황학대(黃鶴臺) 아래 산으로 둘러싸인 채 앞면이 열려 전주천에 접하고 있고, 그 안에 외지소 건물 기와집 3채가 그려져 있다. 마을 앞에는 전주천을 건널 수 있는 작은 다리가 있다. 외지소가 있던 도토리골은 구 진북교 건너편에 있는 마을로, 북쪽으로 유연대 어은골이 이웃해 있다. 전주에서 임실로 넘어가는 상관에도 외지소가 설치되어 있다. 슬치 만마관에 가기 전에 신원역이 있고, 이 역에 못 미쳐 좌편으로 지소가 위치해 있다.

조선 후기에는 특히 사찰에서 많은 종이를 생산하였다. 전주의 경우도 남고산성 지도에 남고사와 함께 지소가 표기되어 있다. 전주부 고지도에 송광사 지소가 나와 있지는 않지만, 소양면 송광사는 전주 한지의 기원과 관련해 주목되는 곳이다.

2) 전주 일원의 근현대 지소

전주지역의 한지공장이라고 하면 흔히 한지골로 지칭되는 흑석골을 떠올린다. 전주 흑석골은 전주한지의 대표적인 생산처로, 지금과 달리 예전에는 계곡에서 흘러나오는 질 좋은 물이 풍부해서 한지를 뜨기에 적절한 여건을 갖추고 있었다.

그러나 흑석골이 한지골로 자리한 것은 한국전쟁 이후이다. 한국전쟁 전에는 흑석골에 전주제지 한 곳(현 고궁한지)이 있었다. 동산면, 덕치면 등 전주 외곽에서 한지를 제조하던 지공들이 한국전쟁 때 피난 나왔다가 전쟁 후 흑석골에 눌러앉아 한지를 뜨게 되면서 흑석골에 한지공장들이 모여들게 되었다.

전주에는 앞서 고지도에서 보았듯이 본래 전주천변을 끼고 지소들이 자리했다. 지장들의 구술에 의하면 좁은 목 앞에 꽤 큰 지소가 있었고, 그 위쪽 천변가에도 지소들이 있었으며, 현 전통문화관(구 최병심 고택) 자리에도 지소가 있었다. 전주교대 정문 앞, 길 건너 서편에는 기산당 한지공장이 있었다. 전주역 앞에 위치한 산자락에는 종이우산공장들이 즐비했으며, 여기에서 만든 종이우산들이 전국에 팔려나갔다.

전주한지가 주로 생산되었던 곳은 전주천 주변과 함께 전주 외곽지역이다. 지금의 완주군으로 소양면, 상관면, 구이면 3개 면이 한지 생산을 대표하던 곳이다. 완주군은 전주시의 외곽지역으로, 1935년 전주에서 분리되었다.

소양면 송광사는 전주한지와 관련해 유명한 곳이다. 전해오는 이야기에 의하면 "고려조에서 조선에 이르기까지 송광사의 하급 스님들이 직접 종이를 뜨고 동리 사람들에게도 이를 가르쳐 관수용을 납품했다."고 한다. 절에서 불경간행 등의 이유로 종이를 떴으며, 특히 조선 후기에는 관영에서 민영으로 넘어가면서 사찰이 종이 생산의 거점이 되었다.

지장들의 구술에 의하면 송광사를 중심으로 소양면은 마수교 부근을 비롯해 냇가를 따라 그 안쪽으로 한지공장들이 꽉 들어차 있었다. 지금도 슬라브 벽돌로 된 한지공장 건물들이 여러 곳 남아 있다. 소양면에서는 주로 장판지를 생산했다. 서울에 아파트가 들어서면서 장판지 수요가 크게 증가하자 소양면은 장판지 생산지로 또 한 번의 절정을 맞았다.

송광사 부근 한지공장

　상관지역은 골짝마다 닥나무가 재배되었다. 현재도 닥나무가 지천에 널려 있다. 상관에서는 주로 창호지를 생산하였는데, 신리 백산 바우·새터·신흥·어두리·월암마을, 죽림리 정지골·공덕·공기골·서당(반월)·사옥·북재마을 등 도처에서 한지를 생산하였다. 구이면 또한 원안덕, 장파, 원항가마을 등 여러 곳에서 많은 종이를 생산하였다.

[참고문헌]

김덕진, 「조선시대 지방관영지소의 운영과 그 변천 – 전라도 지방을 중심으로」, 『역사학연구』 12, 전남대, 1993.

김삼기, 『조선시대 제지수공업연구』, 민속원, 2006.

송규진, 「일제하 한지의 생산과 수출」, 『한국사연구』 142, 2008.

완주군·전주역사박물관, 『완주한지의 역사성과 유적·유물』, 2011.

이동희, 「전주한지의 역사성에 관한 기초적 고찰」, 『전북사학』 45, 2014.

_____, 「한지, 제지술의 발전과 서화지로서의 성향」, 『전북사학』 28, 2005.

정선영, 「종이의 전래시기와 고대 제지기술에 관한 연구」, 연세대 박사학위논문, 1997.

조형균, 「한지의 뿌리를 찾아서」, 『제지계』 213~215, 한국제지공업연합회, 1990.

4장

완판본, 출판의 도시 전주

이태영(전북대학교 교수)

1. 완판본의 뜻

완판본(完板本)은 서울에서 발간된 경판본(京板本) 고전소설에 대비된 말로, 전주(全州)에서 판매를 목적으로 목판으로 발간한 고전소설을 일컫는 말이었다. 사전에는 다음과 같이 해설되어 있다.

> 완판본(完板本): [명사] [문학] 조선 후기에 전라북도 전주에서 간행된 목판본의 고대소설을 통틀어 이르는 말. 전라도 사투리가 많이 들어 있어 향토색이 짙다(『표준국어대사전』).
>
> 완판본(完板本): 조선시대 전주 지방에서 출판된 방각본(坊刻本)[『한국민족문화대백과사전』]

'완판'이란 용어에는 '방각본(坊刻本)'의 성격이 강하게 배어 있다. 한글 고전소설도 판매용 책이었기 때문에 '판매용 책'이란 뜻을 가진 '방각본'이란 어휘를 쓰면서 '완판 방각본'이란 용어가 사용되었다. 따라서 '완판 방각본'이란 어휘는 전주에서 발간된 판매용 책 전부를 가리키는 뜻이다.

한글 고전소설은 서울에서 목판으로 찍은 경판본(京板本), 경기도에서 목판으로 찍은 안성판본(安城板本), 그리고 전북 전주에서 목판으로 찍은 완판본(完板本)이 전부이다. 전주에서 발행한 완판본 한글 고전소설은 1823년 발간한 『별월봉긔하』를 시작으로, 제목으로는 약 24종이 현재까지 알려진 것이다.[1]

별춘향전, 열여춘향슈절가, 심청전, 심청가, 홍길동전, 삼국지, 언삼국지, 공명션성실긔, 소디셩젼, 용문젼, 니디봉젼, 쟝경젼, 장풍운젼, 덕셩의젼, 됴웅젼, 초한젼, 퇴별가, 화룡도, 임진녹, 별월봉긔, 졍슈경젼, 현슈문젼, 구운몽, 유충열젼

서울은 책이 출판된 지명을 간기에 사용하는 데 비하여 전주에서는 책이 출판된 지명도 쓰이지만, 주로 방위를 나타내는 '완서(完西)', '완서계(完西溪)', '완남(完南)', '완구동(完龜洞)', '완남구석리(完南 龜石里)' 등을 사용하여 '도시'의 상징성을 '完'으로 표기하고 있다. 여기서 '완판본'이란 용어가 탄생한 것이다.

2. 완판본과 경판본 한글 고전소설

전라감영이 있던 전주에 호남의 모든 물산이 모여들면서 시장이 크게 발달하여 각종 물건들이 교환되고 판매되었다. 또한 전주를 중심으로 사대부들이 활동하면서 지적 생산물인 책을 요구하게 되었

다. 수요에 따라 한지를 생산하게 되었는데, 이는 중앙정부의 요청과 시장에서 판매를 목적으로 생산하게 된 것이다. 이처럼 한지 생산, 시장 유통, 교통의 발달, 인쇄문화의 발달은 서로 유기적인 관계 속에서 발달하게 되었다.

특히 전라도는 김제, 부안, 나주 등의 너른 평야에서 쌀농사로 어느 정도 부유하게 된 계층들과 전주 같은 상업도시에서 중산층이 늘어나면서 재미를 위해 당시 유행하던 판소리와 유명한 중국 영웅들의 이야기를 글로 읽기 원했다. 따라서 이들이 출판사에 주문을 요청하면서 완판본 한글 고전소설이 출판된 것이다.

전라감영이 자리했던 호남에서 발전한 판소리는 완판본 한글 고전소설을 전주에서 발간하게 하는 계기를 만들었다. 이 소설로 말미암아 '완판본'이란 용어가 학계에서 공식적으로 쓰여 경판본과 더불어 인쇄문화의 양대 산맥을 이루게 되었다.

완판본과 경판본 고전소설은 쪽수, 글꼴, 문체 등의 측면에서 다른 특징을 보인다. 경판본 한글 고전소설은 쪽수가 16장본에서 38장본까지 있다. 20장본과 30장본이 대부분이다. 여기에 비해 완판본은 73장본, 84장본이 대부분이다. 예를 들면 같은 『춘향전』인 경우라도 경판본은 20장본인 데 비하여 완판본은 84장본이다.

쪽수가 이처럼 차이가 나는 것은 근본적으로 책을 발행한 목적이 달랐음을 보여준다. 즉, 경판본은 대중의 흥미를 충족시키기 위해 판매를 목적으로 발행한 책이었고, 완판본은 당시 전주지역에서 유행한 판소리의 사설이 당시 민중에게 너무나 인기가 있어서 소설로 만들어 달라는 요청을 받고 제작하여 판매한 책이었다.

완판본과 경판본은 둘 다 목판본이지만 글꼴이 상당히 달랐다. 경판본은 '궁체'의 하나인 흘림체(초서체)를 쓴 반면, 완판본은 민체로서 정자체(해서체)로 쓰였다. 글꼴이 이처럼 다른 이유는 경판본은 식자 층들이 주로 읽을 수 있도록 반초서체를 썼고, 완판본은 일반 서민이 읽고 국어를 공부할 수 있도록 정자체를 썼던 것이다.

전주의 완판본은 『구운몽』, 『장경전』 등을 제외하고는 대체로 해서체로 되어 있는데, 이는 완벽하게 반듯이 쓴 정자체를 말한다. 이러한 글자체를 '민체'라고도 부르고 있다. 정자로 글자를 새긴 이유는 소설 한 권을 다 읽으면서 우리 한글을 공부할 수 있도록 배려한 것이어서 완판본 한글 고전소설은 한문소설과는 아주 다르게 발간 목적이 흥미와 교훈을 주는 소설임은 물론 한글교육을 위한 책을 발간하는 데 있었다. 실제로 한글 고전소설 『언삼국지』의 첫 페이지에

열여춘향수절가 1916년 | 목판본
| 개인 소장
다가서포에서 발행된 것이다.

'가갸거겨'로 시작하는 자모음표인 반절표가 붙어 있어 이를 입증하고 있다. 소설책 한두 권을 다 읽으면 한글을 깨우칠 수 있도록 만들었던 것이다.

경판본은 이야기 서술 방식이 한문을 번역한 문어체 방식이었지만, 완판본은 우리 말투의 구어체 이야기 방식으로 서술되어 있다. 완판 고전소설의 특징은 일상 언어인 구어체가 주로 사용되고 있고, 방언이 많이 사용되어 방언 연구에 큰 도움을 주고 있다. 완판본 한글 고전소설은 다른 문헌과는 달리 낭송이 중심이 되었다. 고전소설이 낭송되었다고 하는 사실은 고전소설의 제목에서 발견된다. 완판본 고소설의 제목은 대부분 '화룡도 권지하라, 됴융전상이라, 됴융전권지이라' 등으로 되어 있다. 판소리의 고장이 아니면 낭송체의 완판본 고전소설도 등장하기 어려웠을 것이다.

3. 완판 방각본

방각본(坊刻本)이란 용어는 "판매하기 위해 찍은 책"을 말한다. 전주에서는 서울과 비슷하게 판매를 목적으로 찍은 책이 많이 생산되었다. '완판 방각본(完板 坊刻本)'이란 용어는 "조선시대 후기에 판매를 목적으로 전주에서 찍은 옛 책"을 말하는 것이다. 그래서 '완판 방각본 한글 고전소설'이란 말이 생겨난 것이다.

완판 방각본은 18세기에 전주에서 발행된 『동몽선습(童蒙先習)』을 시작으로 많은 책이 발간되었다. 전주에서 발행한 방각본은 대체로 〈표 1〉과 같다.

〈표 1〉 전주에서 발간된 방각본

고전소설	한문 고전소설	구운몽(九雲夢), 삼국지(三國誌), 전등신화구해(剪燈新話句解)
	한글 고전소설	목록은 위에 제시됨
자녀 교육용 도서	한자 학습서	몽학이천자(蒙學二千字), 일선천자문(日鮮千字文), 천자문(千字文), 사자소학(四字小學), 주해천자문(註解千字文), 초천자문(草千字文)
	교양서	명심보감초(明心寶鑑抄), 언해도상동몽초학(諺解圖像童蒙初學), 계몽편(啓蒙篇), 동몽선습(童蒙先習), 격몽요결(擊蒙要訣), 아희원람(兒戲原覽)
가정생활 백과용 도서	한자사전	전운옥편(全韻玉篇), 어정규장전운(御定奎章全韻), 삼운통고(三韻通攷)
	예절에 관한 책	상례유초(喪禮類抄), 상례(喪禮), 사례편람(四禮便覽)
	편지 쓰는 법	증보언간독(增補諺簡牘), 언간독(諺簡牘), 간독정요(簡牘精要), 서간초(書簡草), 한훤차록(寒喧箚錄)
	가정 의학서	방약합편(方藥合編)
	공문서 작성	유서필지(儒胥必知)
	중국 역사서	소미가숙점교부서통감절요(少微家塾點校附書通鑑節要), 통감오십편상절요해(通鑑伍十篇詳節要解), 고금역대표제주석십구사략통고(古今歷代標題註釋十九史略通攷), 사요취선(史要聚選), 신간증주삼략직해(新刊增註三略直解), 동래박의(東萊博議)
	생활상식	문자유집(文字類輯), 간례휘찬(簡禮彙纂)
	길흉화복에 관한 책	천기대요(天機大要)
유교 경전: 사서삼경		대학언해(大學諺解), 중용언해(中庸諺解), 논어언해(論語諺解), 맹자언해(孟子諺解), 시경언해(詩經諺解), 서전언해(書傳諺解), 주역언해(周易諺解), 중용장구대전(中庸章句大全), 소학제가집주(小學諸家集註), 시전대전(詩傳大全), 대학장구대전(大學章句大全)

4. 전라감영본(완영본)

전라감영에서 '완영(完營)'이란 이름으로 책이 발간된 시기는 주로 1700년대에서 1800년대까지인데, 1700년대부터 간기에 '완영'이라고 표기되어 있다. 따라서 '완(完)'이 생산적으로 쓰이기 시작한 시기는 이때부터라고 할 수 있다.

전라감영에서는 중앙정부의 요청으로 사대부 취향의 책을 만들게 된다. 전라감영에서 발행한 책으로는 정치, 역사, 제도, 사회, 어학, 문학, 유학에 관한 70여 종의 책이 간행되었다(표 2). 완영판 책을 찍으면서 발달한 전라감영의 목판 기술, 즉 각수, 인쇄 기술, 한지 생산 등은 이후에 계속되는 사간본과 방각본의 발달에 결정적인 역할을 하였다.

동의보감 간기 1814년(순조 14) | 목판본 | 개인 소장
전라감영(완영)에서 중간된 『동의보감』이다.

〈표 2〉전라감영에서 발간된 서적

정치서	명의록(明義錄), 명의록언해(明義錄諺解), 속명의록(續明義錄), 속명의록언해(續明義錄諺解), 금충장유사(今忠壯遺事), 양대사마실기(梁大司馬實記), 어제윤음(御製綸音)
역사서	강목(綱目), 어정사기영선(御定史記英選), 사기평림(史記評林), 좌전(左傳), 훈의자치통감강목(訓義資治通鑑綱目), 신간사략(新刊史略)
제도서	국조상례보편(國朝喪禮補編), 대전통편(大典通編), 상례보편(喪禮補編), 수교집설(受敎輯說), 증수무원록(增修無冤錄), 흠휼전칙(欽恤典則), 사례편람(四禮便覽), 율곡전서(栗谷全書)
사회서	가체신금사목(加申禁事目), 경민편(警民編), 경세문답(警世問答), 향약합편(鄕禮合編)
의서(醫書)	동의보감(東醫寶鑑), 의학정전(醫學正傳)
병서(兵書)	속병장도설(續兵將圖說)
어학서	삼운성휘(三韻群彙), 정음통석(正音通釋), 화동정음통석운고(華東正音通釋韻考)
문학서	간이집(簡易集), 눌재집(訥齋集), 동악집(東岳集), 둔암집(屯庵集), 백강집(白江集), 어제추모록(御製追慕錄), 영세추모록속집(永世追慕錄續錄), 육주약선(陸奏約選), 월헌집(月軒集), 잠재고(潛齋稿), 잠재집(潛齋集), 창하집(蒼霞集), 황하집(皇華集), 후재집(厚齋集), 석주집(石洲集)
유학류	성리대전(性理大全), 성리대전서(性理大全書), 성학집요(聖學輯要), 소학언해(小學諺解), 어정주서백선(御定朱書百選), 주자대전(朱子大全), 주자문집(朱子文集), 훈의소학(訓義小學), 훈의소학구언해(訓義小學具諺解), 훈의소학대전(訓義小學大全), 칠서(七書)
기타	풍산 홍씨 족보(豊山洪氏族譜)

전라감영에서 발간한 서적의 간행기록을 일부 소개하면 다음과
같다.

경민편[警民編, 乙丑(1829)六月完營開刊], 동의보감[東醫寶鑑, 歲甲戌
(1754)仲冬內醫院校正完營重刊], 명의록[明義錄, 丁酉(1777)孟秋完營開刊],

삼운성휘[三韻聲彙, 己丑(1829)季秋], 신편의학정전[新編醫學正傳, 歲己卯 (1759)季夏內醫院校正完營重刊], 어정주서백선[御定朱書百選, 乙卯(1795)完 營新刊], 오례의[伍禮儀, 乾隆癸亥(1743)秋完營開刊], 유제도도신윤음[諭 諸道道臣綸音, 乾隆伍十九年(1794)九月二十三日完營刊印], 육주약선[陸奏 約選, 甲寅手選御定陸奏約選丁巳(1797)完營刊印], 주자대전[朱子大全, 辛卯 (1771)入梓完營藏板]

호남관찰사가 전주에서 발간한 자료로는 다음과 같은 것도 있다.

• 주자서절요(朱子書節要): 萬曆 三十九年(1611년) 中秋 重刊 于全州府
• 십칠첩(十七帖): 萬曆 壬子冬(1612년) 湖南觀察使 李相公沖 模刊 于 完山府, 중국 동진(東晋)의 서가 왕희지(王羲之)의 편지를 모은 법첩
• 제범(帝範): 萬曆 四十一年(1613년) 正月日 嘉善大夫 全羅道 觀察使 兼 巡察使 李沖 開刊 于完山府

5. 조선 후기 전주의 책방

조선시대 후기에 전주 남문시장 천변과 사대문을 중심으로 책방 에서 완판본 한글 고전소설과 방각본 책을 판매하였다.

1) 서계서포(西溪書鋪)

1911년 당시 주소는 '전주군 부남면 서계 13통 6호(全州郡 府西面 四

契 十三統 六戶)'이며, 현재의 주소로는 '전주시 완산구 다가동 2가 70번지'이다. 완산교 앞 주유소 옆 골목에 있었으며, 당시 발간자는 탁종길(卓種佶)이다. 주로 고전소설과 방각본을 발간하였다.

2) 다가서포(多佳書鋪)

1916년 당시의 주소는 '전주군 전주면 다가정 123번지(全州郡 全州面 多佳町 一白二十三番地)'이다. '다가정'은 '다가동 2가'로 바뀌었기 때문에 현주소는 '전주시 완산구 다가동 2가 123번지'이다. 현재 완산교 입구에는 주유소가 들어서 있다. 당시 발간자는 양진태(梁珍泰)로, 주로 고전소설과 방각본을 발간하였다.

3) 문명서관(文明書館)

1911년 당시의 주소는 '전주군 전주면 다가정 124번지[全州郡 (全州面) 多佳町 壹貳四番地]'이다. 현주소로는 '전주시 완산구 다가동 2가 124번지'로, 다가서포의 옆집이다. 문명서관에서 발간한 서적은 주로 통감류였으며, 당시 발행자는 양완득(梁完得)이다.

4) 완흥사서포(完興社書鋪)

1912년 소설을 발간할 당시의 주소는 '전주군 부남면 구석리 1통 1호(全州郡 府南面 九石里 一統 一戶)'이다. 남부시장 쪽(전주 남문 쪽)에 위치한 전주교 부근이었을 것으로 추정하고 있다. 당시 발행자는 박경보

(朴敬輔)이다.

5) 창남서관(昌南書館)

칠서방(七書房)의 판매소로, 당시의 주소는 '전주군 다가정 45번지
(全州郡 多佳町 四十伍番地)'이고, 현주소는 '전주시 완산구 다가동 2가
45번지'인데 지번이 없어졌다. 현재는 전주천변 서천교 옆 성도교회
로 바뀌어 있다. 당시 주인은 장환순(張煥舜)이다.

6) 칠서방(七書房)

당시의 주소는 '전주군 본정 1정목 141번지(全州郡 本町 一丁目
百四十一番地)'이다. 현주소는 '전주시 완산구 전동 3가 141번지'이다.
주로 사서삼경(四書三經)을 간행하였다.

7) 양책방(梁冊房)

1932년 당시의 주소로 '전주군 용진면 아중리 890번지'이다. 현
주소로는 '전주시 우아동 1가 890번지'이다. 현재는 집이 헐리고 소
방도로가 되었다. 당시 발행자는 양승곤(梁承坤)이었으며, 주로 고전
소설을 발행하였다.

6. 결어

완영판 옛 책, 완판본 한글 고전소설, 완판 방각본 책들은 화려했던 완판본의 역사와 문화를 말해주고 있다. 전주에서 발행한 완판본은 서울에서 발행한 경판본과 대등한 관계를 유지하면서 조선의 책을 대표하였다. 서민을 중심으로 일기 시작한 개화 의식, 민주 의식은 전주지역 사람들이 많은 책을 통하여 배움을 가지고 있었기 때문에 가능하였다. 완판 방각본이 그 역할의 한 부분을 담당하였던 것이다.

특히 완판본 한글 고전소설은 서울의 경판본에 비교하여 양과 질이 매우 우수하여 후대의 소설 발달에 큰 공헌을 하였다. 활자본 소설은 물론, 한국의 현대소설에 큰 영향을 끼치면서 명실공히 소설문학의 원천지로서 역할을 한 것이다.

---

1   연세대 중앙도서관에 소장된 『서민황계전』은 1864년 발간된 것으로 추정하는데, '갑자 중춘의 곤산은긔셔라'라는 한글 간기를 가지고 있고, 전라 방언이 나타나는 점으로 미루어 완판본일 것으로 추정하고 있다(전상욱, 2010: 152).

5장

선비정신을 담은 전주의 서화

이철량(전북대학교 교수)

서화는 글씨와 그림을 말하는 것이며, 이 둘은 본래 한 몸에서 났다고 했다. 그 연원이 같은 것이어서 예부터 서화를 따로 구분하지 않았다. 글씨를 쓰고 그림을 그리는 도구가 같고, 그림과 글씨는 그 형상의 뿌리가 같다는 것이다. 그래서 서화는 한 화면에서 함께 조화를 이루어왔다. 그리고 서화를 하는 마음은 시와 같은 것이어서 시 · 서 · 화를 함께 보았다. 그리고 시 · 서 · 화를 함께했던 사람들은 학문에 밝았던 문인들이어서 이를 '문인화'라 하였다. 그런데 근대에 들어와 글씨와 그림이 각기 독립하면서 독자적 세계를 형성하였으나 그 속마음은 실상 다를 것이 없다. 그렇더라도 예전에 특별히 글씨만 썼던 서예가가 있었고, 그림만 그리던 사람도 있었으나 그림 속에는 으레 글씨가 함께한 것이 일반적인 풍조였다. 그리고 특히 18세기 전후 남종문인화가 크게 성행하였다. 전주는 특히 문인화의 본 고장이라 할 만큼 서화가가 많이 활동했던 지역이다. 그것은 전주가 호남의 중심으로 문물이 크게 번성하였기 때문이다. 그래서 타 지역에서 출생하였거나 활동하던 인물들도 대부분 전주를 중심으로 활동하고 작품이 소개되었다고 볼 수 있다. 따라서 실상 전주지역만 구분하여 그 흐름을 파악하는 것은 큰 의미가 없다. 실제로 지금까지 작품이 남아 있는 작가들의 연고를 따져보면 전주 출신은 그다지 많지 않다. 특히 김제 출신이 많고, 다른 지역에서 나고 전주에서 활동하였던 인물들이 많다. 그것은 예나 지금이나 크게 다를 바가 없다고 볼 수 있다.

전주에서 활동하였던 인물로 석계 최명룡(1561~1621)은 작고한 이후 대사헌에 추서될 만큼 크게 활동하였던 학자이자 예술가였다. 산수화와 인물화에 뛰어난 작품이 남아 있어 당시 화가로서 명성을 크게 얻었던 인물이었음을 알 수 있다. 그리고 최명룡 외에도 많은 작가들이 활동하였을 터이나 18세기 이전의 자료가 거의 산실되어 전주 서화를 짐작만 할 뿐 정황을 정확히 파악하기는 어렵다. 조선조 전통이 그러하였듯이 대부분 많은 작가들이 학문과 그림, 글씨를 함께 다루었지만 그중에서도 유독 글씨만 썼던 서예가가 있었고, 한편으로 그림만 주로 그렸던 인물도 있다. 그중 서예가로서 활동하였던 대표적인 인물로서 조선 말기 창암 이삼만과 현대 서예가로 석전 황욱이 있다. 한편으로 글씨와 그림을 함께 다루었던 대표적인 인물들로는 석정 이정직, 벽하 조주승, 효산 이광열, 유하 유영완, 유당 김희순, 강암 송성룡 등이 있다. 이들 외에도 수많은 서화가들이 활동하였다. 그것은 이 지역이 전통적으로 학문과 서화가 매우 활발하게 이루어진 고장이었기 때문이다. 이를 감안하여 비록 서화가 한 몸이라 하나 글씨와 그림은 그 형상에 있어서나 내용에 있어서 상당한 구별이 있어 따로 정리해보았다.

19세기 전후 전주를 대표하는 서예가로서 창암 이삼만(1770~1847)은 전주 교동에서 태어나 평생 동안 벼슬을 하지 않고 서예에만 몰

필신기독 이삼만 作 | 전주역사박물관 소장
필신기독(必愼其獨)은 혼자 있을 때 삼가라는 뜻으로 『논어』에 나오는 말이다. 창암 이삼만은 추사 김정희, 눌인
조광진과 함께 조선 후기 3대 명필로 꼽힌다. 그의 글씨는 물 흐르듯 유려하다고 하여 '유수체'라고 한다.

두하며 살았는데, 이러한 삶은 매우 이례적인 경우이다. 천성이 남
에게 자신을 내보이기 꺼렸던 예술가적 기질이 농후하였다고 알려
져 있는데, 실제로 그는 평생을 학문과 서예의 길을 걸었던 대표적
인 선비라 할 만하였다. 청년기에 가세가 기울어 종이를 구하기 어
려웠다. 그래서 삼베를 수차례 빨아가며 글씨 연습을 하였고, 벼루
3개가 닳아 구멍이 날 정도로 글씨를 썼다는 일화는 유명하다. 모든
서법에 능하였으며, 제자들을 위한 많은 서법집을 남기기도 하였다.
특히 「화동서법」이란 목판본을 남겨 후진에게 큰 영향을 주었다. 그
의 제자로서 서홍순과 모수명이 유명하였다. 서홍순은 익산 웅포에
서 태어나 이삼만에게 글씨를 배웠는데, 대부분 전주에서 활동하였
을 것으로 믿어지나 전하는 자료가 뚜렷하지 않다. 다만 아들 서병
우 등 4대에 걸친 그의 가솔들이 서예가로 이름을 남기고 있다.

한편으로 20세기 들어 대표적인 서예가로서 석전 황욱(1898~1993)
은 악필법(握筆法)으로 유명하다. 그는 고창에서 태어나 전주로 옮겨
와 말년을 보냈는데, 각종 서법에 미치지 않은 것이 없었다. 그러나

70세 이후 손이 떨리는 수전증을 앓게 되어 이전처럼 붓을 잡기가 어려워 손바닥으로 감싸 쥐는 악필법을 개발하였다. 이러한 병세는 새로운 글씨체를 개발하는 계기가 되었는데, 그의 글씨는 힘이 넘쳐 나고 기교가 배제된 독특한 조형미와 순박함을 담아냈다. 사실 추사 김정희 이후 동국진체를 통한 무기교의 기교라는 한국적 아름다움을 이룩해낸 인물이라 할 수 있다.

전주에서 활동하였던 뛰어난 서예가로 이순재(1869~1943)가 있다. 그는 인근 완주 고산에서 태어나 유학을 깊이 공부한 학자였다. 어려서부터 학문과 서예를 배워 일가를 이루었는데, 전주의 학자들과 자주 교류하며 지냈다. 그리고 나이 45세에 전주 교동으로 옮겨와 말년을 학문과 글씨에 매진하며 지냈다. 한편으로 부안에서 출생하였으나 전주에서 주로 활동하였던 서예가로서 박호병(1878~1942)이 있다. 일찍이 1930년에 전주에서 서예전을 열고 후진을 가르쳤던 인물로서, 소박하고 아름다운 조형미를 보여주는 글씨로 잘 알려져 있다. 그는 사실 글씨로 일가를 이루었으나 특히 사군자도 잘하였다.

이처럼 글씨를 하면서 사군자 등 문인화를 함께 그린 인물들이 많이 활동하였다. 이들은 사실 서예가이면서 화가라고 할 수 있는데, 이들이 문인화가이다. 그 대표적 인물로 석정 이정직이 있다. 석정 이정직(1841~1910)은 김제에서 출생하였으나 말년에 이르러 다시 고향으로 돌아가기 직전 한동안 전주에서 한약방을 하며 살았다. 그는 4세에 이미 천자문을 읽었다는 천재적인 인물로서 성리학에 뛰어난 당대 대표적인 학자이며 예술가였다. 그의 학문은 미치지 않은 곳이 없을 정도로 폭넓은 지식을 섭렵하고 있었는데, 특히 성리학에 기초한 실사구시 학문에 깊은 관심을 가지고 있었던 인물이다. 학문세계처럼 예술세계도 시문과 서예 그리고 그림에 미치지 않은 곳이 없을 정도로 폭넓은 인물이었다. 그의 글씨와 그림은 힘이 넘치고 유려하며 개성이 넘친다. 특히 그는 돌을 그린 괴석도에서 한국을 대표할 만한 인물이다. 그의 실사구시 학문에 바탕을 둔 돌 그림은 실제적이며 현대적인 화풍을 이루고 있다. 그리고 그의 학문과 예술은 많은 제자들을 통해 이어져왔는데, 사실 그의 제자들을 통해 현대 전주화단이 형성되었다고 할 만큼 큰 영향을 끼쳤다. 그의 제자 중에서 조주승, 송기면, 유영완 등 뛰어난 인물들이 있다.

벽하 조주승(1854~1903)은 김제 출신으로 어린 시절 인근에 살던 이정직에게서 10년 동안 학문과 서화를 익혔고, 나중에 주로 전주에서 활동하였다. 글씨와 특히 사군자에 매우 뛰어났던 인물로서 스승 이정직에 못지않게 한양에서 유명하였던 인물이다. 창암 이삼만 이후 가장 뛰어난 서예가라는 당대의 평가를 얻었다. 그리고 시를 노래하고 가야금을 잘 탔던 인물로서 당시 대표적인 예술가였다. 그의 아들 심농 조기석 또한 서화에 능한 인물로서 작품을 남기고 있다.

한편으로 그의 제자로서 한 시대를 대표하였던 인물로 효산 이광열(1885~1966)이 있다. 전주 교동에서 출생하여 서화에 몰두하며 교육자로서 살았다. 특히 김희순, 최규상 등과 함께 한묵회를 결성하여 후배들에게 서화를 가르쳤다. 본래 성품이 부드럽고 온화하여 주변에서 따르는 인물들이 많았다. 그의 서화 작품은 성품처럼 부드럽고 유연하다. 당시 대나무를 잘 그려 '죽사'라는 별칭을 얻었으며, 다양한 소재를 부드럽게 잘 그렸다. 유당 김희순(1886~1968) 역시 전주에서 출생하고 평생을 전주에서 살았다. 그도 서예와 함께 사군자를 비롯하여 담채가 아름다운 문인화를 잘하였다. 또한 설송 최규상

기명절지 이광렬 作 | 전주역사박물관 소장
자기 등에 꽃가지나 과일을 함께 그린 기명절지화로, 효산 이광렬의 작품이다.

(1891~1956)도 특히 글씨를 잘 썼던 인물이다. 그는 김제에서 출생하였으나 중년 이후에는 전주에서 활동하였다. 이 세 사람은 나이가 비슷한 사람들로 전주 서화 활동에 큰 역할을 한 인물들이다.

현대 서화가로서 큰 족적을 남긴 인물이 강암 송성룡(1913~1999)이다. 그는 여러 서체를 두루 섭렵하여 일가를 이루었는데, 특히 글씨와 함께 대나무를 많이 그렸다. 그는 김제에서 출생하였는데, 후에 전주로 거처를 옮겨 많은 후학을 가르치며 작품을 남겼다. 그의 학문과 예술은 아버지 유재 송기면의 영향을 받았으며, 형 송수용도 글씨를 잘 썼다. 뿐만 아니라 아들들에게도 가학이 이어져 실로 이 지역에서 서화로 큰 업적을 남겼다. 부친 송기면은 주로 김제에서 살면서 활동하였는데, 이정직에게서 학문과 서화를 익혔으며 당대에 대표적인 학자로서 존경을 받았던 인물이다.

또한 전주에서 활동하였던 인물로서 배석린(1984~1957)이 있다. 배석린은 충북 영동에서 출생하였다. 그는 보통고시에 합격하고 이 지역에서 관직에 근무하며 말년을 전주에서 보냈다. 특히 학문이 깊고

인품이 훌륭하여 많은 인물들과 교류하며 작품 활동을 하였다. 그는 독학으로 서화를 익혔다고 알려져 있으며, 조선미술전람회에서 난 그림으로 3등상을 받았을 만큼 독보적인 세계를 형성하고 있었다. 그의 아들 배형식이 부친의 예술을 이어받아 조각가로서 원광대학교 교수를 역임하였다.

한편 서화가로서 활동하였던 인물로 백홍기(1913~1989)가 있다. 전주에서 나서 최규상에게서 서화를 배웠다고 알려져 있으며 대한민국미술전람회에 초대작가, 심사위원 등을 역임하고 네 차례나 개인전을 열었던 인물이다. 또한 월담 권영도(1916~2004)는 경북 안동 출생으로 전주에서 최초의 사설미술관인 월담미술관을 설립하는 등 미술활동에 크게 기여한 서화가이다. 그는 14회나 개인전을 가졌을 만큼 왕성한 활동으로 전주 서화 발전에 크게 기여한 인물이다.

그리고 현대 서화가로서 민윤식(1919~2005)은 이광열이 설립한 한묵회에서 서화를 공부하고 한민서화회 회장을 지낸 인물로 전주에서 개인전을 여는 등 여러 활동에 참여한 인물이다. 남정 최정균(1924~2001)은 임실 출신인데, 원광대학교 서예과 교수를 지낸 인물로 이 지역 서화에 많은 영향을 미친 인물이다. 한편으로 남전 허산옥(1924~1993)은 김제 출생인데, 여성으로서 허백련에게서 서화를 익혀 특히 화조화를 잘하였다. 전주에서 음식점을 하며 오랫동안 활동하였는데, 그녀의 신세를 지지 않은 인물이 없을 만큼 많은 서화가들을 후원하였다고 한다. 대한민국미술전람회에 14회나 입선하는 등 꾸준히 활동을 이어갔다.

이처럼 글씨와 사군자를 비롯한 문인화를 잘하였던 인물들이 있었는가 하면 특히 그림에 전념하였던 화가들도 활동하였다. 그중 소제 이상길(1901~1959)은 정읍 출생이었는데, 전주에서 살며 활동하였다. 앞서 언급된 서화가들과는 다른 경향을 보였는데, 특히 영모화에 뛰어난 작품을 남기고 있다. 그는 군산에서 활동하였던 황종하에게서 사실화풍의 영모화를 공부하였는데, 호랑이를 잘 그린 것으로 알려져 있다. 문인화와 산수를 잘하였던 인물로서 우당 조중태(1902~1975)가 있다. 그는 부안 출생인데, 전주로 옮겨와 박호병에게서 서화를 익혔다고 알려져 있다. 특히 화조를 잘하였는데, 무엇보다 이 지역에서 흔치 않은 산수를 다루고 있어 특별하다고 할 수 있다. 조중태는 한국전쟁으로 전주에 피난 와 있던 이용우(1904~1952)에게서도 그림을 배웠는데, 이용우는 1년여 머무르다가 전주에서 작고하였다. 짧은 기간이지만 그에게 그림을 배운 인물이 나상목이다. 벽천 나상목(1924~1999)은 산수화를 잘하였으며 원광대학교 교수를 역임하였다. 전주에서 산수화가로 활동하였던 대표적 인물이 김종현이다. 토림 김종현(1912~1999)은 정읍에서 출생하였는데, 전주에서 활동하였다. 김은호에게서 그림을 배워 조선미술전람회에 입선하며 작품 활동을 하였다. 초기에는 화조, 영모화 등 다양하게 다루었으나 후에 산수화 작품을 많이 남겼다.

한편 정읍 출신으로 원광대 교수를 지낸 석정 남궁훈(1929~1984)도 산수화가로 활동하며 후진을 가르쳤다. 그 외에 풍속화로 널리 알려진 금추 이남호(1908~2001)는 경북 출신으로 김은호에게서 그림을 배워 풍속화를 잘하였다. 이광열, 이용우 등과 친분을 맺어 전주로 옮겨와 전주에서 활동하였다. 또한 인당 이영균(1912~2000)은 이광열의 아들로, 부친으로부터 서화를 익혀 문인화를 잘하였으나 이남호에게서 풍속화를 배워 풍속화가로 활동하였던 인물이다.

앞서 언급된 작가들을 통해 전주 서화의 특징은 문인화로 요약할 수 있다. 글씨와 문인화, 산수화, 영모화 등 다방면에서 활동하였던 인물들이 많았지만 특히 글씨에 뛰어난 인물이 많았을 뿐만 아니라 글씨와 더불어 사군자를 매우 폭넓게 다루었던 서화가들이 많았음을 알 수 있다. 그것은 전주가 그만큼 부유하였고, 그 기반으로 학문이 깊고 시문 그리고 서화에 뛰어난 인물들이 많이 활동할 수 있었던 예향이었음을 보여주는 것이다.

송화섭(전주대학교 교수)

단오절(음 5.1~5.5) 전주단오제의 축은 성황산의 성황제와 덕진연못
의 물맞이였다. 성황제가 단오절에 전주의 수호신인 김부대왕 일가
에게 성황제를 지내는 관행이라면, 덕진물맞이는 단오일에 덕진연
못의 물탕거리에서 부녀자들과 어린아이들이 연못의 물로 목욕을
하는 관행을 말한다. 덕진연못의 물은 건지산에서 내려오는 물과 연
못의 바닥에서 솟아나는 용천수(湧泉水)로, 물이 깨끗하고 수량이 풍
부하여 물맞이하기에 좋았다. 용천수는 땅속에서 솟아나는 물을 말
한다. 실제 덕진연못의 물은 건지산에서 내려오기도 하지만, 자체적
으로 바닥에서도 솟는다. 그래서 덕진연못에는 '무넘이'라는 지명이
붙어 있다. 무넘이는 '물이 항상 넘치는 곳'이란 뜻의 순수한 우리말
이다. 옛 문헌기록에도 덕진연못에 대하여 깊고 맑은 물이라 하였다.
마을주민들은 덕진연못의 물을 줄뿌리, 연뿌리, 창포뿌리가 썩어서
생겨난 약물이라고 믿고 있다. 덕진연못은 천연 못으로, 숲속의 옹달
샘과 같이 자연경관이 좋아 전주팔경 가운데 덕진채련(德津採蓮)의 아
름다움을 노래하였다.

단오제는 모내기를 마친 직후, 본격적으로 여름철에 접어드는 시

점에 거행된다. 단오절은 농민들에게 농한기다. 뙤약볕에 벼가 잘 자라도록 하늘을 향하여 우순풍조를 기원하는 기우제가 농민들의 가장 큰 소망이었다면, 부녀자들은 후덥지근한 기후가 본격적으로 시작되기 앞서 몸을 깨끗하게 정화하여 건강을 관리하는 게 가장 큰 소망이었다. 이러한 전주사람들의 소망이 덕진연못에 그대로 깃들어 있다. 최근까지도 덕진연못의 물탕거리에서 기우제를 지냈고, 지금도 단옷날에는 전주 인근의 사람들이 덕진연못에 물맞이를 즐기러 온다. 덕진연못의 물맞이는 호남 일대에서 가장 명성이 높은 단오물맞이였다. 이러한 사실은 1938년 7월 16일 자「동아일보」 "내 지방의 여름 풍물－덕진물맞이" 기사에서 확인할 수 있으며, 기사의 내용을 분석·정리하면 다음과 같다.

하나, 덕진연못의 물맞이는 전주의 역사적 명물인데, 호남 일대에서 가장 명성이 높은 단오명절이었음을 알 수 있다. 호남 일대에서 무려 3만 명이 단옷날에 덕진연못에 몰려든 것이다. 3만여 명이 덕진못가에서 대혼잡을 이루는 난장(亂場)이 매년 덕진연못의 단오풍정이었다. 전주 단오난장은 단옷날 덕진연못에서 이뤄졌으며, 호남 일대에서 주민들이 물맞이를 하려고 몰려들면서 자연스럽게 난장이 터진 것이다.

둘, 덕진연못 단오물맞이가 부녀자들의 해방적인 약수놀이라는 점을 강조하고 있다. 이날에 부녀자들이 반나체로 물맞이 목욕하는 것을 구경삼아 남자들이 몰려들고, 그 과정에서 남녀가 서로 얽혀 벌어지는 난장이 매년 단옷날 덕진연못에서 연출되었다. 물맞이는 부녀자들이 질병 치유 및 예방을 목적으로 목욕하는 전통적 관행이지만, 유교적 생활 관념으로 가정에 얽매여 생활하던 부녀자들에

덕진연못 단오물맞이 광경

게 물맞이는 해방적 성격이 강한 '약수(藥水)놀이'였던 것이다. 전주 사람들은 덕진연못의 물을 약수라고 인식하고 있었고, 약수의 효험이 있다고 믿고 매년 단오일에 덕진연못으로 몰려들었다. 덕암마을 주민들은 연뿌리, 줄뿌리, 창포뿌리가 썩어서 우러나온 물이니 약수라고 강변한다. 물의 오염을 따지는 사람들은 이해가 가지 않을 것이다. 해마다 단옷날이면 부녀자들은 아이들을 데리고 덕진연못을 찾았다. 물맞이는 부녀자 중심의 단오절 약수놀이로서, 목욕을 하는 게 전통적 관행으로 정착해 있었음을 보여준다.

셋, 전주 단오물맞이는 단옷날 단 하루다. 꼭 단옷날에 몸을 씻어야 약수의 효험이 있는 것은 아니지만, 단오일에 목욕을 하는 전통적인 관행에 따라 단오일 외에는 물맞이를 즐기는 사람이 없다. 단오일에 덕진연못의 물맞이는 피부병과 신경통에 효험이 있다는 소문으로 해마다 사람들이 찾아와 인산인해를 이룰 정도였다. 덕진연못 주변의 덕암마을 주민들도 어깨·무릎·발이 결리거나, 눈에 다래끼가 나거나, 부스럼 등은 물탕거리에 가서 몸을 씻으면 낫는다는 약수 경험담을 늘어놓는다. 왜 덕진연못의 물은 효험이 있다고 하는 것일까.

넷, 덕진연못 가운데에서 '온천이 솟는다'는 말이 전해온다. 덕진연못의 물이 양수로서 효험이 있다면 광물질이 함유된 온천물로 볼 수 있지 않느냐는 것인데, 덕진연못의 바닥에서 솟아나는 따뜻한 온천물이 아니라 용천수의 분출을 빗댄 표현이다. 덕암마을 주민들은 예전에는 덕진연못 바닥에서 지하수가 솟았으나, 팔각정을 짓고 난 뒤에 물구멍이 막힌 듯하다고 증언하고 있다. 온천이 솟는다는 말은 건지산 자락의 지층에는 물이 풍부하다는 사실을 말해준다. 덕진연못뿐만 아니라 용수동과 연화마을, 대지마을 등에도 수렁뱀이 있었고, 건지산 곳곳에 물수렁이 있었다. 따라서 건지산 천수답은 수렁물로 농사를 지었다. 전주 덕진연못의 수질개선은 결자해지다. 건지산의 풍부한 수자원을 복원하는 일이다. 건지산은 낮지만 물이 풍부하여 수원을 되살리고 물길을 덕진연못으로 되돌리는 복원이 하루 빨리 이뤄져야겠다. 그 길은 조경단 앞에서 합수하는 물이 연화천으로 흘러 덕진연못으로 들어가도록 해야 한다.

다섯, 덕진물맞이가 전주의 대표적인 명절풍속이었고, 이날 덕진연못에서 추천대회, 자전차대회 등 다양한 민속놀이가 벌어지는 관행에 따라 열차와 자동차를 이용하여 사람들이 아침부터 몰려들었다는 것이다. 점원 직공에서 상류층 부인들까지 몰려들었으니 자연스럽게 전주난장이 연출되었을 것이다. 지금으로 말하면, 전주단오제가 덕진연못에서 열린 것이고, 물맞이는 축제적인 분위기에서 전개된 것으로 보아야 한다. 교통기관의 추정이 1만 명이고, 언론에서는 3만 명 정도라 하니 좁은 덕진연못에 사람들이 꽉 찰 정도였을 것이다. 당시에는 전주에서 단오제가 가장 규모가 큰 축제였고, 단오물맞이의 관행도 전통적으로 내려왔다. 이러한 단오물맞이가 하루아침에 이뤄진 것일까? 물론 아니다. 이러한 단오물맞이의 역사는 고려시대까지 거슬러 올라간다. 고려시대에 전주의 덕진연못은 천연 샘이었다. 전주 사람들은 여름맞이 통과의례를 이곳 덕진연못에서 거행하였던 것이다. 단순히 몸을 씻는 게 아니라 신성한 세례의식을 거행하였던 것이다. '물세례(洗禮)'라는 용어도 전통적인 물맞이에서 나온 것이다.

여섯, 단옷날 덕진연못은 정기적인 재회의 기회였고, 만남의 장이었다. 물맞이의 단오풍속은 시집간 여자가 친정나들이를 하기가 쉽지 않았던 시집살이와 여성들의 외출이 쉽지 않았던 사회상이 반영되어 있다. 시집간 딸과 친정어머니가 만날 수 있는 기회가 단옷날 덕진연못의 물맞이였다. 딸이 시집간 지 몇 해 만에 물맞이에 나와 우연히 친정어머니를 만나 기뻐하는 모습을 종종 볼 수 있는가 하면 시집살이 시키는 늙은 사돈을 만나서 자기 딸을 학대하지 말라고 사돈 간에 싸움질하는 광경도 단옷날 덕진연못의 풍정이었다. 이처럼 덕진물맞이는 부녀자 중심의 전통명절이어서 여자들끼리 만나서 회합하고 소통할 수 있는 커뮤니케이션의 공간 기능도 하였다. 예전에는 부녀자가 시집을 가면 평생 친정나들이는 손가락을 꼽을 정도였던 시집살이 시절에 단오물맞이는 허가받은 관습적 외출이었다. 며느리가 시집살이의 한을 풀 수 있는 곳도 덕진연못 단오물맞이였다.

친정어머니만 만났을까. 좀처럼 만날 수 없었던 어릴 적 친구도 만나고, 보고 싶은 애인을 공식적으로 만날 수 있는 절호의 기회였다. 연정을 품은 처녀총각들은 단옷날에 덕진연못을 찾는 게 하나의 관행이었고, 자기 짝을 찾아 덕진연못을 헤매기도 했을 것이다.

일곱, 단오물맞이의 중심은 덕진연못의 무네미였다. 앞의 덕진연못 단오물맞이 광경 사진처럼 부녀자들은 다리 아래 무네미로 몰려들어 물맞이를 즐겼다. 덕암마을 주민들은 그곳을 '물탕거리'라 한다. 물탕거리는 '물로 몸을 씻는[盪] 곳'이라는 뜻인데, 단옷날에는 부녀자들이 제일 붐비는 곳이다. 따라서 덕진연못의 물탕거리는 연못의 물이 흘러내려 가는 무네미이며, 그곳이 몸을 씻기 좋은 곳이어서 물탕거리라 하였다. 물탕거리에는 근대화된 수문이 있다. 물탕거리에서 목욕하는 부녀자들은 수백 군중이 지켜보는 앞에서 체면이나 부끄러움 없이 군중심리에 따라 대담하게 나체를 노출시키고 목욕을 하였다. 물탕거리에서 부녀자들이 반나체(半裸體)의 모습으로 목욕을 하기에 경찰당국에서는 풍기문란의 문제가 발생할 것을 우려하여 남자들의 출입을 엄금했다고 밝히고 있다. 그러나 부녀자들에게 물맞이는 신성한 세례의식일 뿐 풍기문란을 유발하는 것은 아니었다. 풍기문란은 혈기왕성한 남자들이 물탕거리에 몰려들어 얼씬거리며 반라를 훔쳐보는 게 직접적인 요인이다. 혜원 신윤복이 그린 「단오풍정」을 들여다보면, 기녀들이 물 좋은 계곡에서 반라 상태로 목욕을 하고 있는데, 까까중머리 한 남자들이 바위틈에 숨어서 기녀들의 반라 목욕을 호기심 어린 눈빛으로 바라보고 있다. 조선시대에 이러한 물맞이 의식이 덕진연못에서도 그대로 재현되었던 것이다. 부녀자들의 반나체 물맞이는 성스런 세례의식을 거행하는 의례

행위인데, 남자들이 몰려가 성을 훔치면서 풍기문란을 유발한 것이다. 풍기문란의 결과는 쌍방 책임이지만, 발단은 남자들의 눈요기에서 시작되었다. 동남아시아에서 물세례는 성스러운 종교의식으로 대수롭지 않은 일이나, 유교 질서의 500년을 거치는 동안 여인들의 옷 벗고 목욕하는 의식이 낯선 풍경이 되었고, 풍기문란의 대상이 된 것이다. 여인들이 반라로 물맞이하는 의식은 하루아침에 이뤄진 게 아니라 뿌리 깊은 전통의식이란 사실은 인식하고 있는 듯하다.

여덟, 물맞이가 전통명절로서 축제의 기능을 하였고, 난장의 원형을 보여주었다. 난장의 핵심 요인은 물맞이를 하러 온 부녀자들이 반나체로 목욕하는 광경이었다. 부녀자들이 반나체 상태로 목욕하는 행위가 풍기문란 문제를 유발하는 문제점을 지적하고 있듯이, 단옷날 덕진연못의 물맞이는 남자들까지 합세하여 난장이 터지면서 군중심리가 발동하여 남녀 간 풍기문란의 단오난장이 터진 것이다. 여인들의 반라 천국인 덕진연못에서는 자연스럽게 다섯 가지 '맞이'의 단오난장이 하나의 풍속이었다. 전주 단오물맞이는 "물맞고, 비맞고, 서방맞고, 매맞고, 소박맞고"라는 관행이 있었다. 물맞고는 물탕거리에서의 물맞이를 말하고, 물탕거리에서 기우제를 지내면 비맞기도 하고, 서방맞고는 덕진연못 단오난장에서 성욕을 억제하지 못하고 외도의 불륜을 저지르는 행위를 가리키며, 매맞고는 단오난장에서 바르지 못한 외도로 남편에게 매맞는 일도 종종 있었음을 보여주는 것이며, 소박맞고는 단오물맞이에 가서 저지른 불륜으로 부녀자가 시집에서 쫓겨나는 일도 있었다. 이러한 다섯 가지 맞이는 전주단오제의 난장이 성대하게 열린 요인으로 작용하였을 것이다.

이러한 다섯 가지 맞이를 통해 전주 덕진연못의 단오물맞이는 오늘날 축제문화의 원형을 가장 잘 보여주는 단오난장이었던 것이다. 난장(orgy)은 무질서하고 문란하고 혼돈의 상태라고 할 수 있지만, 군중심리에 따라 자율적으로 억제하지 못하고 분위기에 휩싸여 놀고 즐기는 축제의 원형이었다. 덕진연못 단오물맞이는 단옷날 3만여 명의 인파가 몰려들고, 물탕거리에서는 부녀자들이 반나체로 물맞이를 즐기는 해방적 약수(藥水)놀이였다. 약수놀이는 전적으로 여성 중심의 물맞이 민속이었으나, 남녀 군중이 몰려들면서 신경통과 피부병을 치유 · 예방하기 위하여 물맞이를 즐기는 것보다 혼잡한 난장의 분위기에서 해방감에 도취된 단오 엑스타시 현상이 유발되었던 것이다. 고려시대에는 물맞이가 세례의식이었으나, 조선왕조를 거치면서 남성의 호기심 대상이 되었다. 더욱이 조선조 가부장적 사회의 전통이 강하게 내려오는 근대화 과정에서 가정생활에 스트레스를 받고 억눌렸던 부녀자들이 단옷날에 덕진연못에서 반나체 물맞이를 즐기는 해방감의 도취가 단오난장을 촉발시켰던 것이다.

전주역사 참고문헌

강준만 · 성재민,『재미있는 전주 이야기 – 천년고도 전주의 화이부동』, 인물과 사상사, 2008.

국립전주박물관,『옛 사진 속의 전북(1894~1945)』, 1998.

_____,『왕의 초상 – 경기전과 태조 이성계』(도록), 2005.

_____,『조선왕실과 전주』(도록), 2010.

김규남 · 이길재,『지명으로 보는 전주 백년』1~2, 전주문화원, 2001~2002.

김순석 외,『국역 조경묘의』, 전주역사박물관, 2013.

김진소,『전주교구사』, 빅벨출판사, 1998.

동학농민혁명기념사업회 편,『전북의 역사와 문화』, 서경문화사, 1999.

_____,『전북의 예술사』, 서경문화사, 2000.

서해숙 외,『우리 전주, 전주설화』, 신아출판사, 2001.

소순열 · 원용찬,『전북의 시장 경제사』, 신아출판사, 2003.

신순철 · 이진영,『실록 동학농민혁명사』, 서경문화사, 1998.

유재영,『전북전래지명총람』, 민음사, 1993.

윤흥길,『전주이야기』, 신아출판사, 1999.

이동희,『조선시대 전라도의 감사 · 수령명단 – 전북편』, 전북대전라문화연구소, 1995.

이정덕 편,『전주의 문화정체성』, 신아출판사, 2004.

이철수,『전주야사』, 전주시관광협회, 1967.

이태영,『전라도 방언과 문화이야기』, 신아출판사, 1995.

이해준,『다시 쓰는 전라도 역사』, 금호문화, 2000.

이희권 외,『전라감영연구』, 전주역사박물관 · 전북대전라문화연구소, 2008.

이희권,『역사로 보는 전라도』, 신아출판사, 2001.

이희권 · 이동희 역주, 『국역 경기전의』, 전주시 · 전주역사박물관, 2008.

———, 『국역 전주부성 축성록』, 전주역사박물관, 2010.

장명수, 『성곽발달과 도시계획 연구 – 전주부성을 중심으로』, 학연문화사, 1994.

전라북도, 『전라북도 일지(1945~1991)』, 1993.

전라북도 · 전북대전라문화연구소, 『전북학 연구』 I~III, 1997.

전라북도 · 전북역사문화학회, 『전라북도금석문대계』 1(전주시 · 완주군 편), 2007.

전라북도박물관미술관협의회 · 전주역사박물관, 『호남이 없으면 나라가 없다』(도록), 2012.

전북대학교 고고문화인류학과 BK21사업단, 『전주한옥마을 '구술열전'』, 2008.

전북대학교 박물관, 『옛 사진 속 문화풍경, 전북』, 2006.

전북전통문화연구소 편, 『전주의 역사와 문화』, 신아출판사, 2000.

———, 『후백제 견훤 정권과 전주』, 주류성, 2001.

전북향토문화연구회 · 전주문화재단, 『전주찬가』, 2012.

전주문화사랑회 편, 『아하! 그렇군요』, 전주시, 2004.

전주문화원, 『완산의 역사와 문화』, 2011.

전주문화재단, 『일제 식민시대 구술실록(1907~1945)』, 2007.

———, 『전주의 8 · 15해방과 6 · 25전쟁 – 격동시대 구술채록(1945~1960)』, 2008.

———, 『조선왕조실록에 나온 전주 기사』, 신아, 2006.

전주시, 『전주시사』, 1997.

전주시 · 어진박물관, 『어진박물관』(도록), 2011.

전주시 · 전주문화원, 『완역 완산지』, 2009.

전주시 · 전주문화재단, 『완판본 백선』(도록), 신아출판사, 2012.

전주시백년사편찬위원회, 『신문으로 본 전주, 전주사람들』 1~2, 전주시, 2001.

———, 『이야기로 듣는 전주, 전주사람들』, 전주시, 2001.

전주역사박물관 편, 『가장 한국적인 도시 전주』, 2012.

———, 『기록물로 보는 전주』, 2008.

———, 『동학농민혁명과 전북』, 2014.

———, 『임진왜란과 전라도』, 2012.

———, 『전주의 땅과 인간』, 2009.

———, 『전주학서설』, 2006.

———, 『지도로 찾아가는 도시의 역사 – 전주의 도시형성과 공간구조의 변화』, 2004.

──, 『후백제 왕도 전주』, 2013.

──, 『옛 사진 속의 전주 전주사람들(1890~1960년대)』, 2007.

──, 『전주권 근현대 신문 디지털DB 구축 사업』, 2006.

──, 『전주문화유적분포지도』, 2005.

──, 『전주시 60년 일지』, 2009.

──, 『전주학연구』 1~8, 2007~2014.

──, 『천년전주의 꽃심 전주역사박물관』(소도록), 2012.

──, 『한국 전주와 중국 전주』, 2011.

전주역사박물관 · 전주시평생학습센터 편, 『기록문화의 땅, 전주』, 2006.

조병희, 『완산 고을의 맥박』, 한국예총 전북지부, 1994.

홍성덕 · 김철배 · 박현석 역주, 『국역 전주부사(1943)』, 전주시 · 전주부사국역편찬위원회, 2009.

글쓴이

김기현(전북대학교 교수)
김주성(전주교육대학교 교수)
서종태(전주대학교 교수)
소순열(전북대학교 교수)
송화섭(전주대학교 교수)
유철(전주문화유산연구원 원장)
윤덕향(호남문화재연구원 원장)
이동희(전주역사박물관 관장)
이병규(동학농민혁명기념재단 연구부장)
이상규(전주교육대학교 교수)
이철량(전북대학교 교수)
이태영(전북대학교 교수)
조법종(우석대학교 교수)
하태규(전북대학교 교수)
함한희(전북대학교 교수)
홍성덕(전주대학교 교수)